版权声明

© 2017 Taylor & Francis.

Authorized translation from the English language edition published by Routledge, a member of the Taylor & Francis Group.

All rights reserved. No part of this book may be reprinted or reproduced or utilised in any form or by any electronic, mechanical, or other means, now known or hereafter invented, including photocopying and recording, or in any information storage or retrieval system, without permission in writing from the publishers.

Copies of this book sold without a Taylor & Francis sticker on the cover are unauthorized and illegal.

保留所有权利。非经中国轻工业出版社"万千教育"书面授权，任何人不得以任何方式（包括但不限于电子、机械、手工或其他尚未被发明或应用的技术手段）复印、拍照、扫描、录音、朗读、存储、发表本书中任何部分或本书全部内容。中国轻工业出版社"万千教育"未授权任何机构提供源自本书内容的电子文件阅览、收听或下载服务。如有此类非法行为，查实必究。

Theories of Early Childhood Education
Developmental, Behaviorist, and Critical

幼儿教师须知的教育理论
13个世界著名理论流派的幼儿教育观

[美] 琳恩·E. 科恩　　桑德拉·韦特-斯图皮安斯基　主编
（Lynn E. Cohen）　　（Sandra Waite-Stupiansky）

刘富利　覃　静　译

中国轻工业出版社

图书在版编目（CIP）数据

幼儿教师须知的教育理论：13个世界著名理论流派的幼儿教育观／（美）琳恩·E.科恩（Lynn E. Cohen），（美）桑德拉·韦特－斯图皮安斯基（Sandra Waite-Stupiansky）主编；刘富利，覃静译.—北京：中国轻工业出版社，2021.7（2024.6重印）
ISBN 978-7-5184-3423-7

Ⅰ.①幼⋯　Ⅱ.①琳⋯②桑⋯③刘⋯④覃⋯　Ⅲ.①学前教育－教育理论　Ⅳ.①G610

中国版本图书馆CIP数据核字（2021）第040803号

责任编辑：吴　红　　　责任终审：腾炎福
策划编辑：吴　红　　　责任校对：刘志颖　　　责任监印：吴维斌

出版发行：中国轻工业出版社（北京鲁谷东街5号，邮编：100040）
印　　刷：三河市鑫金马印装有限公司
经　　销：各地新华书店
版　　次：2024年6月第1版第4次印刷
开　　本：787×1092　1/16　印张：17.25
字　　数：210千字
书　　号：ISBN 978-7-5184-3423-7　定价：58.00元
读者热线：010-65181109
发行电话：010-85119832　010-85119912
网　　址：http://www.chlip.com.cn　http://www.wqedu.com
电子信箱：1012305542@qq.com
版权所有　侵权必究
如发现图书残缺请拨打读者热线联系调换
240628Y1C104ZYW

译 者 序

总的来说，《幼儿教师须知的教育理论》(*Theories of Early Childhood Education: Developmental, Behaviorist, and Critical*) 一书有两个非常明显的特色。

第一个特色是从"人"的角度出发来诠释幼儿教育理论的体系和实践。每一章都开始于相应理论提出者的生平介绍，包括他们的幼时经历、教育背景、职业生涯、婚姻家庭，甚至还有一些零碎逸事。通过这样的方式开始演绎每一个理论流派，并不只是增加了可读性而已，更多的是追根溯源，把每一个理论大厦的设计思想归因到相应理论者的生活之中。通过各个理论者的生平介绍来展开相应理论的观点，这是由因而果。每一个理论体系的构建和发展都可以从该理论提出者的生平事迹找到源头和缘由，这是由果而因。"人是万物的尺度"，理论者的人生经历和他们的思想观点紧密相连，这是本书编著者的一个核心思想。

这样，我们对每一个理论流派的理解就会更为全面和深入，相关的幼儿教育的要义和实践也就可以一目了然。我们就不至于在理论的艰深晦涩面前望而却步，不至于在流派的宏大叙事面前顾此失彼，幼儿教育的理念和实践于是变得生动、可爱起来。

同时，我们也可以受此启发，对自己在幼儿教育领域的未来有所勾画。自己的学习经历一定会影响到自己在幼儿教育领域中的发展道路，点点滴滴的人生阅历串联起来，终将形成一幅幅动人的图景。从"认识你自己"到"成为你自己"，这对于在校学习的幼儿教育专业学生来说，对于在职的幼儿教育工作者来说，对于为人父母者来说，皆是如此。理论知识的储备，学术思想的发展，或者具体的幼儿教育实践的操作，都与自己的学习和研究有关，都与自己的爱好和选择有关。本书13章都开始于每一位理论者的生平，而我们在幼儿教育领域中的每一篇章同样脱离不开自己的人生历程。

第二个特色是幼儿教育理论谱系的完善。从发展观、行为观到批判观，本书内容总体分为这三个模块。从教育学到心理学，从人类学到社会学，从生物学、医学到哲学，本书中这13章的内容涵盖了诸多学科范畴。从欧洲到美国，从俄国到巴西，本书广泛论述了百年来全世界幼儿教育领域中的主要理论流派。

理论谱系的完善不仅具有理论上的意义，对于当今世界的现实发展来说同样意义深刻。当今世界的政治、经济和文化正在急剧变化，今天的中国正在迅猛发展。新的变化意味着新的挑战，也意味着幼儿教育理论和实践的压力与考验。

在这个背景下，如何发展我们自己的幼儿教育理论和实践，既要适应国情，又要顺应时代，需要认真学习已有的观念、知识和方法。本书的编写历时5年，共有19位作者参与其中，从这两个数字也能看出本书内容的跨度和编写的难度。这有利于我们开阔视野，为全面掌握已有的幼儿教育理论和实践提供非常具有价值的帮助。同时，这也启发我们在此基础上继续思考，补充、发展和创造新的幼儿教育理论和实践，因为所有的完善永远都是相对而言的，因为幼儿教育所面临的是明天的、未来的儿童。职前或在职的幼儿教育工作者和为人父母者的每一次学习和思考，都会使幼儿教育的理论研究和实践发展往前迈进一步，也都会形成自己在当下情境中的合适的教育方法和研究方法。"风格即人"，对于从事幼儿教育工作的我们来说，如果要形成自己的风格，首先要做的就是"阅尽千帆"。

在本书的翻译过程中有两个主要问题。

本书从各位学者的视角来展开理论的探讨，把各种理论的观念应用于幼儿教育实践，章节体例基本上保持平行，这些都是统一的。但是这13章的19位参编者的学术研究各有所长，具体到原文的语言上更是各具特点。有的参编者是退休教授，有的参编者是年轻学者，而且由于美国本身又是移民国家的缘故，一些参编者的母语其实并非英语。所以原书在语言的行文风格上并不统一，这是本书翻译过程中的第一个主要问题。在翻译中我们努力做到语言形式上的统一，使译文尽量传达原书中的重要信息，尽量体现其中的学理思想，同时也尽量做到文字的通达。

本书翻译过程中的第二个主要问题是对原文内容的相关解释。对一些重要内容的术语或者文献，有时我们在正文中用中英文夹注的形式做出一定的解释，有时用脚注的形式来解释，有时则不需要任何注释，因为本书的阅读者应该已经具有了相应的知识背景。译者所要做的，其实就是尽量推动读者在已有知识背景的基础上进行探讨。让著者的观念进入读者的理解，让读者的批判映入著者的论点。思想的沟通和对话是一切著作的根本诉求，对幼儿教育领域里的这本重要著作的翻译也是为了努力达成这一目的。我们在阅读的过程中，更多的是需要在此基础上不断地做出自己的解释，进而做出批判和创造。

刘富利　覃静

2021年1月1日

推 荐 序

我读了《幼儿教师须知的教育理论》一书之后，非常乐于就此写一序言。我从这本书的各个章节学到很多。这么多年来，我一直在给硕士研究生和博士研究生讲授"幼儿教育"这门课程，如果能够早一点看到这本书该多好啊。这本书涵盖了诸多重要的理论观念，这在一般的幼儿教育教科书中是看不到的。我认为这本书对于高校教师来说是难得的文献资料，他们可以从中得到启发，并帮助这个专业的学生打下扎实的理论基础。

回顾我的职业生涯，我主要从事幼儿教育和幼儿教师教育。多年来，我致力于两个问题的澄清：什么是适宜的教育，什么是重要的知识。最近我在思考现有的幼儿教育方式方法中存在的一些问题：理论与实践隔阂，坐井观天，自说自话。《幼儿教师须知的教育理论》这本书的思想与我的理念不谋而合，解决了幼儿教育领域中应该予以解决的问题。

这本书的一个显著特色就是引介了一些普通幼儿教育讨论所忽略的专题，并且做出了深入的探讨。我在讲授幼儿教育理论的时候往往要用到我自己搜集的资料，并向学生传达我的理解，这也就是该书编者所称的"批判理论"的核心所在。如果我们的幼儿教育专业不断向前发展，那么教师教育者和未来的教师都应知晓他们的教科书之外的知识。现有的专业入门教科书视野狭窄，往往都是罗列一些公认的理论流派，限制了未来的幼儿教师的发展路径。所以，我十分钦佩科恩（Lynn E. Cohen）和韦特－斯图皮安斯基（Sandra Waite-Stupiansky）两位主编，她们在书中仔细勾勒、生动描述，给我们描绘了幼儿教育领域的一幅广阔图景。

我认为教师应该成为自己专业的决策者。教师与儿童每天朝夕相处，最懂得儿童的学习和发展需求。教师做出正确的决策，必须基于广博的知识积累，包括发展、学习、课程、教学和评价等领域的知识。我一直认为现今的幼儿教育过分强调了发展的一面，并没有传授给幼儿教育工作者应有的全部知识，也就不可能保证他们在如今的教育实践中顺利开展工作。而这本书的理论体系完备，可供教师们从各种理论中汲取营养，并把各种理论付诸实践，从而真正实现为所有学生提供最好的教育这一理想。

每一章的作者都重点梳理了相应理论的显著特征，然后给出了中肯的应用启示，把理论的探讨落实到幼儿教育的现实之中。对读者来说，该书各个章节的逻辑结构保持统一，有利于从中寻找所需的重要信息。对教师来说，每一章节的平行结构有助于设计各种教学活动，激发学生分析、比较和评判这本书所体现的各种理念。

就可读性来说，每一章都是围绕与各理论流派相应的理论专家而层层展开，并不是逐条分析抽象深奥的理论体系本身。该书的主编以此框定全书的写作体系，读起来让人感觉耳目一新。每章的内容都开始于相应理论体系构建者的个人传记故事，这些信息令读者兴致盎然，更可以让读者把各理论观点置于相应的社会、政治和历史语境之中。这可以帮助幼儿教育工作者从中理解特定时代和特定情境中的那些活生生的人，他们是如何运用自己的阅历、思想和研究，从而创建他们的理论，并且深深地影响全世界各个地方无数儿童的生活道路。就此而言，这本书的主编和作者皆应感到欣慰。

总而言之，我推荐《幼儿教师须知的教育理论》这本书作为职前教师、在职教师和研究生的一份重要文献。在阅读这本书中有关约翰·杜威的内容时，我想起了杜威的思想是如何影响了我的研究和学习，并深刻改变了我以前的看法和观念。从杜威的哲学思想中我得到的一个重要体会就是，要让学生时刻保持批判的姿态，同时也不能忽视现有的各种见解。在我们所面临的日益复杂的后现代世界中理论观点应该有所作为，否则意义何在？杜威的实用主义视角教导我们要认真学习传统的幼儿教育理论，同时还要积极思考其他理论学说，从而找到幼儿教育这一专业领域中的最佳路径。这本书为我们达成这一目标提供了基本材料，完善了思想理念，铺就了幼儿教育领域的一条大道。

J. 阿摩司·哈奇（J. Amos Hatch）
于田纳西大学

前　言

这本书的编写历时 5 年。在这 5 年中我们始终怀抱一个宗旨，即为职前教师、在职教师和博士研究生引介幼儿教育领域中的传统和当代理论谱系。为了实现这一宗旨，我们这些幼儿教育工作者和教师培训者集思广益，梳理出对我们自己的教育实践影响最大的若干体系。本书中呈现的 13 个理论流派即是我们共同努力的结果。这些理论涵盖广泛，所有的理论本身并非新生事物，但对有些读者来说可能稍显陌生。从事幼儿教育的教师都能从这些理论中有所发现，有所启迪。开始编写的时候，在寻找参编者的过程中，我们要求有关作者不仅是相应理论的学术研究者，还应该在最深的层次上达到彻悟明了。他们都有相关的著述，各有专长，并且在各自的专业领域中长期践行。本书成稿之初，从每章的字里行间，我们都能体会到并折服于各位作者的学识和智慧。他们的写作风格各不相同，但是他们对各种理论都有恰当的把握和准确的理解。在编写本书之初，我们希望各章既能够独立成文，也能够连贯成书。现在看来，当时的这一愿景已经实现。

本书的内容分为四个部分。第一部分是发展观理论，把儿童的学习视为一个发展的过程，包括从婴儿期一直到后面的各个阶段。皮亚杰（Piaget）、蒙台梭利（Montessori）、埃里克森（Erikson）、布朗芬布伦纳（Bronfenbrenner）和维果茨基（Vygotsky），这些人的理论对于幼儿教育专业的所有学生来说并不陌生，但是各章的作者都以新的方式分别予以呈现，先是介绍各种理论的发起者本人的有关事迹，然后探讨各种理论的核心内容，最后落实到幼儿教育的现实情境之中。读者在阅读这些章节时可以因此而获得新的理解。

第二部分的内容单独聚焦于有关婴儿和学步期幼童的理论。现今的幼儿教育日益重视从出生到 3 岁的最早阶段。嘉宝（Gerber）和布雷泽尔顿（Brazelton）的理论构建都受到了儿科学的影响，这两种理论对于婴儿和学步期幼童的教育有极为重要的启发。人们越来越认识到人的最早阶段的重要性，对这两种理论的思想观点也就不断获得新的解读。

第三部分是行为观理论，这一部分在一般的幼儿教育著述中往往忽略不谈，但是它们与幼儿教育的确存在关联，特别是对于特殊儿童群体的教育来说更是如此。有关斯金纳（Skinner）和洛瓦斯（Lovaas）的理论的两章都从具体的、可操作的角度展开论述。这对于教育有特殊需求或者没有特殊需求的儿童来说，都是非常具有现实意义的。

第四部分探讨的是批判观理论。教育工作需要不断地反思已有的传统模式，这是批判观理论所关注的要点。这部分的四个理论体系早已有之，但它们与当今的幼儿教育依然息息相关。在全球化的、后现代的世界中，我们需要不断地审视我们的教育进展，这是批判观理论的要义所在。巴赫金（Bakhtin）、杜威（Dewey）、弗莱雷（Freire）、德勒兹（Deleuze）和伽塔里（Guattari），这些人所代表的各种批判视角有助于我们以新的方式来思考，重新理解语言、教学以及教育的文化基础。

本书的每位作者都是从各种理论提出者的角度来进行探讨，这是本书的一大特点。所有这些伟大的理论家都不是一个人单打独斗，也不是一个人就创建出了各自的理论大厦，这是贯穿于本书中的一个重要主题。其中很多理论家都公开声称要归功于他们身边的人，归功于他们的家庭成员。就皮亚杰、埃里克森和杜威而言，他们的配偶与他们一起提出、传播并完善有关理论。就斯金纳、皮亚杰和嘉宝来说，他们的子女就是他们最早期的研究对象。蒙台梭利的儿子就是她一生中的同事和伙伴。我们往往把某一种理论归为某一个人的思想，但是我们必须说，在这些人的背后和身边，还有许许多多的人同样思想卓著、影响巨大，尽管我们并不十分熟悉他们的名字。

我们的主要目的是把幼儿教育的系列理论引介到当今的有关讨论之中。本书的中心就是这一系列的理论，但同时也兼顾这些理论所应用的政策与实践。我们希望读者阅读这些理论流派的历史，探讨各个思想观点之间的联系，以获得关键知识，并能够通过各个地方的教师资格证书所要求的标准化考试和教学评价。所以，我们坚持让每一章都包含实践应用的有关内容。对于职前准备的各个层次的学生来说，无论是本科生还是研究生，都须在他们的课程学习和具体的课堂实践之间搭建桥梁、顺利过渡。本书透彻地分析各种理论的核心内容，同时也具体展现了这些理论在教学实践中的应用和启示。

感谢劳特利奇出版社（Routledge）的编辑亚历克斯·马苏里斯（Alex Masulis），从本书的构思到成稿一直给予我们支持和鼓励，让我们实现了幼儿教育传统理论和当代理论的书写工作。感谢朱迪·范·霍恩（Judy Van Hoorn）和奥尔加·贾勒特（Olga Jarrett），他们给本书中的几位作者提出了及时的、中肯的审稿意见。特别要感谢本书13章的19位作者，他们共同描绘了20世纪最具影响力的理论家的思想观念。在每一章中，我们都能体会到他们的深刻理解，都能感受到他们在字里行间所传达的精神奥义。他们的聪明才智和博学多识贯穿本书的始终，他们的声音相互交织，这集体的吟唱值得我们仔细倾听。

琳恩·E. 科恩（Lynn E. Cohen）
桑德拉·韦特-斯图皮安斯基（Sandra Waite-Stupiansky）

主编者简介

琳恩·E. 科恩（Lynn E. Cohen）：博士，长岛大学波斯特校区（Long Island University/Post Campus）特殊教育与读写能力系教授。她于福特汉姆大学（Fordham University）获得博士学位。科恩博士给本科生、硕士研究生和博士研究生讲授系列课程。在长岛大学波斯特校区任职之前，她曾任教于幼儿园和学前教育机构，从事读写教学工作。她的研究方向包括幼儿的社会与情绪发展、口语技能、读写萌发和游戏活动。她与桑德拉·韦特－斯图皮安斯基（Sandra Waite-Stupiansky）合作主编了另外两本书：一本是《游戏：研究、理论和问题的相互交织》（《游戏与文化研究》，第12卷，2012年）[*Play: A Polyphony of Research, Theories, and Issues, Play and Culture Studies, Volume 12* (2012)]，另一本是《幼儿教育课程学习：幼儿教育的发展与托儿所的改进》（第17卷，2013年）[*Learning across the Early Childhood Curriculum: Advances in Early Education and Day Care, Volume 17* (2013)]。科恩博士曾经发表大量的学术论文，发表过文章的期刊包括 *Contemporary Issues in Early Childhood Education*、*Young Children*、*International Journal of Early Childhood*、*Early Childhood Development and Care* 和 *Journal of Research in Early Childhood*。

桑德拉·韦特－斯图皮安斯基（Sandra Waite-Stupiansky）：埃丁伯勒宾夕法尼亚大学（Edinboro University of Pennsylvania）幼儿教育与阅读专业荣誉退休教授。她于印第安纳大学布卢明顿分校（Indiana University, Bloomington）获得博士学位。她的研究方向包括小学阶段的活动、游戏以及儿童发展。她于1995—2013年担任在线刊物《游戏、政策与实践联系》（*Play, Policy, and Practice Connections*）的编辑部主任，该刊物是全美幼教协会（National Association for the Education of Young Children）的"游戏、政策与实践"（Play, Policy, and Practice）分论坛的出版物。她与琳恩·E. 科恩合作主编了另外的两本书：一本是《游戏：研究、理论和问题的相互交织》(《游戏与文化研究》,第12卷,2012年),另一本是《幼儿教育课程学习:幼儿教育的发展与托儿所的改进》(第17卷,2013年)。韦特-斯图皮安斯基博士协助了《以游戏为中心的幼儿园课程》(第6版)[*Play at the Center of the Curriculum* (6th ed.) (Van Hoorn, Nourot, Scales, & Alward, Pearson, 2015)]一书的编写。她通过美国学乐出版社(Scholastic)发表文章、出版书籍,帮助幼儿教育专业人员进行学习。

参编者简介

埃琳娜·博德洛娃（Elena Bodrova）：目前是"心灵工具"项目研究与发展中心主任，也是罗格斯大学（Rutgers University）国家幼儿教育研究所的研究员。她拥有俄罗斯教育科学院（Russian Academy of Pedagogical Sciences）儿童发展与教育心理学博士学位和俄罗斯莫斯科国立大学（Moscow State University）儿童发展与教育心理学硕士学位。她与黛博拉·J.莱昂（Deborah J. Leong）博士合作，根据维果茨基和后维果茨基的学习理论和卢里亚的大脑发展理论，开发了"心灵工具"（Tools of the Mind）课程。她将列夫·维果茨基的理论应用于教育的工作始于她曾经工作的俄罗斯学前教育研究所工作。在美国工作期间，她在丹佛大都会州立大学（Metropolitan State University of Denver）担任客座教授，后来在中洲教育和学习研究中心（Mid-continent Research for Education and Learning）担任首席研究员。博德洛娃博士与莱昂博士合著了《心灵工具》（第2版）[Tools of the Mind (2nd ed.)]（Pearson，2007）一书，她还发表了多篇关于早期读写能力、评估、游戏和自我调节的文章，并出版了相关书籍。

盖尔·博尔特（Gail Boldt）：宾夕法尼亚州立大学（Pennsylvania State University）课程与教学系教授。她的研究兴趣包括幼儿在家里和学校经历中的情感、主体性、主体地位和物质性的交叉。她教授本科生的读写课程和研究生的社会理论课程。她最近在巴黎一所受德勒兹和伽塔里启发，服务于残疾儿童的幼儿园，以及一家伽塔里执业的法国精神病院开展研究。博尔特博士是《牛津儿童研究参考书目》（Oxford's Bibliography of Childhood Studies）"精神分析"部分的编辑，也是一名心理治疗师，从事儿童心理治疗工作。

唐娜·阿黛尔·布劳特（Donna Adair Breault）：阿什兰大学德怀特沙尔教育学院（Dwight Schar College of Education, Ashland University）院长。2014—2016年，她担任美国教育研究协会（American Educational Research Association，AERA）杜威特别研究兴趣小组的主席。在从事高等教育之前，布劳特博士是一名中小学教师和管理者。从事高等教育后，她主要教授学科课程、基础课程、研究课程和领导力方面的课程，并参与教育领导力方面的项目研究。布劳特博士的研究包括杜威的探究理论在学科、研究和组织系统中的应用。她与他人合编了《体验杜威的教育：洞察当今课堂》（*Experiencing Dewey: Insights for Today's Classrooms*）（Routledge & Kappa Delti Phi, 2013）一书。她的作品还包括《象牙塔里的红灯》（*Red Light in the Ivory Tower*）（与David Callejo-Perez、Peter Lang于2013年合著），以及在 *Educational Theory*、*Educational Studies*、*The International Journal of Leadership in Education*、*Journal of Thought*、*Planning and Change* 和 *Scholar-Practitioner Quarterly* 等杂志上发表的文章。

丹尼斯·D. 坎宁安（Denise D. Cunningham）：密苏里州立大学（Missouri State University）教授和幼儿教育项目的协调员。坎宁安博士于密苏里大学圣路易斯分校（University of Missouri–St. Louis）获得教学博士学位，专业是读写能力和幼儿教育。她拥有超过15年的营利性和非营利性幼儿园管理方面的经验，并曾是圣路易斯公立小学的教师和训练学生读写能力的教练。坎宁安博士教授本科生幼儿教师教育方法课程，教授研究生读写能力课程。坎宁安博士的研究兴趣包括幼儿读写能力发展、幼儿课程和职前教师培训。

凯萨琳·M. 费利（Kathleen M. Feeley）：纽约布鲁克维尔长岛大学（Long Island University in Brookville）副教授，也是社区融合中心（the Center for Community Inclusion）的创办者和负责人，该中心是纽约州教育局在长岛地区的两个技术援助中心（幼儿指导中心和特殊教育家长中心）。费利博士的临床工作和研究重点是证明行为分析干预的有效性，以解决染色体疾病儿童的需求。在接触了大量患有自闭症谱系障碍的幼儿后，费利博士将这些策略用于满足唐氏综合征儿童的独特需求。她与他人合著了《辅助和替代性沟通策略——对重度残疾人的帮助》（*Augmentative and Alternative Communication Strategies for Individuals with Severe Disabilities*）（Brookes Publishing，2012）及《提高唐氏综合征儿童学习能力的方法》（*Enhancing Learning for Children with Down Syndrome*）（Faragher & Clarke，Eds.，Routledge，2014）这两本书，并曾在 *Journal of Intellectual Disabilities*、*Behavioral Interventions* 和 *Research in Developmental Disabilities* 等杂志上发表文章。

露丝·安妮·哈蒙德（Ruth Anne Hammond）：美国婴儿保教者资源中心（Resources for Infant Educarers，RIE）的助理和指导教师。她著有《尊重宝宝：新视角解读玛格达·嘉宝的教育方法》（*Respecting Babies: A New Look at Magda Gerber's RIE Approach*）（Zero to Three，2009）。她接受了 RIE 创始人玛格达·嘉宝（Magda Gerber）的指导和认证，目前担任 RIE 董事会成员，并于2005—2011年担任 RIE 主席。她曾在加利福尼亚州帕萨迪纳的太平洋橡树学院（Pacific Oaks College）和儿童学校教授婴儿研究课程并领导"婴幼儿—父母项目"（Infant/Toddler-Parent Program）17年。自2008年以来，她一直是艾伦·N. 肖尔（Allan N. Schore）博士的人际神经生物学专业研究小组的成员。

莎莉·M. 伊兹奎尔多（Sally M. Izquierdo）：纽约城市大学（City University of New York）研究生中心行为分析领域的心理学博士。她有20多年在各种环境下为残疾儿童提供服务的经验。伊兹奎尔多拥有纽约州立大学杰纳西奥分校（SUNY Geneseo）的心理学学士学位和佛罗里达海湾大学（Florida Gulf Coast University）的硕士学位。她目前的研究兴趣在于手语的作用和刺激—刺激配对对唐氏综合征婴儿的语言生成、言语理解力和参与交流的干预与影响。

伊丽莎白·琼斯（Elizabeth Jones）：太平洋橡树学院荣誉退休教师，曾在该学院教授幼儿教育课程。她的研究方向包括儿童发展以及人的整个生命周期中的发展和学习。通过给成人上课、观察儿童、与同事交流并记录交流的内容，她得到了许多有关人们的游戏经历在知识的社会建构中的作用的认识。她出版了系列专著和合著，其中包括：《游戏的关键：教师在儿童游戏中的角色》（第2版）[（*The Play's the Thing: Teacher's Roles in Children's Play*）（2nd ed.）]（Teachers College Press，2011），《再论成人教育》（*Teaching Adults Revisited*）（NAEYC，2007），《玩成聪明人》（*Playing to Get Smart*）（Teachers College Press，2006）。

艾米莉·A. 琼斯（Emily A. Jones）：纽约城市大学皇后学院（Queens College, City University of New York）心理学系副教授。琼斯博士的研究借鉴了有关特定障碍的行为表象特征的知识，以确定目标干预资源，甚至在障碍变得明显之前以预防的方式进行干预。她正在研究解决自闭症儿童的共同注意和沟通、认知和运动技能问题的干预措施，以及唐氏综合征儿童干预强度的各个方面。琼斯博士还对互助小组和同胞训练对自闭症儿童家庭产生的效果进行了评价。这项工作得到了专业人员大会（Professional Staff Congress）、自闭症研究组织（Organization for Autism Research）、道格·弗拉蒂基金会（Doug Flutie Jr. Foundation）和自闭症之声（Autism Speaks）的资金支持，研究成果在 *Behavior Modification*、*Journal of Applied Behavior Analysis*、*Research in Autism Spectrum Disorders*、*Research in Developmental Disabilities* 等同行评审期刊上发表。

卡拉琳·科贝尔（Caraline Kobel）：于纽约城市大学皇后学院获得心理学和社会学学士学位。她目前正在皇后学院攻读应用行为分析硕士学位。卡拉琳是"小蝴蝶"（Baby Butterflies）项目负责人，这个项目是"妈妈和我"（Mommy and Me）课题的其中一个子项目。她也是发育障碍实验室的研究生兼研究助理，在艾米莉·A. 琼斯博士的指导下，她有两年多与发育障碍儿童（如自闭症和唐氏综合征儿童）打交道的经验。未来，卡拉琳希望能获得行为分析博士学位。

黛博拉·J. 莱昂（Deborah J. Leong）：丹佛大都会州立大学心理学名誉教授，她在该校心理学系任教36年，并与埃琳娜·博德洛娃博士共同研发"心灵工具"课程。她在斯坦福大学（Stanford University）获得博士学位和学士学位，在哈佛大学（Harvard University）获得教育学硕士学位。"心灵工具"是一门学前班和幼儿园的课程，旨在促进执行能力的发展以及社会情感和学术技能的发展。她与博德洛娃博士共同撰写了关于维果茨基心理学方法、自我调节和游戏发展方面的图书、文章，并且一同拍摄了一些教育视频；另外，她还与麦卡菲博士和博德洛娃博士合著了关于幼儿教育课堂评估的图书。

梁玥（Yue Liang）：北卡罗来纳大学格林斯伯勒分校（University of North Carolina–Greensboro）博士生，曾在北京师范大学担任研究助理，从事儿童和青少年创造力发展的研究。在获得心理学硕士学位后，她到美国攻读博士学位。她目前在人类发展和家庭研究系与乔纳森·R．H．图奇（Jonathan R. H. Tudge）博士合作，研究中国和中国移民儿童及青少年的感恩心理的发展。

埃丽萨·A．梅尔松·瓦尔加斯（Elisa A. Merçon-Vargas）：北卡罗来纳大学格林斯伯勒分校人类发展和家庭研究系博士生。她在巴西圣埃斯皮里图联邦大学（Federal University of Espírito Santo）获得了心理学硕士学位，在那里她与国内和国际收养家庭合作，运用布朗芬布伦纳的理论完成了硕士论文。她目前正与乔纳森·R．H．图奇博士合作，研究不同文化群体的感恩心理的发展，包括美国的巴西移民家庭。

艾丝·佩伊尔（Ayse Payir）：北卡罗来纳大学格林斯伯勒分校博士生。于土耳其伊斯坦布尔大学（Istanbul University）获得新闻学学位后，她参与了几部电视剧的制作和电影剧本的创作。三年后，她决定从事与心理学相关的工作。完成学业后，她获得了富布莱特奖（Fulbright award），并移居美国，在纽约大学（New York University）攻读心理学硕士学位。目前，她在罗伯·古登泰格（Rob Guttentag）和乔纳森·R．H．图奇的指导下研究儿童的认知和情感发展。博士毕业后，她将在波士顿大学（Boston University）从事博士后工作，与凯瑟琳·科里沃（Kathleen Corriveau）和保罗·哈里斯（Paul Harris）一起工作。

菲利斯·鲍威尔（Phyllis Povell）：长岛大学荣誉退休教授，曾任该校幼儿教育专业主任。她于纽约大学获得博士学位,研究专业为教育史和比较教育。她的专著《蒙台梭利的美国之行:玛利亚·蒙台梭利和南希·麦考密克·兰布施的领导力》(*Montessori Comes to America: The Leadership of Maria Montessori and Nancy McCormick Rambusch*)(University Press of America,2010)被列为蒙台梭利教师培训课程的必读书目。她的论文和书评发表在许多学术刊物中,例如:在 *Montessori Life* 上发表的论文"John McDermott and the Road to Montessori Public Schools";在 *Montessori Life* 上发表的书评"Maria Montessori Sail to America: a Private Diary 1913"。

伊丽莎白·P. 金泰罗(Elizabeth P. Quintero):加利福尼亚州立大学海峡群岛分校(California State University Channel Islands)教授和幼儿研究协调员,曾任教师(学前班至二年级)、课程专家和大学教师教育工作者。她热衷于在多语言社区为有着不同历史背景的家庭提供服务。金泰罗博士的著作包括:《幼儿期的故事学习:儿童主导的参与式课程设计、实施和评估》(*Storying Learning in Early Childhood: When Children Lead Participatory Curriculum Design, Implementation, and Assessment*)(Peter Lang,2015);《幼儿教育中的批判性读写能力》(*Critical Literacy in Early Childhood Education*)(Peter Lang,2009);图书章节"Conocimiento: Mixtec Youth Sin Fonteras"[in Awad Ibrahim & Shirley Steinberg(Eds.),*Talkin' Bout Their Generation*(Peter Lang,2015)];图书章节"Juan, Melina, and Friends: Guides for Reconceptualizing Readiness"[in Parnell & Iorio(Eds.),*Reconceptualizing Readiness in Early Childhood Education*(Springer,2015)]。

乔亚舒·斯帕罗(Joshua Sparrow):波士顿儿童医院布雷泽尔顿触点(Brazelton Touchpoints)中心主任,并在哈佛医学院(Harvard Medical School)兼任精神病学副教授。他在布雷泽尔顿触点中心的工作重心在于给文化适应的家庭提供支持计划、组织专业发展,以及利用社区优势调整照护系统。斯帕罗博士曾与哈莱姆儿童区(Harlem Children's Zone)和美国印第安人领先计划(American

Indian Head Start Programs）等机构合作。他曾在国内和国际上发表演讲，并为儿童和家长的媒体项目提供咨询服务。他与T.贝里·布雷泽尔顿（T. Berry Brazelton）博士合著了图书《触点：如何教养0—3岁的儿童》（第2版）[*Brazelton Touchpoints: Birth to Three*（2nd ed.）]（Da Capo Press，2006）和《儿童的育养与家庭的照料：基于布雷泽尔顿的研究》（*Nurturing Children and Families: Building on the Legacy of T. B. Brazelton*）（Wiley-Blackwell，2010）。

乔纳森·R. H. 图奇（Jonathan R. H. Tudge）：北卡罗来纳大学格林斯伯勒分校教授，主要从事人类发展和家庭研究。他于英国伦敦兰开斯特大学（Universities of Lancaster）和牛津大学（University of Oxford）分别获得文学学士（历史学）和哲学硕士（社会学）学位，并在伦敦和莫斯科从事幼儿教育7年，然后到美国与尤里·布朗芬布伦纳一起在康奈尔大学（Cornell University）攻读人类发展和家庭研究的博士学位。完成博士学位后，他在犹他大学（University of Utah）与芭芭拉·罗高福（Barbara Rogoff）从事博士后研究工作，并于1988年搬到北卡罗来纳大学格林斯伯勒分校。图奇博士著有《幼儿的日常生活》（*The Everyday Lives of Young Children*）（Cambridge University Press，2008），还与他人合编了另外两本书，并撰写了几篇关于布朗芬布伦纳的生物生态理论的论文。在约翰坦普尔顿基金会（John Templeton Foundation）的资助下，图奇博士目前正在研究不同文化中感恩心理的发展。

E. 珍妮·怀特（E. Jayne White）：新西兰怀卡托大学（University of Waikato）副教授。珍妮长期以来对教育学，尤其是幼儿教育学有着浓厚的兴趣并已持续了30多年。事实上，她对教学的各个方面都很感兴趣，涉及婴幼儿教育、教育哲学、游戏和创造力、民主教育、环境教育、课堂教育、评估和评价等领域。她的实践核心是强调对话式教学法，以及教师如何在复杂的学习关系中以最佳方式参与。她发表了许多与巴赫金对话式教学法有关的文章，撰写的图书有《对话式教学法的引介：早期的挑衅》（*Introducing Dialogic Pedagogy: Provocations for the Early Years*）（Routledge，2015）和《关于婴幼儿的教育研究：婴幼儿的心声》

(*Educational Research with Our Youngest: Voices of Infants and Toddlers*)(Springer, 2011),并与他人合编了《巴赫金教育学：全球教育研究、政策和实践的机会与挑战》(*Bakhtinian Pedagogy: Opportunities and Challenges for Research, Policy, Practice in Education Across the Globe*)一书，该书是"全球教育研究"（Global Studies）系列丛书（Peter Lang，2011）的一部分。

目　　录

译者序 ·· I
推荐序 ·· V
前言 ·· VII
主编者简介 ··· XI
参编者简介 ··· XIII

第一部分　　发展观理论　1

第一章　让·皮亚杰的建构主义学习理论 ································ 3
　　一、皮亚杰简介 ··· 3
　　二、皮亚杰理论中的重要概念 ··· 5
　　　　（一）主动地学习与知识的本质 ································ 7
　　　　（二）运算和逻辑 ··· 8
　　　　（三）平衡和适应 ·· 10
　　　　（四）守恒 ··· 12
　　　　（五）道德发展 ··· 13
　　三、对早期教育工作者的启示 ······································· 13
　　　　（一）迈向"重要思想"的教学 ······························ 14
　　　　（二）游戏的重要性 ··· 16
　　　　（三）基于皮亚杰理论的课堂中教师的角色 ·············· 17
　　四、与其他人交流建构主义的方法 ································ 20
　　五、结论 ·· 21
　　参考文献 ··· 21
第二章　玛利亚·蒙台梭利：昨天、今天和明天 ····················· 23
　　一、蒙台梭利简介 ··· 23

二、与幼儿教育有关的理论概念 ···································· 30
　　三、蒙台梭利理论在当今幼儿教育中的应用 ························ 37
　参考文献 ·· 41

第三章 埃里克森心理社会发展理论 ·· 43
　　一、埃里克森夫妇简介 ··· 43
　　二、埃里克森心理社会发展理论 ···································· 47
　　　（一）婴儿期 ··· 48
　　　（二）学步期 ··· 49
　　　（三）学前期 ··· 50
　　　（四）学龄期 ··· 51
　　三、埃里克森理论在幼儿教育实践中的应用 ························ 52
　　　（一）对幼儿课堂的启示 ·· 53
　　　（二）对政策的启示 ··· 62
　参考文献 ·· 63

第四章 尤里·布朗芬布伦纳的生物生态理论 ······························ 65
　　一、布朗芬布伦纳简介 ··· 66
　　二、生态系统模式 ·· 67
　　　（一）近端过程 ··· 67
　　　（二）个人特征 ··· 68
　　　（三）情境 ·· 70
　　　（四）时间 ·· 72
　　三、布朗芬布伦纳理论在课堂中的实践 ····························· 73
　　四、布朗芬布伦纳理论在研究中的应用 ····························· 76
　　五、结论 ··· 77
　参考文献 ·· 77

第五章 维果茨基和后维果茨基视角：聚焦于"未来的儿童" ··············· 79
　　一、关于儿童早期的定义：相同点与不同点 ························ 80
　　二、维果茨基幼儿教育方法的基础——文化历史范式 ·············· 81

文化—历史发展观 ·· 81
　三、文化工具和高级心理机能的概念 ··· 82
　四、维果茨基的儿童发展观 ··· 85
　五、维果茨基论虚拟游戏及其在儿童发展中的作用 ························· 87
　六、维果茨基的教学理论 ·· 89
　七、维果茨基理论在幼儿教育课堂中的应用 ··································· 92
　八、结论 ·· 93
　参考文献 ·· 93

第二部分　婴儿期/学步期理论　95

第六章　玛格达·嘉宝的婴幼儿育养理论 ··· 97
　一、玛格达·嘉宝简介 ·· 97
　二、婴幼儿育养的基本原则 ··· 99
　　（一）相信孩子 ·· 100
　　（二）让孩子参与所有的照料活动 ·· 100
　　（三）给予孩子不受干扰的游戏和自由活动时间 ························· 102
　三、育养环境规划指南 ·· 103
　　（一）同伴间的游戏 ··· 104
　　（二）安静平和的环境 ·· 104
　　（三）多样、简单和开放性的玩具 ·· 105
　　（四）安排合理、舒适的照顾区 ··· 105
　　（五）基于安全的初期照顾和持续照顾 ····································· 107
　　（六）敏锐观察和选择性干预 ·· 108
　四、明确且一致的限制 ·· 109
　　（一）真实和真诚 ·· 109
　　（二）界限和引导 ·· 110
　五、方法的综合 ··· 113
　参考文献 ·· 114

第七章　布雷泽尔顿的发展性学习途径 ······ 117
　一、社会公正和科学革命 ······ 117
　二、个体差异 ······ 118
　　（一）新生儿塑造照顾者行为 ······ 120
　　（二）状态调节和自我调节 ······ 120
　三、感觉阈值、感觉加工和学习差异 ······ 124
　　学习关联 ······ 125
　四、系统论：儿童发展和学习的情境与互动 ······ 127
　五、触点：发展中的行为紊乱与重新调适 ······ 127
　　（一）通过共享观察和共建意义强化关系 ······ 128
　　（二）父母倡导、领导力及相互关系 ······ 128
　六、结论 ······ 129
　参考文献 ······ 129

第三部分　行为观理论　133

第八章　斯金纳的探索：幼儿教育情境中的有效实践 ······ 135
　一、斯金纳的早年经历 ······ 135
　二、人类行为的应用 ······ 139
　三、在幼儿教育情境中的应用 ······ 141
　　（一）数据驱动的决策 ······ 142
　　（二）有效教学的时机 ······ 143
　　（三）语言的教学 ······ 144
　　（四）问题行为的解决 ······ 145
　　（五）干预（治疗）的强度 ······ 147
　四、幼儿教育专业人员了解斯金纳研究成果的重要性 ······ 149
　五、结论 ······ 150
　参考文献 ······ 150

第九章　洛瓦斯：与特殊儿童学习有关的研究 ……………………… 153
 一、教学技术 …………………………………………………… 156
  怎样在幼儿课堂上运用分解式操作教学？ ………………… 158
 二、干预强度：从分解式操作教学到自然主义教学的连续
  统一体 ………………………………………………………… 160
  怎样确定幼儿课堂上的干预强度？ ………………………… 162
 三、融合教育 …………………………………………………… 162
  怎样在幼儿课堂上实施融合教育？ ………………………… 163
 四、父母的参与 ………………………………………………… 164
  父母怎样参与幼儿的行为干预？ …………………………… 164
 五、洛瓦斯的影响 ……………………………………………… 165
 参考文献 ………………………………………………………… 166

第四部分　批判观理论　169

第十章　米哈伊尔·巴赫金的对话理论与幼儿教育 ……………… 171
 一、米哈伊尔·巴赫金不同寻常的人生经历 ………………… 172
 二、话语 ………………………………………………………… 174
  言语体裁 ………………………………………………………… 175
 三、异质语 ……………………………………………………… 176
 四、巴赫金和儿童的语言 ……………………………………… 178
  （一）语言和语言早期的对话方法 …………………………… 179
  （二）对话概念在幼儿教育中的应用 ………………………… 180
  （三）话语在幼儿教育中的应用 ……………………………… 180
  （四）异质语在幼儿教育中的应用 …………………………… 184
 五、语言是教师、儿童和他们的同伴之间的对话 …………… 185
 六、结论 ………………………………………………………… 190
 参考文献 ………………………………………………………… 190

第十一章 幼儿教育中的经验：杜威的学说 ························193
　　一、杜威简介 ························193
　　二、教育经验的构成 ························196
　　三、幼儿教育经验评估准则 ························200
　　　　（一）主动学习 ························200
　　　　（二）民主学习 ························203
　　　　（三）探究式学习 ························204
　　四、如何使用这种方法？ ························205
　　五、结论 ························207
　　参考文献 ························209

第十二章 全世界共同歌唱：保罗·弗莱雷的影响 ························213
　　一、保罗·弗莱雷 ························213
　　　　（一）早年经历 ························215
　　　　（二）早期职业生涯及以后的生活 ························216
　　二、主要概念 ························217
　　　　（一）实践：反思与行动 ························217
　　　　（二）意识 ························218
　　　　（三）编纂 ························218
　　　　（四）对话 ························218
　　　　（五）主题的生成 ························218
　　　　（六）灌输式的知识观 ························219
　　三、实践理论的示例说明 ························219
　　四、意识理论的示例说明 ························221
　　五、编纂的示例说明 ························223
　　六、对话理论的示例说明 ························224
　　七、生成性主题的示例说明 ························227
　　八、灌输式知识观的示例说明 ························228
　　九、弗莱雷的研究与历史的连接 ························229

参考文献 …………………………………………………………… 230
第十三章　德勒兹和伽塔里的理论与幼儿教育研究 …………………… 233
　　一、导论 …………………………………………………………… 233
　　二、对一个正在玩游戏的孩子的分析 …………………………… 234
　　三、德勒兹和伽塔里的一些主要观点 …………………………… 236
　　四、对乐高游戏的分析 …………………………………………… 238
　　五、德勒兹-伽塔里理论在幼儿教育中的研究和实践 ………… 240
　　六、结论 …………………………………………………………… 243
　　参考文献 …………………………………………………………… 244

第一部分

发展观理论

>>

第一章 让·皮亚杰的建构主义学习理论　3

第二章 玛利亚·蒙台梭利：昨天、今天和明天　23

第三章 埃里克森心理社会发展理论　43

第四章 尤里·布朗芬布伦纳的生物生态理论　65

第五章 维果茨基和后维果茨基视角：聚焦于"未来的儿童"　79

>>

第一章

让·皮亚杰的建构主义学习理论

桑德拉·韦特-斯图皮安斯基

一、皮亚杰简介

让·皮亚杰（Jean Piaget）革命性地改变了教育学家、心理学家及其他研究者们对待儿童学习和发展的看法（Berlin，1992）。皮亚杰的观点和理论在其生前和身后一直在演化，本章旨在简要论述这个历史，并把皮亚杰的诸多概念应用于当代的幼儿教育之中。随着儿童发展的各个领域的研究进展，从脑研究、社会学研究到道德研究，都影响了如今的理论和实践，皮亚杰的理论的优势就在于在过去的70多年里不断地嬗变发展，从而能够吸收这些新的发现。本章首先介绍皮亚杰的个人生活经历和他的理论工作经历，然后概览他的理论中的一些重要概念，最后落脚于实践之中的应有之义。用一章的篇幅透彻地分析皮亚杰的理论和要义是相当困难的，因为他的理念见诸大约100本书和600篇文章，这些著作有的到目前为止还没有从法语翻译成英语，而且其他人就他的观点和理论进行论述的著作数量更是指数级地成倍增加（Muller，Carpendale，& Smith，2009）。所以，本章不可能穷尽皮亚杰所有理论的广度和深度，其目的在于展现皮亚杰的理论中对幼儿教育工作者最具影响的要点。

让·皮亚杰1896年出生于瑞士的纳沙泰尔（Neuchâtel，Switzerland），他是家中的长子，也是唯一的儿子。他的父亲是瑞士人亚瑟·皮亚杰（Arthur Piaget），一位大学历史学教授；母亲是法国人瑞贝卡·杰克逊·皮亚杰（Rebecca Jackson Piaget），一位学校督导员，同时也是一位政治活动家。让·皮亚杰在小时候是一个认真、早慧的学生，很早就萌发了对生物学的兴趣，他在10岁的时候就发表了有关鸟类和软体动物的文章（Hall，1987），后来还在当地的一个自然历史博物馆工作（Muller et al.，2009）。他终生都热爱生物学，这影响了他一生中的所有理念。

皮亚杰1918年毕业于纳沙泰尔大学（Neuchâtel University），获得了自然科学学位，然后很快又于纳沙泰尔大学获得了博士学位，研究方向是软体动物，1925年他在纳沙泰尔大学获得了教职。从他大学毕业到获得大学教职，这个过程是很快的。在这个过程中，他经常深入思考新兴的哲学、宗教和进化论思想，深切关注如何把这些思想融入他对知识论（即有关知识的学问）的研究中。皮亚杰一生游刃于各个领域的理论纷争之间，擅长发现第三视角或者说是"中间者[1]"，跨越两种对立的观点，不与两者中的任何一个有矛盾冲突（Bennour & Voneche，2009，p. 50）。同时，他经常发表自己的观点让别人思考和评判，他善于此道，也乐于此道。

在大学里学习的时候，皮亚杰在苏黎世的一个心理实验室工作了一个学期，专攻精神病学。他对荣格、弗洛伊德和阿德勒的观点产生了兴趣，写了一篇论文，并就这些理论之间的关系做了一些讲座，这是他对思维发展的关注的开始。

由于对心理学的兴趣，皮亚杰到了巴黎，与西奥多·西蒙（Theodore Simon）合作，致力于儿童智商测试的标准化工作。就是在那个时候皮亚杰形成了自己的方法，即针对儿童如何得出智商测试题目的答案进行提问，尽管儿童的答案经常是错误的，但是同年龄段的儿童的答案表现出相同的类型。他把自己形成的方法称作"诊断式访谈"，以此追问儿童的答案，从而试图阐明儿童的推理。皮亚杰在长期的工作中一直都使用这个方法。

皮亚杰在人生中的这个阶段还经历了另一件重要的事情：他遇见了他的研究团队中的一个成员——瓦伦丁·夏特奈（Valentine Chatenay），并与之喜结连理。他们从1925年到1931年生下了三个孩子——杰奎琳（Jacqueline）、露西安（Lucienne）和劳伦特（Laurent）。他的三个孩子的早期发展在几本关于婴幼儿认知发展的书里都有详细记载（Piaget，1952/1963；1954/1971/1986），这对于皮亚杰

---

[1] 中间者，原文是 tertium quid，拉丁文中的意思是"中间者""第三者"，与某两种对立事物相关但又不同，无法明确分类。——译者注

的理论构建起到了重要作用。

皮亚杰于1929年获得了日内瓦大学（University of Geneva）的教职，并在这个地方度过了其职业生涯中的大部分时间，直到1980年去世。从伊丽莎白·霍尔（Elizabeth Hall）所做的一次访谈中可以发现，他直到70多岁还在忙于实验、教学、完善自己的理论体系（Hall，1987）。在1980年去世之前6个月的最后一次公开访谈中，皮亚杰重申了他的理论的生物学渊源，反复强调了科学发现与儿童发展进程之间的相关性（Voyat，1980/2011）。这个论题影响了他一生的思想，关于儿童的智力发展、社会发展和道德发展的研究，不断出现在他50余年的理论工作中。

二、皮亚杰理论中的重要概念

皮亚杰把他的理论命名为建构主义，因为这个命名代表着他是如何看待学习的发生这一问题的。他用"建构主义"这个术语来表达这一概念：人们的知识构建是源于环境和个体大脑内部的结构之间不断地积极互动。换句话说，学习者的思维结构之间不断的平衡和再平衡，是由于环境积极参与到个体的知识构建过程中，然后个体基于新的结构能够作用于环境。由此可见，学习者是内部现实和外部现实变革的推动者。学习是以可预测的矢量[1]和模式而展开，并非如阶段论所说的线性的或锁步[2]的。在学习的过程中，有起步有停止，有前进有后退。在迈向更高一级的学习过程时，个体会表现出明显的突进和倒退。皮亚杰深刻地领会到了这一非线性的进程："每一个孩子都像大人，每一个大人都像孩子。[3]"（1932/1965，p. 78）

对皮亚杰的理论的大部分综述都强调了儿童发展的一系列阶段的思维，起始于感知运动阶段，然后到前运算阶段、具体运算阶段和形式运算阶段。令人遗

---

[1] 矢量，原文是vector，又译为"向量"，指既有数量也有方向。——译者注
[2] 锁步，原文是lock-step，原意是指队列行进中步调一致，意思是固定不变的方式、因循守旧的模式。——译者注
[3] 每一个孩子都像大人，每一个大人都像孩子。原文是：There is an adult in every child and a child in every adult。——译者注

憾的是，许多教育工作者对皮亚杰理论的认识大体上也就是这些年龄和阶段的划分。多年来，许多研究者，包括皮亚杰本人也在质疑这几个阶段在本质上是否步调一致。皮亚杰直接反驳了各个阶段之间的同质性观念："这会导致有人把思维现实任意地划分到某些阶段之中。"（1932/1965，p. 78）他其实是这样描述的："一般过程的连续阶段是反复出现的，就像是一首押韵的诗。"一个人面对新的问题或者经历新的事物时，早期阶段的思维方式会在后期阶段中再现踪迹。人的发展历程就像是一个物种的进化过程，早期的结构进化为更复杂的适应机制，但是早期的结构并不会彻底消失。智力的发展也经历这样的过程，皮亚杰就这个过程论述道："这是一个属类术语[1]，用以表示组织的高级形式或者认知结构的平衡。"（1947/1950，p. 7）

如要理解皮亚杰的理论，只知道这几个阶段的学说是远远不够的，本章将展开论述。针对本书的主题，本章的要点在于儿童是如何认识他们周围的世界和他们自己的。儿童的发展开始于协调自己的运动反应，包括反射动作和不自主动作，还有预设下的协调动作。大部分儿童在出生后的最初两年就开始了这一发展，此时他们的语言尚不流畅。皮亚杰和英海尔德（Piaget & Inhelder，1969）把这个阶段称作"感知运动阶段"（p. 3）。然后就是前运算思维，或者说是前逻辑推理思维，儿童的逻辑意识开始萌芽，口头语言极大发展。随着儿童开始运用逻辑推理，他们开始与周围的环境进行即时互动，总体来说是"在活动的具体层面……儿童7岁或8岁的时候，协调的活动转变为运算，表现为言语思维的逻辑构建，并应用于一个连贯的结构"（Piaget，1952/1963，pp. ii-iii），这就是术语"具体运算思维者"——用来描述小学阶段的儿童——的由来。随着儿童的推理思维发展得更为复杂和准确，应用得更为广泛，他们作为学习者也变成更为抽象的思维者，这就是人们所认识到的形式运算思维（Piaget，1947/1950）。学习者不会再局限于此时此刻的具体层面，而是能够隐喻地、抽象地思维，一个人就从"符号行为和记忆"跃升为"推理和形式思维的更高层次的运算"（1947/1950，p. 9）。本章在论述皮

---

[1] 属类术语，原文是 generic term，即"通称""总称""一般术语"或"通用术语"，适用于某一个总体的概念。——译者注

亚杰的一些概念和理论的过程中会不断提到发展的这几个层面。

（一）主动地学习与知识的本质

皮亚杰非常了解在他之前的幼儿教育理论家，例如玛利亚·蒙台梭利（Maria Montessori）和弗里德里希·福禄贝尔（Freidrich Froebel），也熟知这些理论家的观点，即儿童是他们自己学习的积极能动者。皮亚杰对知识的本质和认识论深感兴趣，这让他在理论研究中不仅仅把儿童当作他们自己的知识的构建者，儿童所构建的知识类型应该是不一样的，不同的知识也需要不同的构建方法。上井[1]（Kamii，2014）曾经求学于皮亚杰，然后把他的理论应用于实践，把知识划分为三种不同但又有所重合的类型：物理知识（physical knowledge）、逻辑—数理知识（logico-mathematical knowledge）和社会—常规知识（social-conventional knowledge）。

物理知识来自源头的事物或物体本身。儿童的物理知识习得来自与物体的接触，然后通过儿童自己的感觉获得相关知识。当儿童感受到一粒冰块的寒冷，或者是一只兔子的顺滑软毛，他们就会有关于"寒冷"或"顺滑"的物理特征的体验。如果体验过太阳光的明亮或者巧克力的味道，儿童就会获得有关太阳和巧克力的物理特征的知识。这其中的重要一点就是儿童必须是直接通过自己的感觉来发现有关物理知识，而不是通过其他途径，例如，在没有先让儿童获得有关物体的一手经验的情况下，向儿童描绘这些特征，或者让儿童观看关于冰块或巧克力的影像。

逻辑—数理知识是在学习者的头脑中构建的（Kamii，2014）。在学习者与外部世界（后期也包括内心世界）的互动中，逻辑得以构建。逻辑—数理知识的产生与物体、观念和人这三者之间有着多重关联（Waite-Stupiansky，1997）。当一个儿童比较太阳的光芒和月亮的光辉时，通过直接感官得到的物理知识就进入"更加明亮"或者"不那么明亮"的关系之中（逻辑—数理知识）。当一个儿童把一个玻璃瓶丢到混凝土人行道上时，玻璃瓶会破碎，这就会让儿童形成一个"如果……

---

[1] 上井，Kamii，全名是 Constance Kamii，康斯坦斯·上井，日裔美国人。——译者注

那么……"的关系概念:"如果"我把我的瓶子丢到混凝土人行道上,"那么"瓶子就会破碎并发出刺耳的声音。当不同的事物进入关系(例如因果关系)之中,这些事物就内化为逻辑—数理知识。这类知识的源头是儿童的头脑,必须通过主动体验才能构建。

社会—常规知识来自儿童所在的文化中集体认同的社会传统。儿童从周围已经拥有这些知识的人那里学到并记住这一类型的知识。语言就是一类典型的社会—常规知识。一个儿童习得的语言由这个儿童所在的文化决定,还由这个儿童和所在文化中的代表性人物的交谈经验决定。假如这个儿童是出生在另一个语言不同的文化当中,那么他所获得的社会—常规知识也会非常不同。另一个社会—常规知识的例子是行为规范,这在文化之间迥然相异,例如在什么场合(室外,非餐桌旁)可以戴帽子。社会—常规知识的源头是一个儿童所在的社会环境,因为这是从已经拥有这一类型的知识的人那里学习到的,需要这个儿童牢记在脑海中。

幼儿教育者需要懂得不同的知识类型,其要义在于儿童习得每一种知识的途径是不一样的,这就意味着教师在教授不同的知识的时候,教学方法也应有所区别,这样才能达到最好的效果。教师在教授物理知识的时候,直接感官体验就是最好的教学途径。例如,介绍"冷"的概念的时候,联系到具有"冷"的特征的物体(如冰块、雪),这样的教学效果才会最好。在教授逻辑—数理知识的时候,例如把温度的冷热排个次序,那么采用不同温度的物体,然后按照冷热依次排列,将会是最有效的方法。如果教学的目标是让学生掌握事物的名称(社会—常规知识),例如"冰""雪""冷""热",那么一边介绍相应的事物,一边教授对应的生词,就会达到预期效果。

这三种知识类型有所重叠,在现实世界中常难以完全分隔。但是,这对于教学来说具有深远的意义和重要的影响,本章的后半部分将会就此论述。如果教学迎合了相应的知识类型,那么儿童的学习将会达到最优化,学习的效果将会最好。

(二)运算和逻辑

皮亚杰的理论中所论述的各种发展问题,包括社会发展、道德发展、认知发展和运动发展,其核心在于"运算"这一概念。用皮亚杰的话来说,运算是"头脑中构建的有效图式"(Piaget,1962,p. 161)。运算是逻辑的可逆应用,开始于幼儿对自己身体的了解,那个时候主要是感知运动运算,最终发展到形式的、抽象的逻辑运算,即推理的最高层次,这个发展过程需要10余年时间。随着儿童在他们的环境中生活,他们形成了各种图式,可以重复、改变、检验和完善。在这个过程中,儿童开始形成思维结构,可以影响到未来与环境的互动(Voyat,1980/2011)。婴儿在出生后的前几周,主要表现为吮吸之类的反射活动,接着很快就开始感知和认识自己的身体,然后就是去了解身边可以够得着的物体,以及可以接触到的人。这样逐渐地发展,婴儿就不再只是关注自己的身体和身体周围的环境。这样的探索所形成的图式或模式就不再是偶发的或者意外的,而是表现为可重复的,源于这个过程中婴儿所经历的其他人在其面前的行为,以及婴儿对这些行为的模仿。当一个婴儿对一个即便是视野之外的物体也能够在头脑中产生一个想法或者出现一个形象,就表明其思维结构开始形成了。这出现在儿童出生后第一年的后半期,在此阶段儿童形成了皮亚杰和英海尔德所说的"永久性客体"(Piaget & Inhelder,1969,p. 48)的概念,或者用现在大家都熟知的、更为流行的术语来说就是"客体永久性"。皮亚杰就此论述道,当一个儿童持续地寻找视野之外的物体时,就表明其智力开始出现了,因为儿童"知道"这个物体还在,即便这个物体是在感官所能触及的范围之外。所以,儿童是在自己的头脑中产生了这个物体的形象或者关于这个物体的想法。这是儿童思维的证明,对皮亚杰来说是一件具有里程碑性质的重要事情。

随着儿童持续与环境互动并且形成思维结构,新的发展出现了,例如最早期的象征性游戏。一个儿童会假装用一串钥匙来发动一辆汽车,或者假装用一个空杯子喝茶。这种类型的假装通常出现在1岁到2岁之间。皮亚杰的理论认为,儿童是在用自己的身体和行为来表示一个人在发动一辆汽车或者在喝一杯茶。这个要点在于儿童并非真的有那些行为,而是在"假装"做那些事情。虽然儿童是表演自己从未做过的活动,但是他们曾经看到别人做过。这又是一个具有里程碑性质的认知发展,因为这代表着思维结构的存在,儿童利用思维结构采取行动。儿童在以前的生活中体验了或者目睹了一些活动或者行为,然后使用真实存在的物体,象征性地予以表现。皮亚杰指出这种象征性游戏对儿童来说是基于对现实的同化，对他们来说是嬉戏玩耍（Piaget，1962）。

运算和逻辑不断地发展，首先是作用于儿童身边的物体和人，随着儿童的语言的习得，他们可以谈论自己身边环境以外的时空中的人和事（Piaget，1962）。一个儿童能够谈论过去曾经发生的事情，也能够谈论将来计划要做的事情。即便几个星期没有见面，一个儿童也能够详述自己的爷爷奶奶或者外公外婆。在各种各样的具体经历的推动下，儿童就这样向前发展，从这些经历中构建知识，这种知识为以后的思维打下了基础。

随着儿童发展得更为成熟，不再局限于具体的经历，开始学会用符号和象征来再现事物和观点，运算思维就开始出现了。一个蹒跚学步的幼童会拿起一个玩具汽车，然后喊"呜……"。儿童看到自己爷爷的照片，会喊"爷爷！"。儿童看到近期的一次假日的录像，会知道这是过去曾经发生的事情。这些都是较为低层次的再现，因为这些符号其实都与其所象征的事物较为相像。儿童习得语言之后，脱离了具象的物体，新的层次的再现就出现了。然后儿童开始认识书面文字，而书面文字是口头语言的符号表达，这样就会发展出更高层次的再现。阅读、写作、用数字表征数量、绘画，这些都增强了儿童交际的能力，提高了儿童理解交际的能力，特别是在此时此地的具体环境以外的事件和理念的交际。另外，对于代表"加"（+）、"减"（−）、"等于"（=）这类运算的符号，一个儿童如果已经通过具体的材料构建了运算的知识，就能够理解并掌握这些符号所代表的意义。如果没有经过具体事物层面上的主动学习，儿童尚未建构对于真实运算的理解，就给儿童讲解运算的符号，是与皮亚杰的理论相左的。这样过早地给儿童讲解运算符号会导致其学习流于表面和机械记忆，因为儿童还没有发展出运算所依赖的必要思维结构。

（三）平衡和适应

皮亚杰从未远离自己的生物学根基，在人生的最后一段时间里又回到他最初提出的平衡理念，认为这是学习的最重要的驱动力量，从而不再局限于先前的阶段理论，而在美国儿童心理学领域他正是因为阶段理论而闻名（Fosnot & Perry，2005）。弗斯诺特（Fosnot）和佩里（Perry）指出，在皮亚杰的理论中，平衡是"在任何一种转换发展过程中的作用机制"（Fosnot & Perry，2005，p. 16）。当人们遇到新的情况，作用于自己周围的环境，他们所经历的不平衡就会导向自我调适，平衡他们所已知的和所未知的，从而学习到新的概念，并且强化已经学习到的知识。对皮亚杰来说，这样的过程和动力在生物学、进化论和知识的构建中都是相似的（Hall，1987）。

在《智力的起源》（*The Origins of Intelligence*）这本书中，皮亚杰论述道，"智力是一种适应"（Piaget，1952/1963，p. 3），而且"最基本的生物功能——组织和适应"起了作用（Piaget，1952/1963，pp. 4-5）。他指出，机体不断地与环境发生关联，那么机体就持续适应环境，从而维持机体内部的既存状态和外部新临压力之间的平衡。皮亚杰进一步论述道："适应是同化和顺应之间的一种平衡。"（Piaget，1952/1963，p. 6）这个适应的过程包括智力的组织结构内部的平衡和再平衡：吸收新的知识到既有结构之中（同化）；改变既有思维结构从而吸收新的知识（顺应）。

当外部（环境之中）的压力与机体内部已经构建的结构和组织（思维结构和思维图式）相协调或者相匹配，同化就会随之发生，环境中的信息要素就会被吸收到已经存在的结构，即儿童已经知晓的内容中。例如，向一个儿童介绍一种大型犬，比这个儿童以前曾经看到过的狗都要大一些，但是这依然符合这个儿童头脑中对于狗的图式（有四条腿，摇尾巴，吠叫），那么新的知识就可以被吸收到这个儿童已经掌握的知识之中。除此之外，如果环境与儿童的思维结构不相匹配，那么必定会发生另一个过程，即顺应。在环境给予机体的压力之下，机体做出相应的改变，顺应于是发生。当一个儿童第一次看到一头牛，这个儿童先前对狗的认知就与此不相符了。尽管牛也有四条腿，也有皮毛，但是其他特征就与狗不相符合（例如，牛是哞哞叫而不是汪汪叫，牛走路的姿态不同，牛身上的气味独特）。为了适应这个新的外部信息，儿童就要顺应内部的思维结构，创造出一个关于"牛"的新的结构或图式。

总之，在知识的构建中，其中一个最为重要的概念就是平衡的过程，还有其相反的一面，即不平衡。在环境和思维结构之间保持平衡的压力就是驱动学习的发动机，或者用皮亚杰的话来说，即智力（Piaget，1962）。

(四) 守恒

"守恒"这个概念可以说是皮亚杰理论中最重要的一个逻辑运算。用最简单的话来说,在事物其实相等或者相同的情况下,看起来或者表现为不同,守恒就是对此的理解。有两个著名的例子,就是在儿童面前展示并变换两个泥巴球或者两瓶水的形状,在一个处于前运算阶段的儿童看来,因为物体的外形或者构造看起来不一样,所以物体所含的数量多少也就不一样。皮亚杰的理论对此解释为:这样的儿童没有在头脑中保留最初的泥巴或者水的形状的记忆,于是就导致新的形状覆盖最初的记忆。换句话说,即便形状发生了变化,也还是同样的事物,儿童没有这样的守恒记忆或者观念,哪怕是对发生在他们眼前的事情也是如此。

守恒概念贯穿在逻辑之中,从最简单的数学运算的相等概念(例如,2+2=4),到最抽象的思想转换,皆是如此。守恒不可能一蹴而就,只能随着儿童的发展成熟,并通过关于多种事情的丰富阅历,才能逐渐构建。守恒能否在早期教给儿童,对于这样的"美国问题",皮亚杰的回答是:"加速守恒概念的学习比不学习更糟糕。"(Hall,1987,p.31)

一个问题可能有多种解决办法,但是一个以自我为中心的儿童其思维会聚焦于单一视角或者单一途径。如果一个儿童自己拿着一本书,不让别的同学看到书里的图画,但假装给同学们读这本书,这就是儿童表现出自我中心主义,不管不顾其他同学是如何理解这本书的。如果一个儿童认为只有一种方法能把盆子里面的水果进行分类,例如按照颜色进行分类,就是对"你能把水果分门别类吗"这样的问题采取单一的办法。自我中心主义不是自私自利,只是幼儿以单一视角观察世界的自然而然的方式。

皮亚杰从未认为环境对于儿童学习守恒之类的逻辑运算是无足轻重的。与此相反,正是在儿童与环境的互动中,才创造出儿童思维中的不平衡,从而激发儿童不断思考,得出更为准确的结论。当两个泥巴球或者两瓶水的形状看起来不一样时,一个4岁的儿童会认为这些东西所含的数量不同了。但是两年之后,面对同样的问题,这个儿童会百分之百地认为这些东西其实没有变化。这期间到底发生了什么?儿童是如何准确无误地学会了这个简单的守恒形式?皮亚杰理论的研究者指出，由于儿童与环境的互动，二者之间不断地趋向平衡，推动儿童的逻辑推理达到一个更为复杂的运用水平，从而使得内部结构与外部现实相匹配。以上的过程是由于顺应和同化在起作用，顺应和同化是以上的过程能够发展和适应的唯一路径。

（五）道德发展

皮亚杰的道德发展理论其实并不是特别闻名于世，但是他对儿童相互之间的互动，尤其是在玩耍和游戏中的互动，有着大量的研究和翔实的记录，启发了其他人（如 Kohlberg、DeVries、Selman、Damon、Corsaro）对于道德发展的理论研究工作。皮亚杰与其他人（包括他的妻子瓦伦丁）合作，在《儿童的道德发展》(*The Moral Judgment of the Child*)（1932/1965）这本书中详细记录了儿童对规则的理解。他们指出："儿童的游戏形成了最让人叹为观止的社会体系……一个自己独有的法律体系"（p.1），而且，"所有的道德都体现在规则系统之中"（p.1）。

73岁时，皮亚杰在伊丽莎白·霍尔的访谈中明确指出，儿童最初接受既定的规则，他称之为"他律推理"，然后发展到掌握基于合作和互利的规则，他称之为"自主推理"（Hall，1987）。儿童慢慢地变得不那么自我中心，不再只是聚焦于自己的视角，开始考虑其他人的观点、意图和利益。促进儿童从他律推理发展到自主推理，其中的一个重要活动就是让儿童参与同伴们的游戏。儿童会协商游戏的规则，争取自己的权利，协调相互的行为，推动游戏的进程，他们其实就是在学习社会契约的基本知识。用皮亚杰的话来说，儿童达成了"一种合作，脱离了他们原有的自我中心主义，形成了新的、更具普遍性的规则概念"（Piaget，1932/1965，p.76）。本章的下一节会介绍皮亚杰理论在儿童游戏中的其他具体分析。

三、对早期教育工作者的启示

皮亚杰理论适用于所有学习者的教育，但是本节内容聚焦于从出生到8岁这一阶段的学习者，这是大多数早期教育工作者所面对的对象。并不是说皮亚杰理论对其他学习者就不那么重要了，对于年龄更大一些的学习者来说，皮亚杰理论一样富有意义、影响深刻。但是后期阶段的学习的基础是形成于早期阶段的学习经历，同时也囿于一个章节的内容限制，这里就只讨论较为早期的阶段。

基于皮亚杰理论的教学源自一个重要的预设：学习者是自己学习的积极能动者。也就是说，所有的教学需要让儿童成为所教授知识的积极构建者。表面看起来，这很简单，但实际上这意味着我们教育儿童的方式的重大变革。理解积极学习的定义，并不是说儿童总是在外在活动上积极主动，虽然对较小的儿童来说他们也许就是如此。积极学习的意思是，儿童通过提问、实验和假设，尝试新的想法，改变已有观念，从而在思维上积极主动。对于教师来说，如何根据环境的既有条件，按照积极探索活动所需要的时间长短，创设儿童与同伴的交往机会，通过成人提出的各种问题及其他可能的教学策略，从而激发、鼓励儿童的思维活动，这是极为重要的工作。

（一）迈向"重要思想[1]"的教学

皮亚杰理论的其中一个重要启示就是逻辑运算是不可能直接记忆或者教学的，但这并不是说就不是通过学习获得的。如果认为学习是一个过程而不是结果，那么教师的教学方法就要迈向过程和运算。当学习者构建更多的逻辑方式并且整理、组织自己的思维，不断取得进步的时候，他们往往是"进两步退一步"。例如，一个5岁的儿童会按照"鞋带""魔术贴""没有系鞋带"之类的范畴把鞋子分门别类。但是当被问及是否还有其他鞋子或者是否还有其他上面有鞋带的鞋子，儿童的回答是还有一些上面有鞋带的鞋子。由此可以看出，儿童的确是采用了某种逻辑进行分类，但是如果要他们按照序列进行分类，大的门类包含小的门类，儿童就不会了。这样按照序列的推理要再过6个月或者1年之后才会出现。基于建构主义的教师会持续不断地创设多种教学情境，让学生对物体进行分类，给学生提出具有启发性的问题。在这样的教学中，利用不同的维度和不同的材料，学生就能学会分类的重要思想。教师需要特别注意的是，对于儿童的前逻辑[2]

---

[1] 重要思想，原文是 big ideas，也可翻译为"好主意""好想法""伟大创想""宏大理念"等，这里指学生在学习过程中领悟到的关键知识。——译者注
[2] 前逻辑，原文是 pre-logical，即逻辑思想还没有完全形成。——译者注

答案，不可以随意下结论，因为这是在知识的构建过程中重要而既定的阶段。教师在这个过程中应该做的是给儿童提供恰当的不平衡情境，从而促进儿童思考和质疑。

结合本章上一节中论述的三种知识类型，如果早期教育工作者根据知识的类型进行不同的教学，就会自然而然地在教学中引导学生学习重要思想。假如教学的中心是数量和数字，那么教学策略中就必须包括至少两种知识类型：有关数量意义的逻辑—数理知识，即两个或两个以上的数量之间的关系；社会—常规知识中由文化定义的数字表达符号及其相关意义。例如，如果一个儿童理解了数量"5"的意义，那么这个儿童就会知道5只蚂蚁和5头大象是同样的数量，尽管大象比蚂蚁要大得多。上井把对数量的理解称作"人类从内部构建的思维关系"（Kamii，2013，p. 60）。这样的对数量的深度理解就是教师的教学工作所应迈向的有关逻辑—数理知识的重要思想。在社会—常规知识中，表达英语单词"five"的符号是"5"。对于理解、交流数量和数字来说，这两种概念都很重要，但都是由文化决定的，不同的文化采用不同的词汇（例如西班牙语 cinco）、不同的符号（例如罗马数字 V）。令人遗憾的是，教师往往聚焦于数量的社会—常规知识，主要是数量的名称和符号表达，而不是确保儿童能够理解数量概念中关键的逻辑—数理知识。

在科学领域中，对于科学概念的学习来说，物理知识极其重要。儿童在很小的时候就开始用物理世界中的各种事物进行实验，例如丢下摇铃玩具，听到摇铃玩具碰到地板发出的当啷声，儿童就会通过自己的感官来学习物理知识。皮亚杰理论指出，物理知识来自物体本身，所以儿童需要充足的机会来探索他们周围的物体。儿童丢下摇铃、食物或者其他任何放在眼前的东西，每一次都会体验到物体掉落在地板上发出的不同声音。教师首先要时刻保证安全，在室内和室外给儿童提供多种物体和机会，让他们获得直接感官体验。也许是受蒙台梭利的影响，皮亚杰特别强调这种"感知运动"经验，这种经验占据了儿童前两年的学习，形成了智力的基础，而且对于后期所有阶段的智力发展有着不可估量的作用。皮亚杰对此进一步论述道，随着儿童的思维变得更加成熟和复杂，当遇到新的问题或者新的材料时，他们还是会回溯到早期的学习模式。如果在以前没有得到有关某些物体的经验,那么年龄稍大的儿童也需要探索这些新的物体,需要直接通过感官来学习相应的物理知识。只有通过直接体验,学习者才能够逐渐脱离具象,用语言、图画、标识、符号、理念等方式来象征性地表达这些经验。例如,对于一个生长在热带地区的儿童来说,阅读有关"雪"的内容或者观看雪景照片,都不能使其充分理解雪的物理特征。教师就必须想出一个办法,把雪带入儿童的直接体验中,也许可以用一个刨冰机或者其他类似设备给学生制造出雪。儿童需要把自己的手插进雪中,尝一尝手指头上雪的味道,观察雪在自己温暖的手掌上融化。然后,儿童就可以谈论一个有关雪人的故事了。

(二)游戏的重要性

对于早期儿童的教师来说,皮亚杰理论中的一个最为重要的启示,就是游戏在所有阶段的发展过程中的重大意义。皮亚杰花费了大量的时间观察、记录儿童从婴幼儿期到青春期的游戏行为。他的许多实验都是在婴幼儿能力所及的范围内,特别是针对他的三个孩子,让他们游戏式地、有目地地操控抓住的物体,并观察他们的反应(Piaget,1952/1963;1954/1971/1986)。他对婴幼儿的反应的翔实记录推动了以后的实验和假说,特别是有关儿童在应对周围环境的控制时是如何思维的。随着儿童的发展,在他们能够反思自己的行为和思想的时候,皮亚杰和他的研究团队就儿童的游戏对他们进行了采访。这在前文已经有所论述,这些访谈奠定了他的道德发展理论,包括儿童是如何理解规则的渊源和应用、正义的分配,等等。

皮亚杰认为,和与成人一起进行的游戏相比较,儿童在与同伴进行的游戏中学到的概念是不一样的。儿童与他们的同伴在年龄上相同,在权力关系上平等,所以在与同伴的游戏互动中能够学到互利互助。一个孩子不敢从一个大人那里拿走一个东西,但却有可能从另外一个孩子那里拿走东西。那个被拿走东西的孩子就会表现出"这是我的"的类似反应,也许还会在身体动作上表现出争抢这个东西的行为。这种细微而常见的互动行为给"侵犯者"一个教训:别的孩子有正当权利,人家被侵犯的时候有权利索回这个东西。因此,"侵犯者"和"受害人"就学到了相互性的重要一课:别人拥有相应的权利,侵犯别人的权利必将受到

"审判"。经历许许多多的同伴互动，特别是同伴游戏中的各种互动，儿童就开始构建对于社会行为规则的理解，还有对于这些规则背后的原因的认识。对于4岁或者5岁处于自我中心阶段的儿童来说，他们开始参与带有某些规则的游戏时，往往是不成功的。他们最开始以为那些规则是由更高一级的权威强加的，然后慢慢改变了这个观念（皮亚杰在7岁或者8岁的儿童中发现了这一点），最后把规则理解为游戏进行的必要条件，而且只要参与游戏的人都同意，就能够协商改变那些规则（皮亚杰在刚进入青春期的儿童中发现了这一点）（Piaget, 1932/1965）。认为规则是不可改变的，而且是由更高一级的权威强加的，皮亚杰把这种理念称为他律推理。认为规则是相互协商形成的，而且对于维持社会秩序具有重要意义，皮亚杰把这种在后期出现的理念称作基于合作的自主推理（Piaget, 1932/1965）。

对于教师来说，在教学中所要迈向的"重要思想"即是这样的更为复杂的自主推理。但这并不是说教师就要放弃权威，因为这样会导致课堂内一片混乱。这里所要强调的是，儿童需要心理安全的环境，从而能够学习协商和妥协的技巧。在与同伴的游戏中，儿童自能觅得这样的学习机会。

（三）基于皮亚杰理论的课堂中教师的角色

根据皮亚杰的理论，具有建构主义理念的教师在早期教育中扮演着"共同构建者"的角色。教师和儿童一样，都应该是学习者。教师的角色是"教师/学习者"，需要巧妙地设置教学情境，精心地安排各种具体的教学环节，从而启发学生的学习。在这样的教学情境中，儿童应该有多种选择，还应该有充足的时间与同伴进行游戏和互动，教学材料应该具有继发性和挑战性，成人应该给予儿童较多的鼓励。教师不应该只是集中精力于自己的教学措施，更应该注意每一个儿童的学习，只有这样才能选择最好的教学策略。选择最好的教学策略，教师需要研究所要教授的知识类型，需要思考教学所要迈向的重要思想和所要经历的每个过程，需要明白儿童先前的经历、文化和思维结构，诸如此类，然后再决定最合适的教学材料和最恰当的教学活动，从而达到相应目的。教师和儿童一样，都是积极的"加工者"。加工活动的层次较高，但是可以预先规划并且详细布置，从而帮助儿童构建新的概念，产生新的意义。在一个基于建构主义理念的课堂中，总是有一种良性的嘈杂声，因为教师和学生会有走动，相互之间发生交流，讨论相关的教学材料。相当多的教学活动是以小组活动的方式进行的，或者是按照每一个学生的特点进行的。当然，教师的讲授和较为大型的分组讨论也要留出时间，予以安排。儿童上课学习所用到的课桌、地板和工作台，都应该是可以移动的，可以根据预设的教学活动做出相应改变。玩积木的空间、假装游戏的主题、艺术媒介、科学和自然标本、图书、书写材料以及其他需要动手操作的素材，都应充盈于建构主义的教学情境之中。这样的教学计划要根据每一天的具体情况安排，或者室内活动或者室外活动，既是井井有条的，又是灵活善变的。

为了营造建构主义课堂，教师在自己的"工具箱"中应该做出一系列的准备。这样的工具包括所要用到的教学材料、所要提出的问题以及在讲解新概念时所要组织的同伴活动。这些细节在下文中将会逐一详述。

1. 教学材料

对于沿用建构主义途径的教师来说，采用具体的教学材料进行探索和实验，对儿童的早期发展特别是对幼儿的早期发展，是非常重要的。这种探索和实验绝不只是摆弄什么物件，而是通过安排可控变量，促进儿童不断地思考、预测、假设以及验证他们的观点。儿童与各种事物的互动最开始带有偶然性或意外性，随着思维的完善，就逐渐发展为具有计划性和目的性。在晚年的一次访谈中，当皮亚杰被问到他会如何进行学校改革时，他特别强调学校教育应该大力推行科学意义上的实验（Hall，1987）。当儿童想要弄明白他们周围的世界有些什么道理的时候，他们就会自然而然地成为实验者。如果教师也对这个世界怀有好奇之心，就会邀约儿童共同进行调查研究，无论何事，只要是儿童感兴趣的都可以。假如儿童仔细观察操场上的一条毛毛虫，乐此不疲，那么教学中对于毛毛虫和蝴蝶的调查研究就会让儿童获得一系列的重要思想，诸如生命周期、栖息环境、动物伪装术等生物学领域中的多个概念。所有这一切可能就开始于一个儿童在操场上对一条毛毛虫的兴趣。

针对课程中已经提供的教学材料，持有建构主义理念的教师采取的是"接近[1]"的态度，因为儿童对真实物体的经验需要先于这些物体的表征，例如模型、视频、图片、语言等。等到儿童已经获得了对于这些物体的直接经验，基于这些直接经验的符号化媒介就能起到相应的作用了。例如，一只蝴蝶翩翩飞过或者缓缓停在手指上，如果一个儿童对此已有经验，就能够理解一张有关蝴蝶的照片，因为这个儿童已经在头脑中形成了相应的思维结构，这使他领会了有关蝴蝶的图片表征。因此，持有建构主义理念的教师尽可能地"保持真实"。

2. 真实性问题

真实性问题指的是教师自己并不事先知晓答案的疑问。如果一位教师拿出一个橙子，然后问儿童这个橙子是什么颜色，正确的答案就是橙色。这是只有一个正确答案的趋同性问题，教师事先知晓答案。教师所提出的很多问题就是这种类型，教师知道答案，儿童的回答必须符合答案，只有这样才是正确的。趋同性问题在特定的时间和空间中是必需的，特别是针对社会——常规知识的教学，因为儿童需要牢牢记住由文化所决定的颜色词汇、数量单位以及所有字母。但教师们往往会忽略另一种非常不同的问题类型，它通常被称作真实性问题，其要义在于寻求儿童自己的理解。例如，不去问这个橙子的颜色是什么，教师可以问一问还有其他什么物体和这个指定物体具有同样的颜色。这样，儿童就会有很多可以被接受的答案（例如南瓜、奶酪通心粉、胡萝卜），教师这个时候并不知道儿童会说出什么答案。就这样在所有的可能答案中进行互动，有关橙子的颜色词汇在一个意义丰富的情境中得以运用。对于儿童来说，这样的问题能够激发他们更多地做出思考，让他们必须运用逻辑——数理思维，寻找一些不是橙子的物体，再看看哪些符合了相应文化意义中所蕴含的"橙色"的要求。

教师要记住一个简要的法则，问自己："我是否已经知晓了这个问题的答案？"如果答案是肯定的，那么教师就要想方设法换一个方式来提出问题，从而避免只有一个正确答案，确保教师自己也不知道学生的答案到底是什么。相对于低层次

---

[1] 接近，原文是 approach，意为靠近、走近，即对于教材不应该只是完全地沿袭其中的内容，不能完全依赖教材，而是要考虑儿童的直接经验。——译者注

的趋同性问题来说，这会让课堂中司空见惯的问答环节更为有趣，更具启发性。通过这样日复一日的教学活动，教师与儿童相互提出有意义的真实性问题，共同解决问题的文化就会逐渐形成。

3. 同伴

对于持有建构主义理念的教师来说，他们的工具箱中的其中一件上好工具即是其他儿童。只要课堂中坐满了学童，就会发生逻辑推理、语言发展、视角纷争等多种学习活动。如果教师在每一天的课程中都能精心谋划、欣然接受这样的学习活动，学校的教学团队将会成倍扩大，因为儿童将会变为这个团队中的成员。儿童们一起游戏，相互质疑，大事小事都要争论一番，这样他们就会把自己的想法与其他小朋友的想法进行交互参照。这是教师所不能直接给予的，因为成人和儿童之间本来就存在着不同的影响力。皮亚杰认为同伴的作用是不可或缺的，特别是在他的道德发展理论中更是如此。那么教师的一项重要工作就是在课程中创设方法，促使儿童可以一起学习和游戏。

四、与其他人交流建构主义的方法

建构主义理论并非新生事物，但相对于传统教育方法来说却大有不同。在许多成人看来，所谓课堂就是一间教室，里面有排列得整整齐齐的课桌，课桌统统面向教室的前面，前面有教师的一张讲桌。即便课堂中已经整合了多种技术手段，但在大部分成人的脑海里和记忆中依然还是这样的布局。与成人一起学习讨论时，可以让每一个成人画出一间教室的样子，这是一个具有启发性的活动。大部分成人都会画出上文所说的那样的传统布局。在随之而来的讨论中，就能根据他们的绘画来发现他们头脑中深藏的观念，即教室是什么样子的。这是一个讨论的出发点，可以思考今天的课堂到底应该是什么样的。

为了有效地沟通交流建构主义的方式方法，需要开展积极主动的学习活动。如果有可能，让成人体验一次积极主动的学习，充分进行同伴互动，启发获得新知的新途径，这将是有效的。让家长们搭积木，尝试吹泡泡，用投影显微镜观察物体，家长们在这样的活动中也会体验到他们的孩子曾有的好奇和惊叹。另外，邀请他人参观基于建构主义理论的课堂，并让他们参与儿童的学习活动，这样也会非常有效。除此之外，当文字描述不足以说明问题时，可以用照片、话语和视频来详细记录儿童的学习过程，也可以用来交流学习的方式方法。总而言之，就像教学不只是讲授，与其他成人交流建构主义的方法也不能只是说说而已，应该关联真实的事物，需要包含直接的经验。

五、结论

皮亚杰有关儿童如何学习和知识的本质的观点开启了一个范式转变，改变了教育工作者和心理学家看待儿童的方式。儿童不再被认为是机械的学习者，只是死记硬背预先设定的一套事实和技巧；恰恰相反，应该认真地把儿童看作积极主动的知识构建者。儿童作用于环境，环境也作用于儿童，其间儿童的作用往往更大。学习是一个积极主动的过程，由内而外地发生，而不是由外而内。通过这样的经验和思想，儿童就能获得应有之义。这样的方式方法目的明确，在一定程度上结果可期，因为皮亚杰已经清晰地勾勒出了相关的发展路径。这些都来自皮亚杰的丰富研究，也都源于皮亚杰的非凡才能，他能够从其研究对象特别是他自己的孩子身上，获得诸多发现。

像其他内涵丰富的理论体系一样，随着研究者和实践者探索更多的大脑工作机制，挖掘大脑在创造和适应方面的巨大潜能，皮亚杰所提出的理论观点也在不断地进化和改进。但是皮亚杰的卓越才华是毋庸置疑的，他整合了多个领域的理论，从生物学、心理学到哲学，并把这些理念应用到儿童发展和学习之中，深深地影响了儿童早期教育以及教师对待儿童和儿童学习的观念。

参 考 文 献

Berlin, H. (1992). Piaget's enduring contribution to developmental psychology. *Developmental Psychology, 28*, 191-204.

Bennour, M. & Voneche, J. (2009). The historical context of Piaget's ideas. In U. Muller, J.I.M. Carpendale, & L. Smith (Eds.), *The Cambridge companion to Piaget*. New York: Cambridge University Press.

Fosnot, C.T., & Perry, R.S. (2005). Constructivism: A psychological theory of learning. In C.T. Fosnot (Ed.), *Constructivism: Theory, perspectives, and practice* (2nd ed.). New York: Teachers College Press.

Hall, E. (1987). *Growing and changing: What the experts say*. New York: Random House.

Kamii, C. (2013). Physical-knowledge activities: Play before the differentiation of knowledge into subjects. In L.E. Cohen & S. Waite-Stupiansky (Eds.), *Learning across the early childhood curriculum*. Advances in Early Education and Day Care (Volume 17). UK: Emerald Group publishing.

Kamii, C. (2014). The importance of thinking: Direct vs. Indirect understanding of number concepts for ages 4-6. *Young Children, 69*(5), 72-77.

Muller, U., Carpendale, J.I.M., & Smith, L. (2009). Introduction: Overview. In U. Muller, L.I.M. Carpendale, & L. Smith (Eds.), *The Cambridge companion to Piaget*. New York: Cambridge University press.

Piaget, J. (1932/1965). *The moral judgment of the child*. Glencoe, IL: The Free Press.

Piaget, J. (1947/1950). *The psychology of intelligence*. London: Routledge and Kegan Paul.

Piaget, J. (1952/1963). *Origins of intelligence in children*. New York: W.W. Norton.

Piaget, J. (1954/1971/1986). *The construction of reality in the child*. New York: Ballantine Books.

Piaget, J. (1962). *Play, dreams, and imitation in childhood*. New York: W.W. Norton.

Piaget, J., & Inhelder, B. (1969). *The psychology of the child*. New York: Basic Books.

Voyat, G. (1980/2011). Interview with Jean Piaget: Translation, appendix, notes, and references by Leslie Smith.

Waite-Stupiansky, S. (1997). *Building understanding together: A constructivist approach to early childhood education*. Albany, NY: Delmar.

第二章

玛利亚·蒙台梭利：昨天、今天和明天

菲利斯·鲍威尔

一、蒙台梭利简介

1870年8月31日，玛利亚·泰科拉·阿尔缇米希亚·蒙台梭利（Maria Tecla Artemisia Montessori），即现今人们都知道其教育方法的玛利亚·蒙台梭利（Maria Montessori），诞生于意大利的基亚拉瓦莱（Chiaravalle），她的父亲是亚历山德鲁·蒙台梭利（Alessandro Montessori），母亲是瑞尼尔·斯托帕尼（Renilde Stoppani）。

在军队服役之后，亚历山德鲁·蒙台梭利在教皇国[1]的财政部门工作了5年，然后在盐业和烟草行业工作，并且很快就升到了管理职位。1865年他因为升职而搬到了基亚拉瓦莱，一个种植烟草的小镇。他在这个地方遇到了瑞尼尔·斯托帕尼，一位教养良好、知识渊博的女士，她热心于意大利的自治和统一活动。因为相似的观念他们走到了一起，于1866年春季结婚。1867年亚历山德鲁·蒙台梭利被委派到威尼斯工作，1869年又回到基亚拉瓦莱，在那里等待他们的女儿出生。玛利亚·蒙台梭利出生后的前5年一直都是在这个海边小镇度过，直到1875年她的父亲又要搬家，这一次是搬到了罗马。

直到那时，意大利统一只有14年。从地理和宗教的角度来看，意大利一直都是一个国家，但是从政治上看却是由许多独立的政权组成。1861年3月17日意大

---

[1] 教皇国（Papal States），公元756年至公元1870年由教皇统治的国家，位于意大利中部，后退缩于梵蒂冈。——译者注

利统一起来，10年之后意大利的首都迁到了罗马，复兴运动从此完成。但是要把四分五裂的意大利融为一体，仍然有许多工作要做。其中最为重要的一个工作就是建立国家教育体制，意在赋予国民一个民族感和一个相似的文化观。这对于玛利亚·蒙台梭利来说是一件幸运的事，因为这个新的国家体制给她提供了更多的教育机会。

1859年的《卡撒蒂法》[1]（The Casati Law）规定了期限为4年的义务教育，后由教育部部长巴切利（Baccelli）修订，使得女孩有机会上中学和技术学校。玛利亚·蒙台梭利13岁的时候对数学产生了兴趣，和另一个女生一起就读于一所技术学校，是这所学校里仅有的两名女生。据说在课间休息的时候，她们俩会受到男生的骚扰，学校需要把她们与其他男生分开。玛利亚似乎并没有被这样的麻烦困扰，后来被列奥纳多·达芬奇技术学校（Leonardo da Vinci Technical Institute）录取，开展进一步的学习。因为缺乏古典文化学的学习，她不能进入古典中学就读。1890年毕业之后，她又有了新的想法，想进入医学院学习。

有很多故事讲到她是如何进入医学院学习的，其中有一个故事讲道，一个名字叫作吉多·巴切利（Guido Baccelli）的临床医学教授拒绝了她，而她的回应是："我知道我会成为一个医生的。"（Povell，2009，p. 42）还有一个故事暗指教皇曾为她进入医学院进行了一定的干预。第三个故事则讲道，有一个宗教人物帮助她学习希腊文和拉丁文，地点是在一个隐蔽的书架之后，这样才不至于让其他修士注意到。第三个故事可能比较真实，因为她的舅舅安东尼奥·斯托帕尼（Antonio Stoppani）是米兰大学（University of Milan）的一位学者兼牧师，他可能帮助了玛利亚，让她完成了进入医学院所需要的课程学习。在我的著作《蒙台梭利来到美国：玛利亚·蒙台梭利与南希·麦考密克·兰布什的引领》（Montessori Comes to America: The leadership of Maria Montessori and Nancy McCormick Rambusch，2009）中可见玛利亚·蒙台梭利的诸多生平记载。

玛利亚·蒙台梭利以非全日制学生的身份在大学学习了两年，从而完成了医学院入学要求的学习。1892年，她在罗马大学医学院开始学习。1896年毕业，成

---

[1]《卡撒蒂法》，在1859年由当时的教育部部长卡撒蒂颁布的一项教育法令。——译者注

了意大利寥寥无几的女医生之一。在许多传记中，包括给儿童看的或者给成人看的，都把玛利亚·蒙台梭利当作意大利的第一个女医生。而根据我以前的研究却并非如此：

> 1877年，佛罗伦萨的欧内斯廷·佩帕（Ernestine Paper）是意大利统一之后的第一个女医生，接着是1878年从都灵大学（University of Turin）毕业的维利达·玛利亚·法尼（Velleda Maria Farni）。1882年奥斯米尔达·费拉雷西（Osmilda Ferraresi）在摩德纳大学（University of Modena）获得了内外全科医学学位。然后1884年朱塞皮娜·卡塔尼（Giuseppina Cattani）毕业于博洛尼亚大学（University of Bologna），一年之后阿瓦莱·保拉（Avalle Paola）毕业于卡利亚里大学（Cagliari University）。从罗马大学医学院毕业的有两位女士，1890年的埃德维格·贝尼尼（Edvige Benigni），还有4年后即1894年的马尔切利娜·科里奥·维奥拉（Marcellina Corio Viola）。在玛利亚·蒙台梭利毕业的前一年，德科·阿弗拉（Deco Afra）女士在帕尔玛大学（University of Parma）获得了医学学位。与玛利亚·蒙台梭利同年毕业成为医生的女士还有从帕维亚大学（University of Pavia）毕业的埃米莉亚·孔科诺蒂（Emilia Concornotti）和从都灵大学毕业的阿德琳娜·罗西（Adelina Rossi）。
>
> （Povell，2009，pp. 30-31）

虽然看起来在当时的意大利确实有一些女士从大学毕业并获得了医学学位，但是实际上数量并不多。从第一位女士毕业算起，一直到20世纪初，总共只有24位女性毕业并获得了医学学位（Rava，1902）。

玛利亚·蒙台梭利在医学院学习的那个时期在全世界都是一个令人振奋的时代。在那个时代，人们认识到了童年期的重要性，欧美国家在人类学、卫生和教育领域都展开了大量的研究。"教育"成了那个时代的新共识，人们用教育来强化未来儿童的身体和心灵。后来，玛利亚·蒙台梭利称之为"发现儿童"的时代（Montessori，1976）。

在医学院的四年里，开明的教授们深深地影响了蒙台梭利，这些教授对新兴科学特别感兴趣，而他们的兴趣点在于当时所说的"差劲的"儿童。蒙台梭利在刚开始形成自己的专业思想时，莫利肖特（Molischott）教授和切利（Celli）教授都给她介绍过新的观点。巴比尼（Babini）把19世纪70年代描述为：

> 医学开始证明其现实能力和未来潜能，其所能实施干预的领域不断扩大，甚至要提升新生的意大利国民的身体素质、道德水平和社会修养。
>
> （Babini & Lama，2000，p.37）

莫利肖特教授是影响了蒙台梭利的学习的大学教师之一，他的讲座内容是关于社会医学这一新学科，针对的是下层阶级的生活条件。切利教授在实验卫生学中也表现出了相同的倾向，他相信肺结核和疟疾之类的疾病是可以从下等阶级中根除的。这两位教授都积极参与中小学教育、儿童工作和妇女平等运动，他们的热情和奉献精神影响了蒙台梭利，她很快接受了这样的开明观念。

由于这样的观念，蒙台梭利到她所就读的罗马大学的精神病学诊所实习，在那里遇到了邦菲利（Bonfigli）教授。与蒙台梭利很相似，邦菲利教授同样对社会医学深感兴趣，也很关注儿童的道德意识发展和人格发展。蒙台梭利的毕业论文是研究对抗性幻觉，在这个诊所里她收集到了相关的数据。她其实也可以选择研究儿科或者妇科，这些都是更适合女性参与的领域。但是她深深地受到了其教授们的理念的影响，而且她也想和朱塞佩·蒙特萨诺[1]在一起工作，他们当时在同一个诊所。他们的兴趣一致，思想相同。他们一起平等地署名发表文章，这在那个时候对女性来说是鲜见的。1898年他们一起创立了一个小组，名为"为了女性"，其目的在于促进科学和社会领域中男女之间的合作。

朱塞佩和蒙台梭利在学识修养、社会观念和政治倾向上都非常一致，他们俩的关系非常亲密和谐。他们的儿子马里奥（Mario）出生于1898年3月31日，出生

---

[1] 朱塞佩·蒙特萨诺（Giuseppe Montesano），蒙台梭利的情侣，她的儿子马里奥（Mario）的父亲。——译者注

后即被送到乡村，和奶奶一起生活到12岁。朱塞佩和蒙台梭利一直都没有结婚，但据传闻他们曾经发誓要永远相爱，绝不与他人结婚。也有人说这是因为朱塞佩的母亲反对他们的婚事，因为她认为玛利亚·蒙台梭利不适合做她的儿媳。在我看来，玛利亚·蒙台梭利是自己选择不结婚，因为她不想让她的母亲失望；玛利亚·蒙台梭利的母亲不要她走自己的老路——做一个有文化的家庭主妇。这个推测并非毫无根据，母亲去世之后，玛利亚·蒙台梭利就把儿子马里奥接回来一起居住。在这之后，玛利亚·蒙台梭利和马里奥终生都是蒙台梭利方法的合作者。

费里尼（Fellini）提出了另外一个较为可信的解释，在当时那个时代，情侣之间是自由结合的（Babini & Lama，2000，pp. 108-109）。玛利亚·蒙台梭利曾经在讲座中说过爱情的结合以及工作的合作，皆可使人从中获得力量，她把送养儿子的重要抉择视作其人生中的一个转折点（Povell，2009，p. 50）。她坚信社会的进步有赖于女性的解放，这个信念是基于她自己的教育经历中的困惑与喜悦、奋斗与成功。在20世纪即将到来的意大利，她的诸多抉择使她克服了置于女性身上的巨大障碍。

除了对医学改革的兴趣之外，玛利亚·蒙台梭利还开始关注女性问题。在1896年3月她毕业之前，一个女性组织"罗马妇女协会"（Associazione Femminile di Roma）在罗马成立，玛利亚·蒙台梭利在其中任职副秘书长。这个协会的目的在于促进女性团结起来，鼓励女性在社会中发挥自己的作用。

当时许许多多的女性组织也在德国蓬勃兴起。1896年，德国的一个较为活跃的组织"妇女福利协会"（Association for Women's Weal）决定在柏林博览会（Berlin Exposition）期间举办一个国际妇女大会，会议名称为"女性的成就与女性的努力"，蒙台梭利被邀请作为大会的发言人之一。意大利社会各阶层的女性都支持她，她所参与工作的"罗马妇女协会"也支持她，因此她得到了资助到德国参会。在德国柏林的大会上，她面对女性听众做了很多报告。其中一个报告讲的是妇女和儿童的恶劣的工作条件，在另外一个报告中她呼吁大会参与者关注妇女的同工同酬问题，这个问题对今天的女性来说仍然具有重要意义。

两年后，在都灵召开的第一届意大利教育大会（Italian Pedagogical Conference）上，她做了一个演讲，探讨了教育学和医学相结合的思路。她的演讲针对的是残疾儿童[1]，在以后的岁月里她经常重复提到这一话题。后来她发表了一篇文章，题目为"社会中的贫困与科学中的新发现"，也是为了研究这一问题。与此同时，她和邦菲利教授共同成立了"全国智障教育和照护联盟"（National League for the Education and Care of the Mentally Retarded），这个联盟在1899年1月成为正式组织。这个组织的成立刚好在都灵大会结束6个月之后。

蒙台梭利在这个领域中不断地进行研究，为此她来到巴黎的波内维尔学校（Bourneville Institute），观摩学习塞古因（Seguin）和伊塔德（Itard）如何教育有心智缺陷的儿童。这一年的年底，意大利的教育部部长巴切利（Baccelli）邀请她给罗马的三所教师培训学校做讲座，意在敦促各所学校的董事会给有特殊需求的儿童提供相应的学校教育。

她同时也继续在意大利巡回演讲"新女性"，包含四个系列报告，呼吁女性发展科学的思维，用理性去思考，而不是用感性去争吵。在伦敦的一次女权主义大会上，蒙台梭利重申了一个论点，呼吁禁止14岁以下的儿童在矿场工作。

蒙台梭利的贡献不仅仅停留在语言表面。她的成就还包括："为患有肺结核的女性建立疗养院，在亚平宁建立儿童康复区，设立贫困母亲项目试点，设立遗弃儿童收养中心，为智障儿童设立专门的学校和专门的课程"（Povell, 2009, pp. 42-43）。她忙于医学救治的实践工作、在医院里作为志愿者的服务工作，以及在"全国智障教育和照护联盟"中的组织工作。同时她挤出时间在一个女子教师培训学院担任讲师，讲授卫生学和人类学。这些经历都给予了她课程与教学方面的实践知识，为以后的具体应用打下了基础。

1900年，蒙台梭利和蒙特萨诺一起作为校长，任职于一所特殊儿童心理学校[2]。这是一所教育智障儿童的学校，也是一所教师培训示范学校。基于冯特[3]的理论研究，借鉴塞古因和伊塔德的实践操作，蒙台梭利形成了自己的一套科学观察方法，用于教育这所学校里的孤儿。在一些文献资料中，这所学校的儿童被认为

---

[1] 残疾儿童，原文是 children with disabilities，也有人译为"残障儿童"。——译者注
[2] 特殊儿童心理学校，原文是 Orthophrenic School，字面意思是心理矫正学校。——译者注
[3] 威廉·冯特（Wilhelm Wundt, 1832—1920），德国心理学家、哲学家，被公认为"实验心理学之父"。——译者注

是傻瓜、白痴，但是我们无法确定这些儿童是否都患有智力障碍。他们也许真的有一些心智问题，但更可能表现为感觉剥夺、营养不良或刺激不足这类症状。蒙台梭利一边在罗马大学学习教育学课程，一边教育这些孩子。通过一年多的时间在教学中采用一些用于感官知觉的教学材料，这些孩子能够通过意大利全国性入学考试而进入学校学习。1901年朱塞佩·蒙特萨诺和玛利亚·阿普里勒（Maria Aprile）结婚，蒙台梭利于是离开了这所特殊儿童心理学校。蒙台梭利人生中的一个篇章就这么结束了，但是新的篇章继续展开，她继续写作、演讲、推进女权主义事业。1906年，她和其他女权主义活动家一起提请意大利的几个城市赋予妇女投票权。

20世纪初，全世界各个地方都出现了帮助弱势贫困群体的情况。在美国和英国出现了一些慈善服务中心，针对这些群体开展教育和培训，帮助他们融入社会。意大利开始建造一些经济公寓住宅，为贫困的劳工阶层提供较好的生活条件。爱德华多·塔拉莫（Eduardo Talamo）是一位工程师和慈善家，他在罗马市的圣洛伦佐区（San Lorenzo district）开建了一个大型廉租公寓项目。他认为不论一个人的经济状况如何，他都应该享有洁净的居住条件。公寓租户中至少有50个3~7岁的儿童，他们尚未开始在公立学校学习，他们的妈妈们有不少为了生活必须做工劳动。塔拉莫担心，如果这些儿童无人照看，那么他们就有可能会损坏这个新的公寓楼房。

塔拉莫先后与罗马市的市长埃内斯托·内森（Ernesto Nathan）和蒙台梭利的一位朋友的丈夫交谈，了解到蒙台梭利在特殊儿童心理学校是如何成功地教育孤儿的，于是邀请蒙台梭利到这个新的廉租公寓中开办一所学校。蒙台梭利同意了，到那里开办了一个"儿童之家"[1]，成立的时间是1907年1月6日，这是意大利的第一所全日制儿童保育中心。

---

[1] 儿童之家，意大利语为 Casa dei Bambini，对应的英语为 Children's House。——译者注

二、与幼儿教育有关的理论概念

玛利亚·蒙台梭利乐于教育这些儿童，这样可以把她在罗马大学医学院学习期间和实习期间学习到的思想理念付诸实践。她以一个新的视角来面对这个新的工作，着眼于儿童是如何学习的，而不是因循守旧于某一个具体的方法。理解儿童是如何学习的，则始于她对儿童的仔细观察。

在这第一个"儿童之家"开启的时候，蒙台梭利致辞称：

> 几十年来，人们虽然经受贫穷困顿，饱尝动荡不安，然而道德拯救从未停止。人们的灵魂渐获自由……尚未成年的孩童们也拥有了他们自己的"家"。新一代人奋力向前，勇敢迎接新的时代。在这个新的时代，苦难将被消灭，哀叹不再有。
>
> （Montessori，1964，p. 48）

她的医学背景，她对科学方法的理解，以及她持有的环境对儿童发展至关重要的信念，这些因素叠加起来，最终形成了一个独特的教育理论：以儿童为中心，同时教师和儿童都负有新的责任。

通过大量阅读当时的文献资料并认真思考塞吉[1]的观点，不断研究塞古因和伊塔德[2]的方法，结合其他诸多理论与实践，蒙台梭利最终得出一个结论：应该抛弃当时的教师培训模式。基于这样的信念，她在第一个"儿童之家"中任命了一位女性"辅导员"而不是"教师"。这位女性辅导员所要做的工作包括布置环境并且仔细观察，然后耐心等待并且充分信任，相信儿童会通过他们的学习来释放自己的内在生命。蒙台梭利持有这样的信念：一位教师应当尊重儿童的要求"助我

---

[1] 塞吉，朱塞佩·塞吉（Giuseppe Sergi，1841—1936），意大利人类学家，曾在罗马大学任教（1884—1916），研究人种学、古人类学和人类起源学。——译者注
[2] 塞古因（Seguin）和伊塔德（Itard），前文中曾提到这两个人，他们在位于巴黎的波内维尔学校中教育有心智缺陷的特殊儿童。——译者注

自助"[1]。

世界各地的理论研究者和教育实践者听闻蒙台梭利在"儿童之家"的成功故事，很多人来到了罗马，都想亲自目睹这些儿童的学习生活。这样的巨大热情促使蒙台梭利在欧洲的一些城市开设了教师培训课程，于是蒙台梭利学校很快在欧洲各国和美国各地开办起来。

蒙台梭利学校在世界各个地方迅速发展，但是蒙台梭利并没有止步于她的早期方法所形成的理论基础，而是不断地向前探索。其中一个她特别感兴趣的领域就是成长的阶段。她意识到成长并不是以线性的方式来展开，而是呈现出阶段性，她称之为"发展的阶段"。她把从出生后到6岁划分为第一阶段，其中包括从出生后到3岁的一个子范畴。接着就是6—12岁、12—18岁、18—24岁，即达到了成熟的年龄阶段。格拉齐尼（Grazzini）指出这样的划分虽说只是一个大概框架，但是意义极为深远，因为"这是蒙台梭利对发展的总体看法：个体从出生之后（甚至是出生之前）一直发展到成熟阶段"；这是"一个关于人的发展的整体观念，表达了也印证了蒙台梭利的重要理念：教育助力生命[2]"（Grazzini，1996，pp. 27-28）。蒙台梭利认为教育改革必须根植于人的品格之中，贯穿于人的发展的所有阶段。

蒙台梭利把出生后到3岁这一子区间描述为无意识的吸收性心智阶段，这个时候的儿童从环境中获取刺激，从而探索物体、发展语言、形成思想。蒙台梭利认为这个阶段是"一个非常独特、高度敏感的时期，期间儿童对周围的事物产生了强烈的兴趣和巨大的热情，这些事物最终被渐渐吸收融入儿童的个体生命存在之中"（Mentessori，1967，p. 23）。蒙台梭利的结论是，儿童吸收了这些印记，将其融入日常生活的经验中。

在接下来的子区间，即3—6岁，儿童进入有意识的吸收性心智阶段，开始喜欢把以前学到的各种知识进行归类整理。蒙台梭利相信在她所预备的环境中做出安排、展开活动，再加上一个成人的看管照顾，将会为儿童这一阶段的转变打下基础。一般的教育活动都是以线性展开，"蒙台梭利的教育方法在儿童的发展过

---

[1] 助我自助，原文是 help me to help myself，即帮助儿童自主学习。——译者注
[2] 教育助力生命，原文是 education as a help to life，即教育对人的发展具有重要作用。——译者注

程中的每一阶段都有不同,每一个阶段都为下一阶段构筑了坚实的基础"(Lillard,1996,p. 21)。

蒙台梭利明确指出:"我们当今的教育在方法上、目标上和社会目的上都有诸多论述,但是不得不说这些都没有触及生命本身的问题"(Montessori,1967,p. 8)。如果要让儿童发现和体验他们周围的世界,她认为首要的一步是允许他们自由活动,而不是像蝴蝶标本一样被固定在木板上。她把活动理解为学习的一个重要组成部分,这与20世纪初的学校教育形式大相径庭。她说:"在我们的新观念中,活动对于心智的发展至关重要,只要是所作所为与所思所想这两者之间相互关联……心智与活动就是同一个体存在的组成部分"(Lillard,2005,p. 40)。

自由活动往往被误认为不守规矩的行为。蒙台梭利对此有解释:"如果一个人是他自己的主人,因而能够调整自己的行为,我们称他为一个进退有素的人……当一个儿童自如地活动而不是枯坐发呆时,这个儿童是在为生命的展开做预备,而不是为了学校的课堂在做傀儡"(Montessori,1964,pp. 86-87)。这个概念现在被称作"自律"。

蒙台梭利调整环境以适应儿童的发展,而不是反过来束缚儿童以适应环境的局限。20世纪初,教室里的桌椅往往做得很大,而蒙台梭利采用的是适合儿童身高的桌椅。蒙台梭利设计并制作教室里所有的木制品,她认为这样更加持久耐用。当然在今天看来,教室里的桌椅用品就应该适合儿童的身高体重,这似乎再平常不过了,然而在蒙台梭利用之于她的课堂时,却并非那么简单。

蒙台梭利预备的教学环境还包括精心设计、安排得当的学习材料。在她看来,在一个井然有序的教学环境中儿童才会获得最佳学习效果,这样的课堂环境要求"物理空间上的外在设置和知识结构上的材料运用"(Lillard,2005,p. 33)。利拉德(Lillard)对此总结道,蒙台梭利的这个观念直接影响了现今对于秩序的研究,即秩序是如何作用于儿童的学习的。

最开始的时候,学习材料都是存放在易于打开的柜子中,由教师来分发和回收。不久,一位教师意识到儿童们很愿意自己把学习材料放回去。有一天这位教师晚来了一会儿,她发现儿童们已经把学习材料拿了出来,并且已经开始学习那些材料了。这位教师认为这样的行为简直就是偷窃,而蒙台梭利"把这件事理解为儿童发展的迹象,儿童此刻已经熟知了这些东西,可以自己做出选择"(Montessori,1966,p. 147)。从那以后教室里就开始使用一些低矮的开放式书架,以方便儿童们自由取放。

在这样的整饬的教学环境中,儿童可以自由选择学习材料。而以往传统的课堂并不是这样的,以前是由教师来决定儿童到底要学习什么以及何时开始学习。儿童看到了辅导员[1]是如何取放某些学习材料的,他们就可以自己做出选择,这就给予了他们更大的自由,从而学会了控制他们内在和外在的自我。当今有研究表明,如果儿童对某一方面特别感兴趣,那么他们就会对所要学习的有关课程内容进行深入钻研。至于他们所钻研的课程内容是否是教师的安排,或者是否是地区的、州的或联邦政府的规定,则并不重要(Lillard,2005,pp. 114-151)。

蒙台梭利针对3—6岁的儿童设定了多个教育目标,开发了相应的学习材料。为了儿童的"生理和心理发展",这些学习材料可划分为三个领域:运动教育、感官教育和语言(Montessori,1965,pp. 49-50)。例如,扣纽扣、系带子、拉拉链、按揿扣这样的玩教具既能让儿童学会自己穿衣装扮,也能锻炼儿童的精细动作能力,还有利于儿童用手写字。

"做中学"是蒙台梭利教育中的一个核心理念。不是由教师讲授,也不是全班儿童照着教科书一起诵读,而是提供数学、科学、地理、语言、音乐之类的教学材料,儿童在自己的学习进程中做出主动选择。

最开始的时候,蒙台梭利的实验班仅能获得有限的教学空间,但她尽可能地给儿童提供室外活动区域。在一天中的任何时间,只要儿童愿意,他们都可以自由地到室外活动。在这种情况下,利用现今大家称之为"现代心理学之父"的威廉·冯特(Wilhelm Wundt)的科学方法,蒙台梭利研究了处于特定环境中的儿童,以确定"学生自发表现的自由"(Montessori,1964,p. 80)。她用一个由教师、学生和环境三者构成的等边三角形来形象地表达。例如,在室外环境中儿童可以种植、照料自己的花园,这对儿童来说是一个非常具有意义的学习情境,儿童可

---

[1] 辅导员,前文中提到蒙台梭利把她的学校里的工作人员称作"辅导员"而不是"教师",本文作者在上下文中论述蒙台梭利学校时所说的"教师"也是指蒙台梭利学校里的"辅导员";另外,本文中"辅导员"的英文是 directress,直译应为"女辅导员"。——译者注

以学习到有关动植物的知识,吸收合并入他们先前的图式,从而夯实他们的知识基础。

同样的过程可以在课堂中用于其他生活实践,擦桌子,浇灌绿植,为全体儿童制作、供应点心和午餐,这样的活动都曾被批评为对儿童来说是不必要的事情。利拉德详述了开展这些活动的原理。

> (1)教导儿童的行为目的明确;(2)教导儿童集中精神做事情;(3)帮助儿童学会有序地按照步骤完成任务;(4)帮助儿童学会关注环境。
>
> (Lillard,2005,p.48)

制作这些学习材料的目的是引发儿童的兴趣,并让他们为日常生活做好准备。穿衣服的玩教具就是为了帮助儿童熟练地穿衣打扮,而这在忙碌的早晨,也有助于为他们要上班的父母节约一点时间。

这样的活动要求儿童高度集中精神,蒙台梭利把儿童的全神贯注概括为"标准化"(normalization)。保拉·利拉德(Paula Lillard,1996)对此总结道:"通过活动,儿童完善他们的品格……成人的活动是为了改变环境;儿童利用环境改变他们自己。"(p.42)

这些材料让儿童在和他们有关的事情中保持注意力集中。蒙台梭利曾经写了一个女童的故事,她在学习使用木制圆柱体的时候,对周围跳舞的其他儿童无动于衷,她的注意力一丝一毫都没有被吵闹声打扰。在传统课堂的学习过程中是必须要保持安静的,而这个女童的故事则恰恰相反。现今有研究把"专注"[1]的概念应用于幼儿教育的课堂内外实践之中。利拉德把这个概念解释为一种"此时此刻保持精神集中的品质,同时怀抱不做判断的态度"(Lillard,1996,p.78)。

蒙台梭利曾经在她的课堂中开展了一次有关静默的教学。一天早上在进入教室之前,蒙台梭利看到一位女士抱着一个熟睡的婴儿。于是蒙台梭利就把这个婴儿抱进了教室,对教室里的孩子们说给他们带来了"一个小教师……因为你们都

---

[1] 专注,原文是 mindfulness,也有人翻译为"正念"。——译者注

不知道怎么可以像她一样保持安静"；孩子们仔细地观察这个婴儿，他们"简直屏住了呼吸"（Montessori，1964，pp. 212-214）。然后他们就开始了静默的游戏，以学习集中注意力。

为了进一步发展这样的高度吸收知识的学习，蒙台梭利在平时的教学中安排了3个学时的扩展学习任务，给儿童提供一段时间，让他们不被打扰地自主学习某一问题或者某一材料。把这些儿童按照三个年龄段来划分，这些时间也允许儿童在各个年龄段进行同伴互动，从而使儿童之间可以相互学习。蒙台梭利把不同年龄的儿童按照3—6岁、6—9岁、9—12岁这三个区间分组。现今的一些蒙台梭利学校也有6个月到3岁这一分组，这是由于大量的家庭里面父母都要工作，也有单亲家庭、无家孤儿以及其他社会原因。这样的分组鼓励儿童们之间的同伴学习，也有利于年龄稍小的儿童在学习中模仿年龄稍大的儿童。一个年龄组的儿童也可以观摩下一个年龄组的学习活动，只要这些儿童觉得有这个必要，或者教师认为这样有利于下一个阶段的学习任务开展。尽管有很多学习活动是由儿童独自完成的，但是教师也非常强调成对的和分小组的学习活动。

传统的学校教育强调学习中的竞争和外在奖励，蒙台梭利则坚持儿童与同伴一起学习、相互学习，她的理念是儿童能够从内在动机中而不是教师的表扬中获得巨大的成就感。经过无数次的观察，她发现儿童完成学习任务往往是因为他们乐在其中，更能从中获得满足感，而不是因为教师会给他们语言上的表扬或者物质上的奖赏。她从观察中也发现惩罚对于儿童的学习成长来说是无效的方法。如要处理一个扰乱课堂秩序的儿童，蒙台梭利会让这个儿童单独坐在一张令人感到舒适的椅子上，让这个儿童旁观其他同学的学习。她认为这样可以让这个儿童安静下来，旁观其他同学的学习对这个儿童来说是一个教训。

前文提到蒙台梭利的方法分为三种：运动教育、感官教育和语言。她指出："在预备好的环境中细心照顾，这本身就是运动教育的基本手段，而感官教育和语言教育则是通过我的教学材料得以实现。"（Montessori，1965，p. 50）这些课程都是由教师来指导进行，在儿童的心智发展达到适当程度的时候给予学习材料，帮助他们学习新的概念。为了引发学生的学习兴趣，这样的教学活动都是由非连续的、时长有限的板块组成的。

粉红塔、棕色梯、音筒、音乐铃这样的玩教具有助于发展儿童的精细感觉。通过蒙台梭利所说的"自主教育"或者能够帮助自我纠错的玩教具，对儿童的每一种感觉逐一分类教育，以突出每一种感觉的独有特征。蒙台梭利认为不同阶段的感官发展都存在着特定的期限，感觉一旦形成，这些特定的期限就不再来，不能在成年后再予以发展。

1949年蒙台梭利出版专著《有吸收力的心灵》(*The Absorbent Mind*)，其中论述了婴幼儿的语言内在结构。就在这一年，诺姆·乔姆斯基(Noam Chomsky)[1]这位世界著名的心理语言学家在当时开始以希伯来语为对象来研究语素音位学（一门研究语音的学问），以此撰写他的本科毕业论文。20世纪60年代，乔姆斯基揭示了一个与蒙台梭利的观念较为相似的理论，即婴幼儿内在具有在其发展过程中的特定阶段学习语言的能力。乔姆斯基的理论"震撼了心理语言学界"(Lillard，2005，p. 34)。在当今世界中，这一观点被大部分心理学家、教育学家和心理语言学家接受。蒙台梭利和乔姆斯基的这一共同预设与斯金纳[2]的观点完全相反，斯金纳笃信语言来自环境之中的外在强化。

有关文献中以前常用的术语"阅读预备"(reading readiness)渐渐消失，代之以"早期读写能力"(emergent literacy)这一新的理念。蒙台梭利认为对于幼儿来说写作应早于阅读，她为幼儿设计的教学材料意在实现她所说的"自发性写作"(Spontaneous writing)。儿童抓握带有球形捏手的圆柱体时，就为捏住铅笔这个动作打下了基础。用手指描摹几何图形，再用彩色铅笔描绘，这样的动作有助于练习使用写作工具。一边用手跟着砂纸板上的字母比画，一边念出字母的读音，不但可以帮助儿童学习拼写字母，而且可以帮助他们开始进入阅读。

当今的幼儿教育中采用了许多蒙台梭利的理论观念和物质材料，这些观念和材料已经融入现今的课程与教学，让人难以识别这些其实都是早期的、优秀的幼儿教育方法。令人遗憾的是，一些州政府和联邦政府的强制性规定，例如《不让一

---

[1] 诺姆·乔姆斯基（Noam Chomsky，1928—），美国哲学家、语言学家，同时也是美国政治的一位左派批评者，他在语言学上的主要理论是"生成语法"，即人类的语言源于人的内在机制。——译者注

[2] 斯金纳（B. F. Skinner，1904—1990），美国心理学家，新行为主义的主要代表。——译者注

个孩子落伍法案》(*No Child Left Behind Act*)，接着是2015年12月10日的《每个学生都成功法案》(*Every Student Succeeds Act*)，都是聚焦于基本技能、年度测试以及"适当年度进步"报告（Adequate Yearly Progress reports）。这些规定都迫使儿童参与和他们自己的真实发展阶段不相符的学习活动。

下一节将会着重论述幼儿教师需要注意的蒙台梭利方法的一些原则，以便这些教师在面对地方政府、州政府和联邦政府的官员时，能够提出针对幼儿教育发展的恰当的课程体系。

三、蒙台梭利理论在当今幼儿教育中的应用

当今的幼儿教育采用、借鉴了蒙台梭利学校的许多表面做法，但是蒙台梭利理论中的核心原则往往被忽略。"儿童之家"是第一所全日制儿童保育中心，现在美国或者世界上的其他国家都有全日制的儿童护育学校。蒙台梭利特别用心地把她的学校称为"儿童之家"，但是许多外行甚至一些教育界的人士却称之为"全日托管"，而不是"儿童保育"。蒙台梭利理论的着力点在儿童身上，需要重申这一点，这是提升公众对于幼儿教育重要性的认知的重要一步。

120多年前的1896年，蒙台梭利在柏林召开的第一届女权主义大会上大声疾呼，争取女性的同工同酬。今天的儿童保育中心的工作人员的薪酬与快餐行业的工作人员的薪酬相当，甚至更少。现在的儿童保育中心的大部分工作人员都是女性，她们远未得到应有的认可，也远未得到应有的报酬。她们在养育我们最为宝贵的财富，这些宝贝正处于他们一生中发展的最重要的阶段（从出生到6岁）。认识到这一点，是承认她们的价值的一个方面。

蒙台梭利推荐儿童一天吃两次有营养的饭食。她在《蒙台梭利方法》(*The Montessori Methods*) 一书中专门用一整章的篇幅来论述她那个时候的健康食品。另外，对于今天的儿童保育中心来说，还有两个建议可供采纳：首先，生病的儿童应该有一个地方得以容身，以便这些儿童的妈妈们可以外出工作，使她们能够暂时离开生病的孩子；其次，外出工作的妈妈们回来之后，应该给这些妈妈提供一顿健康的晚餐，以免她们辛苦工作一天之后回家再做晚饭。这两个建议有利于单

亲家庭，也有利于父母双方或者监护人双方都需要工作的家庭。

当今的幼儿教育课堂大都与第一所"儿童之家"的课堂环境相像：适合儿童身高的桌椅，开放式的书架，还有各种早期衣饰框的仿制品，例如"优雅贝西"（Dressy Bessy）、"时尚丹娃娃"（Dapper Dan dolls）以及后来带有搭扣装置的"暴风企鹅"（Blizzard Penguin）这样的玩教具。那些"天才背后的科学[1]"之类的理论研究对于儿童早期的读写能力发展起不到多大作用，甚至根本就没有什么作用。而蒙台梭利于此却是精心安排：大动作和小动作技能训练、书写工具的掌握、砂纸板练习、在读写中反复念诵。幼儿教师一定要牢记幼儿读写能力中的核心要素。皮亚杰（他自己就是蒙台梭利教师培训点的一位研究者，也担任瑞士蒙台梭利学会的会长一职）、维果茨基以及其他建构主义者都懂得蒙台梭利精心勾画的发展阶段。州政府、联邦政府和地方政府制定各种法规，在幼儿教育情境中强制提出一些不切实际的读写活动。幼儿教师懂得这些儿童的发展需求，了解他们的学习兴趣，对那些强制法规应该做出认真评估。

大部分儿童保育中心的服务对象是6周至6岁的幼儿，蒙台梭利特别注意到了这个阶段的无意识吸收知识的特征，着力于扩展幼儿对他们周围世界的认知和理解。她提出的混龄分组教学方法，就对幼儿教育这样的情境较为有效。混龄分组教学也适用于"领先教育计划[2]"这样的情境，以及一些私立托幼机构，儿童们可以相互学习，对此已有明证。

许多学校的室外环境用于儿童的跑步和游戏活动，这对儿童的成长来说非常重要。但是为了儿童的成长和学习兴趣发展，也可以设计其他方面的用途，例如，儿童可以拥有一块属于他们自己的菜园，他们可以自己来照料，吃午饭或者吃点心时就可以品尝到这些蔬菜。当今的蒙台梭利学校和一些优秀的幼儿教育机构不

---

[1] 天才背后的科学，原文是 science behind the genius，指的是一些理论研究者，特别是心理学研究者，运用一些科学理论对蒙台梭利教育实践的科学性提出的质疑和批判，或者支持和辩护；"science behind the genius"这一措辞也是借自 A. S. 利拉德（A. S. Lillard）的专著书名，在本章最后的参考文献中可以看到。——译者注

[2] 领先教育计划，原文是 Head Start，英文的字面意思是"赢得先机""赢在起跑线"，即比别人拥有更多优势，但是在这里的意思是帮助弱势群体幼儿的教育，让他们赶上其他儿童的发展。——译者注

止如此，所设计的活动还包括在室外环境中观察和喂养一些动物。

蒙台梭利的研究和实践始于一个非常特别的特殊教育环境，不管什么都需要自己来动手完成。她用自己制作的感官学习材料吸引了那里的所有儿童，启迪他们不断进步，最后使得他们能够通过意大利全国性的考试。在当今的特殊教育中，往往是用贴纸或者糖果作为外在奖励。但如果采用蒙台梭利所设计的玩教具，对于有特殊需求的儿童来说会更有效。儿童会长时间地专注于他们自主选择的、有意义的学习活动，学习那些能够帮助他们自我纠错的材料。这会让他们达到一种"标准化"状态，或者说是自律状态。利拉德曾经在书中引用了与此有关的一些研究（Lillard，2005）。

蒙台梭利坚信心智发展和运动锻炼是密不可分的，这一理念应当贯彻到从幼儿园到小学一年级的教育之中。现在的小学一年级的课程内容一直在突飞猛进，而且据调查有不少教师认为儿童在刚进入幼儿园时就应该熟悉数字和字母，这些教师甚至认为儿童从幼儿园毕业时就应该能够阅读了。1998年持有这种观念的教师占比31%，而2010年则占比80%（Camera，2016）。

如果儿童真的要在这么早的阶段实现读写和运算，他们至少也应该能够练习使用针对这些目标的玩教具。蒙台梭利制作的一套数学玩教具，包括识别大小的粉红塔、识别厚度的棕色梯、识别长度的绿色小棒，可以照原样让儿童动手操作，也可以替换为相似的玩教具，只要儿童能够触摸、移动这些东西即可。这样的玩教具可以帮助儿童理解"数"的概念。砂纸数字板真实再现了数字的书面表达。蒙台梭利设计的由串珠构成的小计算架可以帮助儿童操作学习十进制算法（Montessori，1965）。

如果把蒙台梭利学校中辅导员的角色用当今的提法来概括，教师应该是"学生身边的向导，而不是讲台上的圣贤[1]"。幼儿教师应当认识到儿童需要实践经验以吸收、同化新的知识。

基于辅导员对儿童的观察和记录，可以给予儿童更为恰当的评估，从而因材

---

[1] 学生身边的向导，而不是讲台上的圣贤，原文是 the guide on the side as opposed to the sage on the stage。——译者注

施教，也就避免了全班整齐划一的教学过程。但实际上29%的教师都表示，他们每个月至少一次采用标准化的测试来评估儿童的成长（Camera，2016）。

蒙台梭利说：

> 儿童不仅仅是用头脑来学习，也通过他们的双手和他们的活动来学习，对这一点的认识是至关重要的，因为儿童的成长是作为一个全人的所有的成长，包含了人格、性情、思维、知识、行为这些因素的综合叠加。
>
> （引自：Buckenmeyer，1970，n.p.）

当今的教师应该调整观念，密切关注"完全的儿童[1]"，而不只是读、写、算这些基本技能。

现在的教育研究中开始探索有关"专注"的理论和实践。"专注"意味着精神的高度集中，同时也包含着不做判断的态度和自我觉察的意识。蒙台梭利强调儿童集中精神学习，对这样的儿童行为不予打扰，就是基于这个理论的指引。为了达到这样的目标，有的学校还采用了冥想的活动方式（Davis，2015）。

玛利亚·蒙台梭利逝世于1952年5月6日。但是有关专注力训练的预期结果，例如持之以恒、减少冲动、带有元认知的灵活思维、通过各个感官获取信息、独立思考、在经验中进步成长——蒙台梭利在100多年前对于这些方面已经有所预见。时至今日，这样的训练依然行之有效。

以上这些与当今教育界中一个最为新颖的研究思路完全相符，即"执行功能"（executive functioning），它包括计划、组织、记忆、时间管理和灵活思维。哈佛大学儿童发展中心指出："在家庭环境中，在幼儿照护和教育机构中，或者在其他常规情境中，给予儿童支持，帮助他们形成这些技能，这是社会极为重要的责任之一。"（Center on the Developing Child，2015，pp. 1-2）这样的幼儿教育目标其实就是蒙台梭利方法的核心所在。

玛利亚·蒙台梭利的理念深深影响了美国甚至全世界的优秀的幼儿教育。她

---

[1] 完全的儿童，原文是 whole child，即全人教育理念。——译者注

对幼儿教育倾注了极大的热情,她正视儿童的个体需求,而不是把儿童看作成人的缩小版本,那样只会看到儿童的样子,却听不到儿童的呼声。这是蒙台梭利方法的核心主题所在。所有这一切正如蒙台梭利所说:"经过实验,成就斐然。"(Montessori,1964,p. 59)

参 考 文 献

Babini, V., & Lama, L. (2000). *Una donna nuova: Il femminismo scientifico di Maria Montessori*. Milan, Italy: Franco Angeli.

Buckenmeyer, R.E. (1970). The philosophical principles of pre-primary education according to Dr. Maria Montessori. *The American Montessori Society Bulletin*, 8(3), n. p.

Center on the Developing Child, Harvard University. (2015). Executive function and self-regulation.

Grazzini, C. (1996). The four planes of development. *The NAMTA Journal*, 21(2), 27-61.

Lillard, A.S. (2005). *Montessori: The science behind the genius*. New York: Oxford University Press.

Lillard, P.P. (1996). *Montessori today: A comprehensive approach to education from birth to adulthood*. New York: Schocken Books.

Montessori, M. (1964). *The Montessori method*. New York: Schocken Books.

Montessori, M. (1965). *Dr. Montessori's own handbook*. New York: Schocken Books.

Montessori, M. (1966). *The secret of childhood*. Notre Dame, IN: Fides Publishers.

Montessori, M. (1967). *The absorbent mind*. Kalakshetra, India: Kalakshetra Publications.

Montessori, M. (1976). *The discovery of childhood*. New York: Ballantine.

Povell, P. (2009). *Montessori comes to America: The leadership of Maria Montessori and Nancy McCormick Rambusch*. Lanham, MD: University Press of America.

Rava, V. (1902). *Le laureate in Italia. Notizie statistiche*. Rome: Cecchini, pp. 634-654.

第三章

埃里克森心理社会发展理论

伊丽莎白·琼斯,桑德拉·韦特-斯图皮安斯基

埃里克·埃里克森(Erik Erikson)和琼·埃里克森(Joan Erikson)用了半个多世纪的时间来分析人的生命周期。虽然他们的理论总是以埃里克·埃里克森(Erik Erikson)冠名,但实际上大部分理论都是他与琼·埃里克森一起构建的。他们有60多年的婚姻,所以人们总是把他们的理论称作"埃里克森心理社会发展理论"[1]。他们的思想受到若干因素的影响,包括他们当时的时间和空间,他们拥有的传统和文化,还有决定他们生活发展的重要历史事件。本章阐述埃里克森的理论,就先从这些方面出发。

一、埃里克森夫妇简介

埃里克·埃里克森和琼·埃里克森都出生于20世纪的开端,埃里克出生于德国,琼出生于加拿大。在他们的一生中,他们对艺术、心理学和文化人类学进行了孜孜不倦的探索。他们不受当时的传统性别观念束缚,颠沛流离于世界各地,在不同语言之间交流思想。他们经历了两次世界大战,幸免于欧洲的大屠杀[2]。

埃里克的母亲来自哥本哈根的一个有名望的犹太人家族,后来她从丹麦移

---

[1] 埃里克森心理社会发展理论,原文是 Eriksons' Psychosocial Developmental Theory,直译应为"埃里克森夫妇的心理社会发展理论",但是国内对这个术语的翻译一般都不带"夫妇"二字。——译者注

[2] 大屠杀,原文是 Holocaust,即第二次世界大战中德国纳粹针对犹太人的种族灭绝活动。——译者注

居德国，并于1902年生下埃里克。她后来就一直居住在德国，并与西奥多·霍姆伯格（Theodor Homburger）结婚。西奥多·霍姆伯格是卡尔斯鲁厄（Karlsruhe）犹太人社区的一位儿科医生，此后就成了埃里克的继父。埃里克不喜欢上学，也没有上大学，长大后成了艺术家，在德国各地漂泊。他25岁左右的时候来到了维也纳。

琼·塞森（Joan Serson，琼·埃里克森结婚前的姓名）出生于1903年，生长于加拿大。她的父亲是加拿大人，是一位圣公会牧师，她的母亲是美国人。琼·塞森在美国的重点大学获得了学士学位和硕士学位，专业是德语和现代舞蹈。这是一位思想开明的年轻女士，为了给自己有关舞蹈的博士论文收集数据，她背着背包，骑着自行车，穿梭于欧洲各国。在20世纪20年代，她来到了维也纳。

当时的维也纳对年轻人来说是一个令人向往的地方，特别是对那些热衷于艺术、政治活动和现代思想的年轻人来说更是如此。西格蒙德·弗洛伊德（Sigmund Freud）就是在这个地方创造了举世闻名的精神分析理论，埃里克被这个地方的临床研究和实践活动以及永不停止的学术对话深深吸引。作为一门相对较为新兴的科学，心理学从弗洛伊德那里开始研究情绪和潜意识，人们的关注点也转向了自我的发展和个体的情绪，这个主题从人的童年一直延续到成年期。

埃里克对精神分析这一新的专业非常感兴趣，同时得到了西格蒙德·弗洛伊德的女儿安娜·弗洛伊德（Anna Freud）的支持。安娜·弗洛伊德成了埃里克的训练分析师，与埃里克交流有关儿童分析的思想，并聘请埃里克到她开办的一所规模较小的学校里当教员。埃里克一生的大部分工作是作为儿童和青少年治疗师，与儿童和青少年在一起，他探究了作为治疗途径之一的与材料互动游戏，以此来研究人的潜意识，这与弗洛伊德通过成人的梦来解析潜意识是完全不同的。

维也纳也是音乐之都、舞蹈之都和爱情之都。青年人在维也纳邂逅各种机遇，得以学习和成长，他们同时也必须直面身份认同和亲密关系问题，这是人的生命周期中的重要问题，也是埃里克森理论中的基本议题。琼和埃里克相识于一场舞会，一见钟情，然后就开始同居，于1930年结婚并生下一个男婴，其后他们又生了三个孩子。

他们的婚姻延续了60多年，在这长久的婚姻生活中经历了他们的理论所描述的成人期四个阶段：身份认同、亲密关系、创造感和完善感。他们的理论前半部分的童年期四个阶段则是他们的工作和家庭生活的核心所在。

维也纳也是阿道夫·希特勒（Adolf Hitler）计划要迫害犹太人的地方。当希特勒的军队从德国侵入奥地利时，埃里克森一家人的长期漂泊也开始了。1933年，埃里克森一家人和埃里克母亲一方的亲属一起乘坐火车到达丹麦，但是埃里克森一家人没有得到居留权，于是又乘船到达纽约的埃利斯岛[1]。琼拥有美国和加拿大双重国籍。埃里克当时只会说德语，他于1939年获得美国国籍，同时他把自己的姓改为"埃里克森"（Erikson），并保留了中间名霍姆伯格（Homburger）[2]。此后，埃里克森一直都是说英语。

在埃里克森夫妇一生中，有两个重要的社会主题贯穿其间，若隐若现，挥之不去，成为他们重大生活事件的推动力量，即性别（gender）和边缘性（marginality）。这两个因素也关系到埃里克一直长期思考的身份发展问题：我是谁？（Who am I?）我们是谁？（Who are we?）埃里克的传记作者形象地把他描述为"身份设计师"（Friedman, 1998; 1999）。

埃里克40多岁的时候成了全职的、专业的心理学作家。琼一直都参与到埃里克的创作之中，教他学习英语，编辑他的文稿，启发他的思想。但是琼到了80多岁才成为埃里克的理论著述中名正言顺的合作者。琼的名字第一次出现在1981年他们的一篇合著文章中（Erikson & Erikson, 1981），后来出现在一部合作专著《老年人的重大事件：我们时代的老年经验》[3]中。琼独立出版了一部专著《智慧与感觉：通往创造之路》[4]，另外在1997年把她的丈夫生前于1982年出版的书《生命周期的

---

[1] 纽约的埃利斯岛，原文是"Ellis Island, New York"，这个小岛在美国纽约的自由女神雕像附近，是美国原移民管理局所在地，这是当时很多欧洲人进入美国的第一站。——译者注
[2] 霍姆伯格，Homburger，即埃里克森的继父的姓。——译者注
[3] 《老年人的重大事件：我们时代的老年经验》，*Vital Involvement in Old Age: The Experiences of Old Age in Our Time*，Erikson, Erikson, & Kivnick, 1986。
[4] 《智慧与感觉：通往创造之路》，*Wisdom and the Senses: The Way of Creativity*，Erikson, 1988。

完成：综述》[1]修订再版为《生命周期的完成：新增第九阶段发展理论的扩展版》[2]。琼·埃里克森独自提出了一个新的发展阶段理论，即"超越"的概念，她以前是学习舞蹈的，所以就故意把"超越"的英文由 transcendence 改写为 transcendance[3]。

理论的建构往往是为了呼应时代的问题。埃里克在早年担任教师的时候，就开始建构有关儿童的理论了。当研究青少年问题的时候，他开始思考同一性的问题，这同时也反映了他自己的复杂生活经历（Erikson，1968）。60年前他就是这一领域的开拓者，认真思考儿童问题，关注儿童阶段对于形成批判思维的重要作用，最终的批判思维者应该是"技术和思想的行家里手"（Erikson，1950/1963，p. 12）。

在埃里克森夫妇的理论的影响下，"个体的生命质量"成了教育学和心理学中的一个焦点议题，这里所说的"生命"既是社会、物质生命，也是社会或情感生命。埃里克森发展理论也因此被称为心理社会发展理论。这个理论不局限于儿童期的发展，实际上涵盖了整个生命周期，聚焦于生命周期的每一个发展阶段，因为每一个发展阶段都有其内在矛盾问题，需要不断地予以解决。这个理论提供了一个可预测的模式，可以检视每一个人的生命历程。在埃里克和琼的著述过程中有一系列的可视化图表模式，并且在这几十年中不断地修正和完善，从而更能够适应时代的发展。其中最著名的就是他们的八阶段生命周期理论（如图3-1所示），本章着重介绍前四个阶段。

---

[1] 《生命周期的完成：综述》，*The Life Cycle Completed: A Review*，Erikson，1982。
[2] 《生命周期的完成：新增第九阶段发展理论的扩展版》，*The Life Cycle Completed: Extended Version with New Chapters on the Ninth Stage of Development*，Erikson & Erikson，1997。
[3] transcendance 是琼·埃里克森的故意改写，这个词汇后半部分的 dance 意为"舞蹈"，她从自己的舞蹈专业背景出发诠释了"超越"的理论。——译者注

```
┌─────────────────────────────────────────────────────┐
│  阶段八：完善感/绝望感——对人生感到满足              │
└─────────────────────────────────────────────────────┘
  ┌─────────────────────────────────────────────────┐
  │  阶段七：创造感/停滞感——能够引导下一代          │
  └─────────────────────────────────────────────────┘
    ┌─────────────────────────────────────────────┐
    │  阶段六：亲密感/孤独感——建立并维护长期的关系│
    └─────────────────────────────────────────────┘
      ┌─────────────────────────────────────────┐
      │  阶段五：身份认同/角色混乱——接纳并承担成人应负的责任│
      └─────────────────────────────────────────┘
        ┌─────────────────────────────────────┐
        │  阶段四：勤奋/自卑——不怕失败，发展行动能力│
        └─────────────────────────────────────┘
          ┌─────────────────────────────────┐
          │  阶段三：主动/愧疚——没有过分的愧疚感，自由地探究和尝试│
          └─────────────────────────────────┘
            ┌─────────────────────────────┐
            │  阶段二：自主/怀疑——被鼓励独立地探究周围环境│
            └─────────────────────────────┘
              ┌─────────────────────────┐
              │  阶段一：信任/不信任——基本需求的满足会导向信任感的建立│
              └─────────────────────────┘
```

图3-1 埃里克森的心理社会发展八阶段理论

二、埃里克森心理社会发展理论

埃里克森心理社会发展理论的核心内容是关于每一个人的生命周期的各个阶段，贯穿于人们从出生到死亡的整个过程。心理社会理论强调人的发展的社会环境，在社会环境中解决每一个发展阶段中相应的矛盾问题。这样的阶段理论有助于教师预知每一个儿童的发展过程中的重要问题，可以帮助儿童在每一个阶段中达到一种健康的平衡状态，并且基于生活事件协调先前经历过的阶段，使之达到再平衡状态。下文将要讨论的内容是有关儿童在他们的发展过程中形成的重要关系，主要是与他们周围的人和环境所形成的关系。

前四个发展阶段，即婴儿期、学步期[1]、学前期和学龄期，将会逐一进行分析。这里的分析来自埃里克森的理论，落实到幼儿教育中的理解和实践问题（Jones，

---

[1] 学步期，原文是 toddlerhood，也可以翻译为"幼童期"。——译者注

2011）。另外的四个阶段出现在年龄更大的发展过程中，随着一个人年龄的增大，这些阶段将会不断出现平衡和再平衡，这些都非常重要，但本章不会对此展开讨论。另外一点需要说明，埃里克森理论中常用的术语词汇"对应"（例如，"信任对应不信任"）在后期渐被弱化，因为埃里克森夫妇认识到一个良性的矛盾包含着一个问题的两个端点，个体会在这两个端点之间寻找一个恰当的平衡（Erikson & Erikson，1997）。就本章来说，"对应"（vs.）被斜杠符号（/）取代，以此来强调一个人在其一生中不断进行的平衡和再平衡。

（一）婴儿期

在埃里克森的心理社会发展理论中，婴儿期（信任/不信任）是第一个阶段。个体在这个阶段形成基本的"信任"，得到"希望"的力量。在这个阶段中，婴儿在他们所处的环境中与其看护人权衡着信任和不信任的关系。如果婴儿的需求能够得以持续地、准确地、关爱地得到满足，那么就形成信任，婴儿就会认为这个世界是安全的、可靠的。

> 例如：一个婴儿感到饥饿，大哭起来。这时门开了，妈妈来了！婴儿认识到妈妈来了，是妈妈解开了衣扣。婴儿开始吮吸乳汁，并感到非常满足。

婴儿开始是饥饿地啼哭，最后是满足地吮吸。几个星期之后，妈妈来给婴儿哺乳的时候会看到婴儿的笑脸，同时妈妈也会展现笑颜。在妈妈和婴儿之间，两者都在相互强化信任。一个人在婴儿阶段所形成的信任感为以后所有关系的发展奠定了基础。人们的婴儿期完全依赖于他人的看护，因此信任感对于生存来说至关重要。同时，一定程度的不信任感对于生存来说也是必要的，婴儿以此来判定他们所熟悉的成人有别于陌生人。对于陌生人，婴儿带着一定程度的良性的害怕和不信任，直到婴儿能够获得信任感为止。

婴儿逐渐长大，他们能够爬行了，于是就开始探索更大的世界。

第三章 埃里克森心理社会发展理论

> 婴儿乐于爬行到周围的环境中，去发现周围有什么事物。如果与其他的婴儿相遇，这两个婴儿常常会同时不由自主地玩耍同一个玩具。他们往往会温和地轮流玩这个玩具，偶尔还会争抢一下，但从来不会到打闹的地步。婴儿之间的互动其实就是同步的、共同的发现，他们以此来观察对方的行为，而不是真的为了获得玩具而发生冲突。
>
> （Maguire-Fong，2015，p. 159）

婴儿就这样长大成了学步幼童。

（二）学步期

第二个阶段的学步期（自主/羞耻和怀疑）可以帮助儿童发展自主能力，锻炼他们的自我意志之力。在这个阶段中，儿童根据自己的意愿来做出行为。"我要这个，妈妈。我现在就要！"儿童的语言有所发展，特别是"我的"和"不"这样的词汇特别明显。

> 对于学步期的幼童来说，争抢玩具往往带有愤怒的情绪，目的就是占为己有。如果喜欢一个玩具，他们就会明确地表达占有的欲望。幼童说出的第一句话往往是："我的！"这样，别人就会清晰地明白他们的意图。幼童所说的"我想要的"，就是他们的"自我"的一个外在表达。
>
> （Maguire-Fong，2015，p. 159）

对于所有人的交流来说，口头语言是一个非常重要的信息传递工具。人们在幼小的时候就习得了口头语言，用以表达自己所需要的东西。在这个阶段幼童学会了走路，一有机会就想挣脱妈妈的怀抱，想到处走走。而一旦离开妈妈的怀抱，独自一个人的时候又会感到有些害怕，于是想要重新回到安全的地方。那么，幼童的心里常常想的问题就是："我要离开，我还要再回来。"对于"要离开"和"还要回来"，幼童是否具备了足够的信任感呢？

学步期的幼童开始到处活动，能够控制自己的身体行为。如果他们具备了足够的信任感,从而敢于冒险,尝试新的活动,把握周围的环境,那么他们就形成了自主性。在这个阶段也形成了一种对立:一方面是儿童自己的意愿,另一方面则是儿童周围的人和环境所给予的限制。所以,儿童在这个阶段常常会形成挫败感,这种情绪往往表现为发脾气和不听话。

(三)学前期

学前期阶段(主动/愧疚)是游戏的年龄,期间儿童可以发展主动性,锻炼坚强的意志。

> 三个4岁的孩子在院子里玩游戏,他们把几个大纸箱子想象成了"家"。
>
> 瓦莱丽(Valerie):"这是我们的冰箱,对吧?把毛毯拿过来!"
> 吉尔(Jill):"爸爸,你在做什么?"
> 罗伯特(Robert):"我回来了。"
> 吉尔在"房子"外面爬行了一圈:"爸爸,你要说'上床睡觉去'。"
> 罗伯特:"上床睡觉去!"
> 吉尔顺从地爬进箱子里面:"睡觉了,爸爸,天黑了。"
> 瓦莱丽脱下鞋子:"好的,小乖乖,我来了。"
> 吉尔在身上盖了一张粉红色的毛毯,闭上眼睛,马上又睁开:"早上好!"
> 瓦莱丽:"早上好!"
> 吉尔:"这次谁想当奶奶?我想让瓦莱丽当奶奶。"
> 瓦莱丽:"我可不想当奶奶。"
> 吉尔:"哎,罗伯特很想当妈妈,对吧?"
> 罗伯特:"对!我们可以有两个妈妈。"
> 吉尔:"我是小乖乖,我是小宝宝。"
> 罗伯特:"好吧。我们可以有一个女宝宝和一个男宝宝。"
> 吉尔:"我是女宝宝,他是男宝宝。"
> 瓦莱丽:"那我就是妈妈了。你们两个住在一个小房子里面,我住在

隔壁房子里面。"

（Reynolds & Jones，1997，p. 9）

从这个片段中可以看出，在3—5岁这个年龄段，儿童正在形成并且开始表现出人类社会群体成员所必备的基本技能和特征。例如，使用较为复杂的语言，建构性地、戏剧性地玩耍某些物体或者一起参与游戏，读写能力开始萌芽，包括理解图片、符号、标识和名称。

在这个阶段中，游戏是主要的活动，儿童通过假装的形式来尝试、学习和应用新的知识。学前期的儿童总是想尽办法开展游戏，或者和其他人一起，或者自己一个人。儿童在这个阶段表现出明显的主动性，努力尝试新的事物。提出问题，触摸周围的物体，敢于冒险，胆子越来越大，诸如这些表现说明了他们的求知欲越来越强。如果他们的主动行为能够成功实现，他们就会变得更自信。如果他们总是失败，就会产生愧疚心理："我总是做不好。我肯定是有问题的。"这种情况与其他的阶段是一样的，一定的愧疚心理是良性的，因为这会引向道德感的形成。但如果一个儿童总是处于愧疚心理中，就会妨碍心智的健康成长。

在儿童发展的每一个阶段中，他们都具有内在的动机。在人们相互之间的关系中，儿童的内在动机的驱动来自他们的运动发育和心智发展。在上一个阶段即学步期的发展中，由于能够走开或跑远，幼童产生了自主性。这个学前期阶段产生的主动性也是基于这样的身心发展：道德感开始形成，交际技能初步成熟，就有利于目标明确的行为的顺利开展。儿童从人际关系中获得的快乐有利于他们不断地尝试和创造，也有助于共情的形成和发展。

（四）学龄期

学龄期（勤奋/自卑）的儿童表现出勤奋的特征，他们开始有所成效，能力得以培养。

5岁之前，从最初的新生儿开始，儿童逐渐掌握了各种各样的身体动作技能和语言交际方法，也慢慢学到了在日常生活中与人相处的种种途径。于是儿童就这样长大了，迎接正式的学校学习阶段的系统训练。

塔米（Tammy）写下单词 brother（兄弟）。她的教师说："如果你把 br 去掉，会是什么单词呢？"塔米答不上来，伊娃（Eva）回答"是 other（其他）"。教师问道："你是怎么知道的呢？"伊娃回答："就这样，去掉了 br，就剩下了 other。"教师说："伊娃，我不知道你原来还懂得这个啊。"伊娃说："我原来也不懂得啊。"于是后面就开始列举类似的一系列词汇，例如 shot、hot、lot、dot、got 这样改变首字母的单词，再接着就是列举改变词尾字母的单词。伊娃对此兴致勃勃，而她在以前一直都很不喜欢写作文。她把家里的咖啡罐的透明塑料盖子取下来，在盖子上转着圈写上一些"旋转作文"。写上作文的咖啡罐盖子可以像飞盘一样扔来扔去。这些都是她自己的主意。

有的儿童教育专家在研究教学方法的时候，把6—8岁的儿童归类为幼儿阶段。埃里克森理论所说的学龄期则贯穿整个小学阶段，这也是西格蒙德·弗洛伊德所说的潜伏期。在这个阶段，自我发展中的口欲期、肛欲期和性蕾期逐一消退，而青春期爆发的生理发育和情绪变化问题尚未出现。精神分析学家们认为这是一个"暂时休息"的时间段，儿童可以集中精力成长为社会的合格一员。前青年期较为复杂一些，并不属于幼儿期的一部分。但是如果幼儿教师能够有所预见，为儿童的未来发展奠定应有的扎实基础，给每个儿童培养相应的能力和信心，那么我们的社会就会变得更为安全，也会更加富有成效。

在全世界各个地方，人们都期望儿童在六七岁的时候能够成为较为合格的社会成员。在这个阶段，儿童有义务也有责任去遵循各种社会规则。通过观察成人和大孩子们的言行举止，遵从他们的教导去训练，儿童学习相应的社会知识。如果有成人和同伴们的有效参与，书写和数学这样的技能学习也会有最好的效果。

三、埃里克森理论在幼儿教育实践中的应用

在工作中采用埃里克森理论的教师会思考每一个人从出生开始就接触的学习

环境，包括物理环境、认知环境、社会/人际环境、文化环境和政治环境。同时，也会思考每个人生命周期中的每个阶段在后续阶段的影响和后果。埃里克森理论具有历史意义，在分析一个人从出生到死亡的生命周期中，提供了一个时间框架。埃里克森理论告诉幼儿教师，生命是一个周期，这个周期周而复始，螺旋向上。同时，也告诉幼儿教师应该聚焦于儿童所形成的人际关系，起初是与家里的成人形成的关系，后来随着儿童的世界变得更为广阔，则是与其他的成人和儿童形成的关系。

如果应用到教学或照护中，这就是一个非常复杂的理论。总的来说，有两种完全不同的理论。有的理论着眼、致力于复杂性和不确定性，甚至有一种理论的名字就是混沌理论，这样的理论建立于质化的、叙述性的数据。有的理论则强调条理性和可预测性，依赖量化分析，认为数字比文字更清晰明了。埃里克森心理社会发展理论属于前者，因为这个理论着眼于人的发展的复杂性，致力于人的发展所形成的社会环境。

埃里克·埃里克森是治疗师，并不是教师。他建构自己的理论时并没有去思考这个问题："我们应该如何教育幼儿？"他聚焦于一个人如何通过完整的生命周期，形成良好的情绪和社会关系，从而应对生活中的种种问题。虽然如此，但是这个理论对于幼儿教师还是有所启示的，这也是这个理论的逻辑中的应有之义。

（一）对幼儿课堂的启示

对于幼儿教师来说，为幼儿创设学习环境的标准是什么呢？教师该如何安排教学时间、地点和互动？教师该如何与儿童互动，从而与儿童形成特定的关系？埃里克森理论对于教师的教学实践有何重要意义？如果教师基于心理社会发展理论来开展课堂教学，那么就需要参考埃里克森理论，认真回答诸如此类的许多问题。

1. 婴儿期

对于这个阶段来说，需要关注的是婴儿在第一年中应该发展的信任感。在基于埃里克森理论的课堂教学中，社会环境是最为关键的因素。婴儿期形成的关系奠定了儿童的信任感基础，当然还包括一定程度的不信任感。这种信任感将会陪伴儿童的一生，影响其未来的所有关系。在团体婴儿照护中，需要给予婴儿稳定的、持续的和仔细的照料。参与日常照护婴儿的若干成人最好保持稳定不变，需要照护的婴儿数量应该较少，这样照护人员就可以及时地、恰当地照料每一个婴儿。如果总是把婴儿的教室换来换去，或者每隔几个小时或几天就要更换照护人员，就会阻隔婴儿与成人形成稳固的关系。所有的关系都是双向的，所以参与照护的成人要投入时间与被照料的婴儿互动，只有这样才能熟知每一个婴儿，知悉每一个婴儿的需求、兴趣、倾向以及其他影响个体发展的因素。

为了让婴儿获得信任感，参与照护的成人必须能够被婴儿信赖。照护人员应该反应灵敏，每一天都要投入时间与婴儿互动。在换纸尿裤、喂养和哄睡的过程中，照护人员要尽可能地、轻轻地说话和唱歌。此外，还可以做一些简单的游戏，例如藏猫猫[1]和拍巴掌[2]。这些都需要照护人员全心全意地投入工作中。

人们在家庭之外形成的社会关系非常重要，而婴儿在第一年中所形成的最重要的关系是在家庭内。基于心理社会理论观念的教师会重视婴儿的这个特点，尽可能地维护婴儿与其家庭成员之间的联系。这就意味着需要支持婴儿的母亲、父亲、祖父母以及其他家庭成员，这样才能保证这些家庭成员有效地照料婴儿。

根据埃里克森理论，首要的是社会环境，其次是物理环境。物理环境应是稳定的和安全的，同时也允许有一定的灵活性，根据个人喜好有一定的改变。玩具需要制作精良，放置有序，这样婴儿就可以根据自己的情况玩相应的玩具。照护人员所要做的就是观察、注意和给出必要的回应。

> 一个很大的红色圆球在游戏室的地板上向前滚动。一个10个月龄的婴儿在向前推动它，这个婴儿快速地跟着这个滚动的圆球爬行。但这个圆球被一个大几个月的已经学会走路的幼童抱住了，于是这个婴儿就哭了起来，并且生气地大声喊道："球！"而那个抱住球的幼童一下子坐到

---

[1] 藏猫猫，原文是 peek-a-boo，是针对婴儿的简单游戏，把自己的脸用手或物品遮盖住，然后再闪现给婴儿看，同时说出 peek-a-boo 这个词或者发出一些好玩的声音。——译者注
[2] 拍巴掌，原文是 clapping，即有节奏地拍手掌，吸引婴儿注意，并让婴儿模仿。——译者注

了地板上，不肯撒手，并且想把爬行的婴儿推开。正在这时，在旁边观察的女性照护人员过来了，也坐在地板上，伸出手温柔地抚慰这两个小朋友。她对婴儿一字一句地说："你想要这个球，对吧？"她又对稍大的幼童说："你也想要这个球，对吧？"然后又说："那我们该怎么办呢？"接着，她坐在地板上伸出腿，用脚从旁边的地板上勾过来一个黄色的球，说："谁想要这个球呢？"

（Jones & Cooper, 2006, p.79）

从这个片段中可以看出，这样的照护人员建立了积极的、稳定的社会情境和物理环境，很好地照顾到了每一个儿童的个体需求、发展层次和人格特征。婴儿从被送进这样的照护环境一直到离开这个地方，都应该被予以温暖的笑容、温柔的语言、好玩的空间以及能够照顾到每一个婴儿的值得信赖的照护人员。

2. 学步期

儿童在两三岁的这个阶段充分地发挥自己的能力，不遗余力地表现自己的意愿，尽情地展现自己的喜好。他们开始到处行走，但是其步伐还不够稳当，总是摇摇晃晃蹒跚而行，所以他们被称为"学步儿童"[1]。对于他们来说，如果想要协调地走路，需要很多的练习。这就要给他们创设有利的环境，提供一些常用的玩具，并且要让这些幼童容易识别、方便拿取。

沙坑的四周围挡低矮，在沙坑里的边缘处放了3个玩具翻斗卡车，分别是红色、蓝色和黄色的。在沙坑的正中间整齐地放置着4个玩具小桶，其中两个是红色的桶身带黄色的桶柄，另外两个是黄色的桶身带红色的桶柄。这4个小桶都斜倒着，里面都装了一点沙子，每个小桶的桶柄上都插着1把小铲子。

---

[1] 学步儿童，原文是 toddler，直译应为"蹒跚行走的人""东倒西歪地、摇摇摆摆地走路的人"，这里指"学习走路的幼儿"；相应的这个发展阶段 toddlerhood 在本书中翻译为"学步期"，也有文献翻译为"幼童期"。——译者注

幼童可以在这个沙坑里挖沙子，玩玩具卡车，也可以在里面摆弄玩具动物。这个沙坑里还摆放了一些塑料动物玩具，其中有6个小马玩具和4个小牛玩具。

(Jones & Cooper, 2006, p. 90)

儿童可以玩各种好玩的玩具，但不会总是一个人玩，而是有时会和其他的儿童一起玩。这个时候的幼儿教师就应作为熟练的观察者，不断地权衡是否有必要干预儿童之间的互动，或者只是等待这些儿童自己找到解决问题的办法。下面所描述的片段就是关于两个15个月龄的幼童之间经常发生的问题：当其中的男孩找到一个他喜欢的玩具时，那个女孩就来了……

男孩立刻放下了玩具，女孩拿着这个玩具就走开了。女孩总是如此，喜欢从男孩那里拿走玩具。男孩尽管每次都很不高兴，但是每次都还是让女孩拿走了。教师对此有把握，认为这个问题他们迟早会自己解决。然后在一天上午，这个问题就按照如下的方式解决了。

男孩先到游戏室拿到了一个小球，开心地玩耍起来。女孩又来了，很快又夺走了这个小球。男孩看起来很不高兴，就走到另一边，拿起了一个小篮子玩具，但很快又被女孩抢走了。男孩拿起一个塑料方块，女孩又来抢夺，这个时候男孩主动把这个拼图用的方块递给了她。男孩接着找到一个小包，又递给了女孩。然后男孩又要递给女孩一张小毛毯，但是女孩手里已经拿了不少东西，快接不住了。男孩又走向一个娃娃玩具，这个时候女孩却把手上的玩具一下子全都扔在了地板上，扭头走了。然后问题就这么结束了……没有任何成人的干预。

(Gonzales-Mena, 2009, p. viii)

学步期幼童的教师在工作时，会发现幽默感也很重要。当幼童们学习新的词汇时，教师会想尽办法创设想象的情境，引导幼童理解其中的意义，但总是身处教学环境的局限之中。这时，幽默感可以在很大程度上舒缓这一矛盾，从而在教学中获得积极正向的效果。与此相似，在工作中营造一种宽容的氛围也很重要，这有利于幼童逐渐纠正自己的错误，避免让他们总是陷入自我怀疑和羞耻感的情绪中。儿童需要学习的东西有很多，例如穿衣、吃饭、上厕所、与同伴相处，等等，这其中儿童肯定会有做得不正确的地方。相关的成人如何对待儿童的错误，决定着他们到底是形成自主性，还是形成自我怀疑感和羞耻感。

除了刚学会走路之外，幼童还掌握了另外一个本领，即语言。用最简单的词语，例如"不"或者"我的"，他们就可以发挥语言的力量。他们用语言来传达他们的需求，例如"我饿了"或者"我不喜欢"。幼童身边的成人理解了他们的意图，就会在他们简单的语言基础上进行扩展，增加一些词语，即时与这些刚学会说话的幼童进行沟通和交流。假如幼童说的是另一种语言，那么教师就有必要学习幼童的语言里的一些基本用语，以此在交往中表现出善意的尊重和理解。假如幼童使用的是手势语，那么教师也要相应地采用手势语。在这个阶段，人的语言能力迅猛发展，儿童在这个时候学习语言的速度在一生中是最快的。在儿童发展的这个生命阶段，语言可以帮助他们与成人和同伴们建立全新的、意义深远的关系。

3. 学前期

埃里克·埃里克森把学前期称为"游戏期"，因为游戏是这个阶段的儿童的主要兴趣，也是他们的主要活动形式。他在精神分析工作中也把游戏作为一种治疗方法。他认为通过假装的游戏，儿童能够探究自己可以成为什么样的人。学前期儿童在参与假装游戏的时候，扮演不同的角色，理解权力等级结构，甚至偶尔尝试禁忌行为。儿童在这个阶段形成了目的意识，埃里克森称之为主动性。假如儿童在这个阶段受到太多的局限或压制，就会形成一定的愧疚感。

三四岁的儿童同伴之间的相互关系具有重要作用，学前期的教师对此往往感到不可思议。但总的来说，学前期儿童与教师的关系才是最为核心的，因为只有教师才能在这个阶段的儿童的心中激发适度的良性愧疚感。要么是教师的一句简单的语言回应，要么是教师的一个眼神，要么是教师对儿童行为的奖惩。

学前期儿童与成人的关系应较为稳固，也应该根据每个儿童的具体情况而有所不同，这一点与前面两个阶段是相同的。在儿童学习社会中"对"与"错"的公序良俗时，如果成人能够向他们解释对错的缘由，并且对儿童的不当行为做出公正的、合理的纠偏，那么儿童对于行为规则的习得就会形成一种群体共建的意识。当儿童的社会行为不太恰当的时候，成人和儿童可以一起想办法，最终目的是让儿童自己去解决问题，自己修补与其所伤害的人的关系。有时候只要简单地说一声"对不起"就可以了，但如果能具体地帮助一下受害人就更好了。假如一个儿童撞倒了另一个儿童搭好的积木，成人可以帮助他们制定一个双方都能接受的方案，这样就可以让伤害行为的双方都能领悟协商和妥协的力量，并且修正他们之间暂时受损的人际关系。"说出你该说的话"，这是很多学前课堂中的一句常用语。语言可以表达情感，包括好的情感和不好的情感，包括你、我以及所有人的情感。

在回应性课堂教学中，有任何状况，我们都要认真研究。没有什么教案能够准确无误地预测课堂中出现的临时偶发学习情况。在正常的教学过程中，有的儿童会突然出现一些情绪反常状况。有的教师对此会提出批评，有的教师置之不理，有的教师则会机智地将其引入课程中。如果对儿童的反常情绪置之不理，那么这种情绪早晚还会以别的形式反复出现，并且影响课堂教学效果。儿童每天都在空间有限的地方相处，这是一个非常重要的问题，甚至比读写算[1]还要重要。

(Jones, Evans, & Rencken, 2001, p. 155)

读写算这三项活动同样是在这样的课堂环境中展开的。

理查德很难过，哭了起来，因为妈妈把他送到学校之后就离开了。教师走过来，让他参加同学们的写作活动。教师说："这儿有一些黄颜色的纸，快给妈妈写一封信，告诉她你很想她。"教师又指着笔筒说："你要

---

[1] 读写算，原文是 three R，因为相应的三个英文单词 reading、writing、arithmetic 在拼写上都包含 r 字母，在读音上也都包含 r 的发音。——译者注

不要选一支笔呢?"然后教师告诉理查德:"今天下午放学妈妈来接你的时候,我们就把你写的信送给她。"

语言文字给人以力量。理查德马上就不哭了,虽然看起来还是有点难过。他手里攥着笔,高高地举着,然后就开始写写画画了。教师就坐在他的身边。

(Jones & Reynolds,2011,p. 71)

教师可以充当观察者和记录者的角色,用绘画、照片和文字的方式与儿童交流。这样可以让教师关注儿童的优点与不足、兴趣与爱好,可以围绕这些话题与儿童展开讨论,也可以据此让儿童看图、识字,并且让家长们从中了解儿童的学习进展。

几个4岁的小朋友围在房屋模型玩具处,假装在打电话。罗萨(Rosa)假装给医生打电话:"医生,我的宝宝生病了。"[1]

胡安(Juan)、琼妮(Joanie)、尤兰达(Yolanda)、亚历克斯(Alex)和戴安娜(Diana)在房屋模型玩具处各自打扮了一番,然后挨个在小椅子上坐成一排,尤兰达在前面"开火车"。他们从玩积木的地方拖来塑料板,尤兰达还拖来了装玩具的空的塑料箱,把她喜欢的玩具都放进塑料箱,并把这个"行李箱"放在"火车"上。"火车"上的其他小朋友"乘客"也都带了自己的"行李箱"。

他们的老师喜欢绘画,于是就把他们当时的表现都画了下来。第二天,这位教师在圆圈时间[2]展示了她画好的画。她问道:"你们知道我昨天看到了什么吗?"她接着说道:"我看到了罗萨给医生打电话,说'我的宝宝生病了'。我还画了一幅画,你们看这幅画里面有没有她呀?"她手

---

[1] 这个女童说的是西班牙语"Doctor, mi niña esta muy enferma",她的老师能够理解西班牙语,但是课堂用语是英语。——译者注
[2] 圆圈时间,原文是 circle time,教师与儿童围坐在一起上课或者进行互动,也可以翻译为"上课时间"。——译者注

里拿着那幅画，小朋友们都挤过来仔细看，然后他们都喊起来："罗萨，是你在打电话。"罗萨看到了画里的自己，激动地用手捂住了脸。尤兰达也从画中看到了自己，大叫起来："还有我！我在开火车！"

教师说："是的，尤兰达在开火车。尤兰达、胡安、戴安娜、亚历克斯和琼妮都在火车上，你们看是不是啊？"小朋友们都兴奋起来，教师把他们都画进了一幅画里。

圆圈时间结束了，小朋友们都急匆匆地跑向小椅子和塑料箱。教师用绘画为小朋友们记录下了他们有创意的游戏，这其实鼓励了他们再去好好地玩这个游戏，进一步理解这个游戏，并且不断地展开这个游戏。

(Jones & Reynolds, 2011, pp.66-67)

总的来说，具有发展意义的学前教育应该营造积极正向的氛围，让儿童和成人都能感到被理解和被接受，从而敢于尝试新的想法，愿意发挥主动性，而不是陷入愧疚感之中。

4. 学龄期

根据埃里克森理论，儿童在幼儿园和小学阶段会经历勤奋感和自卑感的矛盾。儿童在这个阶段开始大量地学习，例如养成各种兴趣爱好、动手创作艺术作品、主动要求完成家庭作业。他们开始与同伴进行比较，但如果过分强调这样的比较，或者总是被成人或同伴挑三拣四，会造成不胜任或者自卑的感觉。儿童对别人的批评会特别敏感，如果认为别人的评价是负面的就会哭泣，甚至会毁掉自己的作品。如果这样的事情经常发生，那么儿童就会形成自卑感，而不是自信心和胜任感。

如果针对这个阶段的儿童的教学注重个体差异，能够因材施教，就有利于培养儿童的勤奋感。儿童根据自己的现有水平，按照一定的节奏，开展开放性的、亲自动手实践的活动，这才符合心理社会发展理论的教学原则。教师提出的问题或者给出的评论不应直接带有判断，而要让儿童自己判断自己的作品，这样有利于强化儿童的勤奋感。例如，可以问"请你给我讲一讲你画的画好吗？"而不是说

"你画得真好"。

发散思维是学校教育中应该予以发展的技能。头脑风暴[1]有利于发散思维的培养,让儿童以新的方式来学习,分享解决共同问题的办法,承担自己应有的一份责任。这样可以消除儿童在学习中产生的畏惧心理,摆脱依赖性和被动性,走向自由想象和逻辑推理。下文是发生在地震多发的加利福尼亚的一个教学片段。

> 教师提问五六岁的儿童:"如果发生地震了,该怎么办呢?"她把儿童们的答案一一写了下来,然后又逐个念给他们听。教师接着说:"这些办法好不好呢?我们一起来做两个列表吧,一个列表是好的办法,另一个列表是不太好的办法。"
>
> 完成这样的讨论之后,儿童们画了有关地震的画,写了有关地震的故事,然后在教室内外各个地方开展了地震预防演练。整个上午都是这样的有关地震的活动。其中一个儿童在刚开始的时候老是怕记不住这些地震预防措施,经过一个上午的学习活动,他心里有数了,脸上也露出了笑容。对于这位教师来说,每一个儿童都要学会有关地震预防的方法措施,这是极为重要的一项内容。
>
> 在当天的教学之后,陆续又有更多的新问题,例如"如果地震特别强烈,该怎么办?""如果地震的时候你正在厕所里大便,该怎么办?"通过这样的教学,儿童就能了解对他们来说真正重要的问题。
>
> (Jones & Cooper,2006,pp. 12-13)

对于教学中采用的日程计划和活动安排,儿童应有一定程度上的自主选择权。例如,目标达成应该遵照的顺序、学习需要采用的媒介、必须独立完成还是同伴合作,这样的教学活动都需要经过儿童的主动选择,同时还要聚焦于学习任务。可以采用档案袋的形式来收集儿童的作业,从而与家长、同伴或其他教师进行分

---

[1] 头脑风暴,原文是 brainstorming,即一个小组的所有人围绕一个特定的问题畅所欲言,提供自己的观点,产生尽可能多的有创造性的解决办法,也可以翻译为"集思广益"。——译者注

享交流,这是教育领域中常用的一种方法。装进档案袋中的资料也需要经过儿童自己的选择,而不是完全由教师来决定。对于档案袋的展示也要有儿童的参与,只有儿童自己才能解释清楚其中所体现的学习过程和思维进展。

一些儿童难以适应这个阶段开始的系统性教学,于是会产生不胜任感和自卑感。教师要留心察看儿童的个体差异,包括注意力时间长短、活动能力发展水平、兴趣点和生理节奏,以此来帮助儿童适应系统性教学的约束。

总的来说,基于埃里克森心理社会发展理论观的教师所应做到的,就是创设发展适宜性实践(developmentally appropriate practice)活动,也就是在儿童发展的每一个阶段,根据儿童当时的基本能力,创设相应的情境,让儿童得以学习和体验,这也是全美幼教协会的宗旨(Copple & Bredekamp, 2009)。一个婴儿需要感知身边成人的关爱,从而形成信任感,当成人不在身边的时候能够自己找到代偿性的方法。一个学步期的幼童应该大胆地表现自己,敢于大声说不,敢于转身离开,也敢于扭头再回来并接受拥抱。学前期儿童在游戏的过程中不断地学习,用语言文字和绘画来做出选择、进行协商和表达自我。6—8岁的儿童则需要参加必须承担一定责任并坚持完成任务的实践活动,在活动过程中他们应学会主动地选择而不是被动地服从。

(二)对政策的启示

幼儿教师在教育过程中总是会遭到各方质疑,包括政府人员、资助方、家长或用数据算来算去的量化研究者。所质疑的问题往往是:怎么才能证明儿童有所学习?对这个问题的回答需要拿出证据,证明针对幼儿的教育是适合相应的发展水平的,是适当的、有效的。有经验的幼儿教师会收集可量化的证据、儿童成长故事和各种相关资料,与政策制定者建立互相信赖的关系,并且与家长沟通,同时也向家长学习,因为教师与家长是幼儿教育的有效合作伙伴。

在我们的生活中,既要有客观证据的证明,也应有内在情感的表达。在幼儿教育工作中,拿出证据来做出证明很重要,而清晰地表达一个人心中的情感同样很重要。差不多1个世纪之前,一些像埃里克·埃里克森和琼·埃里克森这样的先锋思想家摆脱了物理数量科学的束缚,深入地、全面地研究个体和群体的人。

这样的研究不是基于可量化的数据,而是基于各种复杂的、善变的系统。他们在意义的挖掘过程中需要的不是数据,而是个体和群体的人的故事,包括民族志叙事、个案历史收集和个案调查研究。这些思想家的理论在当今的幼儿教育中影响深远,今天的幼儿教育工作者依然可以沿用这些思想,并且不断增添新的故事,包括幼儿教育者的故事,也包括儿童自己的故事,共同在历史的长河中发出应有的声音。

参 考 文 献

Copple, C., & S. Bredekamp. (2009). *Developmentally appropriate practice in early childhood programs serving children from birth to age 8* (3rd ed.). Washington, DC: N.A.E.Y.C.

Erikson, E.H. (1950/1963). *Childhood and society.* New York: Norton.

Erikson, E.H. (1968). *Identity, youth and crisis.* New York: Norton.

Erikson, E.H., & Erikson, J.M. (1981). On generativity and identity. *Harvard Educational Review, 51*: 249-269.

Erikson, E.H. (1982). *The life cycle completed: A review.* New York: Norton.

Erikson, E.H., & Erikson, J.M. (1997). *The life cycle completed: Extended version with new chapters on the ninth stage of development.* New York: Norton.

Erikson, E.H., Erikson, J.M., & Kivnick, H.Q. (1986). *Vital involvement in old age: The experience of old age in our time.* New York: Norton.

Erikson, J.M. (1988). *Wisdom and the senses: The way of creativity.* New York: Norton.

Friedman, L.J. (1999). *Identity's architect: A biography of Erik H. Erikson.* Now York: Scribner.

Friedman, L.J. (1998). Erik H. Erikson's critical themes and voices: The task of synthesis. In R.S. Wallerstein & L. Goldberger (Eds.), *Ideas and identities: The life and work of Erik Erikson.* Madison, CT: International Universities Press, pp. 353-377.

Gonzales-Mena, J. (2009). Foreword. In R.A. Hammond, *Respecting babies: A new look at Magda Gerber's RIE approach.* Washington, DC: Zero to Five.

Jones, E. (2011). Play across the life cycle: From initiative to integrity to transcendence. *Young Children, 66*(4), 84-91.

Jones, E., & Cooper, R. (2006). *Playing to get smart.* New York: Teachers College Press.

Jones, E., & Reynolds, G. (2011). *The play's the thing: Teachers' roles in children's play* (2nd ed.). New York: Teachers College Press.

Jones, E., Evans, K., & Rencken, K.S. (2001). *The lively kindergarten: Emergent curriculum in action.* Washington, DC: N.A.E.Y.C.

Maguire-Fong, M.J. (2015). *Teaching and learning with infants and toddlers: Where meaning-*

making begins. New York: Teachers College Press.

Reynolds, G., & Jones, E. (1997). *Master players: learning from children at play*. New York: Teachers College Press.

第四章

尤里·布朗芬布伦纳的生物生态理论

乔纳森·R.H.图奇，梅尔松·瓦尔加斯，梁玥，艾丝·佩伊尔

如果幼儿教育工作者想要了解并恰当地使用与幼儿教育相关的理论，那么布朗芬布伦纳的理论就很适合他们。优秀的教师都知道，儿童参与的活动，包括在课堂上与教师的互动以及课外与朋友和家人的互动，对于儿童的成长都十分重要。当然，这些活动如何进行，在一定程度上取决于所有参与者的个人特征，包括儿童、父母、朋友和教师。同时，无论是在家里、托儿所、公园、祖父母家，还是在保育员那里或其他一些非正式的照料场所，这些活动都深受其发生的环境的影响。儿童的课堂组织方式显然会对他们参与活动和互动的方式产生影响，并且在某个环境中发生的事情也会影响到在其他环境中发生的事情。那些饿着肚子来上学的孩子和那些营养良好的孩子，与教师和同伴的相处方式大不相同；入学时，那些来自父母有时间、兴趣和精力照顾的孩子比那些父母没有时间、兴趣和精力照顾的孩子，在各方面的准备显得更充分；那些在家里和课堂上使用相同语言的孩子会发现，他们在与教师互动交流时比其他的孩子更容易；与他们的同龄人和教师有着相同种族或族裔背景的孩子，与那些与众不同的孩子相比，他们的互动方式会有所不同。

这一点，言简意赅地抓住了布朗芬布伦纳理论的精髓，稍后将对此进行更深入的探讨。首先要探讨的是，他是如何得出这种理论方法的？了解他的个人背景是否有助于回答这个问题？对于第二个问题的答案是肯定的。了解一些布朗芬布伦纳的生平经历，在一定程度上有助于解释他为什么要提出人类发展生态系统理论。

一、布朗芬布伦纳简介

布朗芬布伦纳1917年出生于俄罗斯，6岁时随父母迁往美国。他的父亲在纽约北部的一家精神残疾人士机构担任神经病理学家。正如布朗芬布伦纳（1995b）写的那样，那段与父亲一起散步、闲聊的时间给他留下了难以磨灭的印象。他清楚地记得，他的父亲担心患者会被贴上"白痴"（这个词在当时很流行）的标签，使他们产生自证预言[1]心理，并反复给自己灌输这样的信念：没有任何办法可以让他们过上有价值的生活。他还记得，他第一次开始思考有机体与其环境的相互依赖性（这后来成了他理论的核心），要归功于他的父亲，"一位有着自然学家内心的精神病理学家"（Bronfenbrenner，1995b，p. 602）。

布朗芬布伦纳毕业于康奈尔大学，学的是心理学和音乐专业。在哈佛大学和密歇根大学（University of Michigan）取得硕士和博士学位后，他加入了康奈尔大学儿童发展和家庭关系学院，几乎整个职业生涯都在那里度过，直到退休。他于2005年去世。在他的学术生涯中，他撰写了各种主题的文章：苏联的当代儿童养育方法、美国和其他西方社会的幼儿教育、帮助贫困家庭教育儿童和青少年的方法、家庭政策以及采取"赤字方法"解决贫困家庭的状况问题。当然，他也是在"领先教育计划"中发挥重要作用的学者之一（Tudge，2013）。

在这期间的大部分时间里，他提出并推进了人类发展生态学的发展（在20世纪70年代和80年代）——后来被称为"生态系统理论"（在20世纪80年代末和90年代初），现在被称为"人类发展的生物生态学理论"（从20世纪90年代中期开始）（Rosa & Tudge，2013）。很清楚的一点是，他的理论方法与他在其他主题上的写作没有任何区别；相反，他对儿童发展的思考和帮助家庭的方法都是以他的理论为基础的，并有助于发展他的理论。他一贯将生态学的方法纳入他对儿童和家庭的研究；与生物学一样，生态学指的是生物体与其生活环境之间的关系，布

---

[1] 自证预言（self-fulfilling prophecy）是一种在心理学上常见的现象，指人会不自觉地按已知的预言来行事，最终令预言发生；也指对他人的期望会影响对方的行为，使得对方按照期望行事。——译者注

朗芬布伦纳认为，理解儿童或促进家庭发展的唯一途径是在其自然发生的背景下研究它。

二、生态系统模式

在布朗芬布伦纳理论的最后形式（Bronfenbrenner，1994；2001；Bronfenbrenner & Morris，2006；Rosa & Tudge，2013）中，个人和情境是两个重要的概念。不过，它们并非最重要的概念；最重要的概念是被他称为"近端过程"（proximal processes）的"过程—个人—情境—时间"（process-person-context-time，PPCT）模式。近端过程是发展中的个体参与的日常活动和互动，也被称为"发展的引擎"（Bronfenbrenner & Morris，2006，p. 798）。时间是第四个元素，意味着为了研究发展，我们必须随着时间的推移在近端过程收集横向数据（分析相互作用的性质）和纵向数据（专注于他们的频率和一致性）。同时检验随着时间的流逝可能影响我们抚养和（或）教育子女的方式。这四个要素都是相互依存而不是独立运作的；也就是说，我们不能只追踪其中一个要素的影响而不考虑其他要素。下面依次描述每一个要素。

（一）近端过程

从1993年开始，布朗芬布伦纳在他发表的一些文章中以同样的方式定义了近端过程：

> 在生命的整个过程（尤其是在生命的早期阶段），人类的发展是通过积极进化的生物心理学意义上的人类有机体与其周围环境的人、物体和符号之间逐渐复杂的相互作用过程来实现的。为了使互动有效，这种互动必须在相当长的时间内有规律地发生。这种在直接环境中持久的互动形式称为近端过程。
>
> （Bronfenbrenner，1995a，p. 620）

不仅如此，他还指出近端过程同时受到个人特征、情境和时间的影响：

> 影响发展的近端过程的形式、力量、内容和方向会系统地发生变化，这些变化随着发展中个人的特征、发生过程的直接和间接的情境以及所考虑的发展结果的性质的变化而变化。
>
> （Bronfenbrenner，1995a，p. 621）

布朗芬布伦纳以一种乐观的方式来描述近端过程，"发展结果"要么是提升能力，要么是减少他所谓的"功能障碍"（即帮助个人在他们所处的情境中做得比预期好）。换言之，一个被期待在学校里有良好表现的孩子，通过参与大量富有挑战的活动以及积极地与教师和同龄人进行互动，会变得越来越有能力。与之对照，一个正在努力应付学校要求的孩子如果积极地参与活动、与教师和同伴进行互动，就可以减少他在学校犯错的可能性。这些近端过程是保护儿童避免这些早期冲突带来的消极后果的一种手段。

（二）个人特征

正如上文中布朗芬布伦纳指出的，这些规律性的活动和互动如何发生，在一定程度上取决于"发展中个人的特征"。这些特征是什么？他提出了三种类型，分别将其命名为"需求""资源""力量"。首先，我们将详述需求特性。在布朗芬布伦纳的职业生涯早期，他曾用"个人刺激"这个词来代替需求，这个词更好地表达了他的意思。当一位幼儿园或学校的教师第一次看到她班上的孩子，她会看到什么？（假设这是一位女教师，因为大多数幼儿教师都是女性，虽然包括本文第一作者在内的一些男性也曾在幼儿园工作）。她看到了班上有女孩和男孩，有的高一点儿，有的矮一点儿，有的胖一点儿，有的瘦一点儿。她看到了不同肤色的孩子，有一个孩子埋着头，有两个孩子在说一些她听不懂的语言。一个孩子很快地走到一旁看书，另一个孩子正在伸懒腰，第三个孩子在哭，还有一个孩子似乎很暴躁。所有的这些最初印象（即个人刺激或需求特性）都会影响教师和孩子们进行第一次互动。第一次互动顺利与否，都可能会为他们今后的互动奠定基础。

同时，当孩子们进入教室的那一刻，他们就开始收集班上的教师和其他孩子的需求特征。教师看起来是亲切的、焦虑的、阴沉沉的还是气势汹汹的？每个孩子都可能会产生这样的想法：她长得像我妈妈吗？我能理解她吗？我能在这里交到朋友吗？对这些问题的不同回答，无论是否是有意识地表达，都可能以不同的方式影响孩子与他人的第一次互动。

相比之下，资源特征（以前的经验、当前的能力等）并不会立即显现出来，尽管有时可以从需求特性中推断出来，例如，利用肤色或性别或其他容易被注意到的特征对资源特征进行假设。假设教师不会轻易产生任何偏见，无论她对班上新来的孩子的最初印象（基于需求特性）如何，她都会在往后的师生活动和互动中了解孩子过去的经历和当前的能力。那个一进入教室就立刻去图书角的孩子原来不识字，家里也只有几本图画书。这种情况使得与书籍和阅读相关的近端过程不同于原本的预期：认为这个孩子已经能够流利地阅读书籍。反而，看似暴躁的孩子原来熟知大量数学概念。教师在了解到这一点后，就会采用与她的预期完全不同的互动方式。当然，教师的资源特征也是如此。那个因为教师长得一点也不像他妈妈而担心的孩子（需求特征），会发现教师有很多与不同肤色的孩子打交道的经验，并且学会了让班上所有孩子放松的方法。原本可能由于孩子的戒备心而变得困难重重的近端过程，会因为教师特殊的资源特征而变得热情和开放。

力量特征指的是与气质、动机和毅力等有关的特征。前面提到那个只有看图画书经验的孩子，事实证明，她非常渴望学习阅读"真正的"书籍；这种阅读的动力和决心将极大地影响她与书籍和帮助她学习阅读的人的近端过程。相比之下，当那个熟知数学概念并且很容易学会的孩子发现，当她认为可以很容易学会的东西并没有像她想象的那样容易时，她便会失去学习那些具有挑战性的东西的毅力。孩子不同程度的动机和坚持对他们所参与的相关近端过程有着深刻的影响。同样，教师的力量特征也会影响他们所参与的近端过程。一位教师可能有着丰富的教学经验，另一位教师可能刚开始从事教学工作。如果第一位教师的经历导致她产生职业倦怠，或者她认为无论做什么，课堂上的孩子都注定会失败，那么她努力确保孩子成功的动机可能远远低于第二位教师，因为第二位教师虽然没有什么教学经验，但却有改变孩子们生活的强烈愿望。

（三）情境

正如上文所提到的，近端过程在很大程度上受到发展中的个体的兴趣以及与之互动的任何人的个人特征的影响。不过，这些都同样受到情境的影响，或者，正如布朗芬布伦纳所言："无论环境是间接的还是直接的，都会引起近端过程的发生。"（Bronfenbrenner，1995a，p.621）令人遗憾的是，布朗芬布伦纳被人熟知是因为他是一位情境理论家。他曾用俄罗斯套娃的比喻来描述嵌入在多层情境中的个体，他的理论通常被描述为处理情境对个体影响的理论（Tudge，Mokrova，Hatfield，& Karnik，2009）。事实上，正如我们所表明的那样，情境只是 PPCT 模式的要素之一，在这个模式中，近端过程才是最重要的。

在布朗芬布伦纳提出的四个层次的情境中，微观系统（microsystem）是最重要的，因为近端过程只发生在微观系统，即"直接"环境中。这些环境都在发展个体的兴趣，就本章而言，指的是幼儿的兴趣。这些幼儿有机会与他人面对面接触，并在相当长的一段时间内积极地与一些物体或符号接触。对于幼儿教育者来说，幼儿园和学校教师是最重要的微观系统。这种环境是如何组织起来的，活动的类型和互动的激励性（或非激励性），活动过程的平静或混乱等，都可能影响儿童对活动的参与和与同伴及教师之间互动的方式，换句话说，这些都可能会影响近端过程。试着想象以下两种情境，便能很好地理解以上所述。在一间教室里，孩子们坐在各自的课桌前，而教师在讲课，偶尔也会提出一些问题让孩子们回答；另一间教室里则设置了活动区，孩子们可以选择其中的某一个区域，而教师则会到不同的区域去和孩子们讨论他们所学的内容。

当然，儿童不止在一个或两个微观系统中发展，所以布朗芬布伦纳提出了一个术语——"中观系统"（mesosystem），用来描述两个或多个微观系统之间的关系。儿童的家是微观系统显而易见的例子，不过如果儿童是长期待在祖父母家或与同伴在一起，那么这些也可视为不同的微观系统。假设儿童在家里待的时间最多，那么家庭环境就是最重要的微观系统。因为家庭环境的组织将影响儿童是否能较快地适应从家庭环境过渡到幼儿园或学校环境。如果儿童在上学之前是一个听话的、按照父母或其他成人的要求行事的孩子，那么他就能很快地适应上面提及的第一种课堂环境；而如果儿童是一个凡事都由自己决定并且具有自主性的孩子，那么他便可以很快地融入第二种课堂环境。中观系统分析有助于我们理解为什么来自第一种类型家庭的儿童比较难融入学校课堂环境的有效近端过程，反之亦然。这并不是说布朗芬布伦纳认为不同的微观系统之间需要紧密配合才能使儿童获得成功；事实上，让儿童了解到不同类型的环境需要不同的行为表现，有助于他们学习适应新的角色和新的互动方式。

布朗芬布伦纳情境类型学中，外观系统（exosystem）是指个体发展中所处的环境，虽然个体没有直接地参与，但是会对个体产生重要的间接影响。就儿童而言，一个重要的外观系统可能是父母的工作环境或教师的家里发生的事情。试想一下，父母的工作就是要求他们认真地完成上司要求他们做的所有事情。对他们来说，工作上的成功意味着守时，保持干净整洁，遵守他人制定的规则。而从事这种类型的工作不需要太高的文化水平，一般高中毕业即可。从事这种类型工作的父母很可能将自己工作的经验带到对孩子的教育中，他们会把孩子在学校里的成功视为执行教师的要求。鉴于他们对成功的必要条件的看法，无论是在学校里还是在工作中，他们很可能比较重视孩子的服从性，并认为这是日后成功的途径。而那些在受教育期间被鼓励独立思考（通常是在高等教育过程中），并且工作也要求他们进行自我指导的父母，更有可能重视孩子的自主性（关于这一观点的支持，可参考：Kohn，1995）。因此，父母的教育经历和工作经历（子女所处的环境并非如此），很可能会对他们与子女打交道的方式产生间接影响。换句话说，就是对近端过程的影响。

同样，如果一位教师在家中面临家庭问题，或者由于自己的孩子生病或睡眠不好而导致睡眠不足，这将对她在学校里与学生相处的近端过程产生影响。如果教师是我们变化中的个体的当事人，那么家校问题就与中观系统有关。然而，如果我们变化中的个体是她班上的孩子，那么与教师家里发生的事情有关的近端过程的间接影响就会被认为是一种外观系统效应。

情境的最后一方面是宏观系统（macrosystem）。布朗芬布伦纳认为，宏观系统与文化类似，无论是作为整个社会，还是作为一个社会中的种族、族裔、区域或社会经济群体。宏观系统包括具有共同价值观、信仰、习俗、资源和共同认同感的人。生活在美国的人和生活在俄罗斯的人可以用这些术语来区分；这两个国家构成了两个不同的宏观体系。然而，在美国，如果两个种族（或族裔）群体、两个社会经济群体或者两个生活在不同地区的群体的成员在价值观、信仰、习俗和认同感方面存在差异，则可以将他们区别开来，将他们视为不同的宏观系统。因此，我们不难发现，这些不同的美国内部宏观系统的成员有着不同的育儿价值观、信仰和做法。

来自中产阶级的父母更重视孩子自己做出决定的能力，而来自工人阶级的父母更重视遵循别人制定的规则，并且他们与同一社会经济背景的阶层接触的时间越多，就越容易造成他们的观念固化。如果儿童的父母也是来自中产阶级背景，其成长经历会让他们更倾向于接受这些相同的价值观。就父母的做法（近端过程）与他们的价值观一致的程度而言，中产阶级父母的做法应该与工人阶级父母的做法有所不同。换句话说，父母的价值观并不是简单的个人特征的产物，而是部分地反映了他们所处的宏观系统。从这个意义上说，选择幼儿园或学校类型不只是个人的选择，而是至少部分源于父母所属文化群体的共同价值观和信仰。

资源的获取是宏观系统的重要组成部分之一，也是做出选择的重要因素。位于富裕地区的幼儿园之所以收费高，可能是因为这些地区的幼儿园比贫困地区的幼儿园有更好的教学设施、设备，班级规模更小，教师所受的教育水平更高，薪资待遇也更高。同样，富裕郊区的学区与城市破旧地区或贫困农村地区的学区相比，通常能为儿童提供更多的服务。因此，宏观系统以多种方式影响着近端过程，包括父母与孩子互动的方式，以及父母对幼儿园和学校的选择、孩子在学校里与教师和同伴互动的方式。

（四）时间

这是 PPCT 模式的第四个方面，也是最后一个方面，我们可以通过两种不同的方式来思考。按照第一种方式来思考可知，文化价值观、信仰和做法不是一成不变的，而是会随着时间的推移而变化。在过去的几个世纪里，儿童是否该去上学，他们应该在什么年龄去上学，应该在学校里待多久，以及在学校里应该以何种方式对待他们，这些都发生了巨大的变化，并且从一代人到下一代人都有了很大的变化。这些类型的变化显然对近端过程，或者说对幼儿园或学校的预期有影响。

第二种方式与在特定过程中随着时间的推移所发生的事情有关。例如，当教师和儿童互动时，教师的注意力应该完全集中在某个孩子身上还是应该分散在教室里的其他孩子身上？布朗芬布伦纳认为，第一种方式更有效。在近端过程中，第一种方式比第二种方式更有效。其次，这位教师多久和这个孩子互动一次？如果要使近端过程有效，这些互动必须有规律地发生并且越来越复杂；一个月一次的单一交互活动帮助可能并不大。

布朗芬布伦纳的研究表明，如果想要研究发展，就必须随着时间的推移来开展研究。横向研究虽然足以说明儿童在不同年龄段的认知能力或社会情感理解能力不同，但永远无法回答发展是如何发生的这个问题。正如教师看到儿童在一学年中是如何发生变化的一样，研究者也需要进行纵向研究来了解变化的情况。

三、布朗芬布伦纳理论在课堂中的实践

教师和儿童在课堂上的参与有助于思考近端过程。儿童是如何度过一天的，他们的时间用于参与什么类型的活动和互动？教师是怎样打发时间的？儿童的活动或互动在多大程度上是与其他物体和符号（例如积木或书籍）、与其他孩子或教师的互动？有什么证据表明儿童的活动和互动会随着时间的推移而变得"越来越复杂"（Bronfenbrenner，1995a，p. 641）？就其变得越来越复杂的程度而言，布朗芬布伦纳认为，了解这些将有利于儿童的发展。

正如前面所指出的，个人的特征会改变这些近端过程。我们首先要考虑教师的作用。可以假设，阅读这篇文章的教师有兴趣应用这一理论，以此来促进儿童的发展。他们愿意尝试一种新的方法，这与个人的特征高度相关，但显然还不止这些。所有的教室里都有一系列针对儿童的年龄设计的帮助他们学习的物品。当儿童与这些物品、与其他孩子以及与教师互动时，教师能做些什么来鼓励孩子们不断增加其复杂性呢？例如，应该鼓励儿童不只是简单地用积木搭建相同的结构，还要思考如何使它变得更高、更坚固等。教师鼓励挑战的积极性和坚持度越高，就越有可能促进儿童的发展。

教师有三种很重要的个人特征：①教师的需求特征，这是儿童第一次走进教室时首先注意到的；②教师的资源特征，比如教师有教授这个年龄段学生的经验；③教师的力量特征，比如教师有动力在她和学生之间，以及班上的学生们之间开发积极的、适合他们发展的活动和互动。

但教师只是与近端过程相关的特征之一。那么儿童呢？鉴于他们具有的各种个人特征，教师们能做些什么？这种广泛的差异使得在任何一个特定的课堂上，把所有的孩子都看成一样的（全班教学）教学策略，不可能像考虑到个体差异的教学策略那样有效，至少在最大限度地实现近端过程中是这样的。想一想，有一个孩子很害羞（力量特征），很难融入一个小团体中。教师如何帮助他，以采取有效的方式让他参与活动和互动呢？那个看起来比班上其他孩子的能力强得多或与其他孩子处于不同阶段（资源特征）的孩子呢？教师应该如何确保这个孩子在智力上得到激发，而不是感到无聊呢？另一个来自不同种族背景的孩子，由于肤色或着装类型的原因，看起来和其他人不一样（需求特征），教师要怎样做才能使这个孩子感受到群体的欢迎，从而能够以有益的、适当的方式与群体接触呢？另一个孩子看起来非常聪明（资源特征），但完全不愿意参与任何有挑战性的任务（力量特征），教师如何与这个孩子互动，以鼓励他采用不同的、更有助于发展的方法？

教师该如何应对这样的情境？答案很简单。因为教师有一定的权力按照自己认为最好的方式来布置课堂。课堂的设置方式（如桌椅的摆放、儿童的玩具或学习物品的选择、艺术品的展示位置，等等）影响着儿童与教材、与教师以及彼此之间的互动。换句话说，教师对近端过程的微观系统有着很好的控制能力。

然而，布朗芬布伦纳明确地指出，无论这个系统多重要，儿童的发展也不会简单地只在一个系统中发生。就儿童而言，他们的家庭背景是另一个重要的微观系统，课堂上的近端过程如何进行，受家中发生的近端过程影响很大。当然，同样的道理，教师的家庭微观系统中发生的事情也会影响她在课堂微观系统中参与近端过程的方式。有些儿童从家里来到学校，在家里他们已经习惯了与一个或多个成人进行互动，比如一起读书或玩游戏。另一些儿童在这些活动过程中很少与人互动，他们把更多的时间花在与电视、电子游戏或各种"智能"技术的接触上。教师对这两类儿童的期望，至少在最初会有很大的不同；教师与他们接触和互动的方式也需要有所不同。无论如何，了解儿童的家庭微观系统，才能帮助教师轻松地引导儿童过渡到课堂微观系统。

同样，教室里也可能有来自不同社会阶层背景的儿童。根据梅尔文·科恩等人（Melvin Kohn，1979，1995；Tudge，Hogan，Snezhkova，Kulakova & Etz，2000；Tudge et al.，2013）的研究，我们可以预期，来自中产阶级背景的儿童经常被鼓励自己做决定（在可能的情况下），而来自工人阶级背景的同伴则被要求遵守成人制定的规则。根据教室的设置，从家庭到学校的过渡，对其中一部分儿童来说会比另一些儿童更容易。教师越是希望儿童独立思考，对于那些习惯于被告知该怎么做的儿童来说就越是困难。相反，在课堂上对儿童的控制越严格，对那些不习惯被限制的儿童来说就越困难。这两种情况都会对课堂上的近端过程产生影响。但了解儿童的背景可以帮助教师了解部分或全部儿童所遇到的困难，并以一种旨在平稳过渡的方式来规划活动和互动。随着时间的推移，这些近端过程将变得更加复杂；随着教师和儿童逐渐习惯了彼此之间的关系，以及他们与教师和同龄人相处的方式，教师就会增加对儿童的期望，正如布朗芬布伦纳所言，儿童的发展也就随之而来了。

当然，族裔差异、种族差异和社会阶层差异也是如此。对教师来说，了解来自不同族裔或种族群体的儿童的家庭经历同样重要，甚至更为重要。至少在最初，影响近端过程的不仅仅是肤色、外貌或衣着风格（即需求特征），而且是不同种族或族裔背景的群体普遍持有的价值观、信仰和习俗。

如前所述，社会阶层和种族、族裔群体都是布朗芬布伦纳所称的宏观系统，即与价值观、信仰、实践、获得资源的机会和认同感相关的环境层次。然而，宏观系统只通过近端过程在微观系统中发挥作用。正如科恩（Kohn，1995）所言，我们有充分的理由相信，工人阶级的父母通常强调服从成人是确保子女成功的最佳途径；而中产阶级的父母则认为行使自主权和自我指导获取成功的可能性更大。这些信念可能在这两个社会阶层中普遍存在，但这些信念的影响只能发生在通常鼓励儿童服从或自主选择的父母身上。在某种程度上，这两种做法经常在家里发生，当然，我们考虑的是近端过程。

关于宏观系统，还需要提及的是，它们总是在发生变化。人们需要做的事情就是思考幼儿教育的价值观和信念以及它们是如何变化的，即使在同一个社会中也应如此。50年、100年或200年前，人们对儿童的正式教育环境的看法，以及他们对儿童应该受到怎样的教育的看法是截然不同的。同样，区分不同文化群体（即使是在同一个社会中）的价值观、信仰和实践也会随着时间而改变。虽然布朗芬布伦纳从很多方面谈及时间，如前所述，必须始终考虑到宏观系统随时间的变化而变化。但不幸的是，这使得人们习惯于试图将此用于解释儿童的行为源于他们所处的文化群体。

四、布朗芬布伦纳理论在研究中的应用

这一理论似乎过于复杂，无论是在研究中还是在课堂上都无法使用。毕竟，PPCT模式指出，对于参与近端过程的每个个体来说，近端过程同时受到三种类型的个人特征（需求、资源和力量）、四个层次的情境（微观、中观、外观和宏观系统）和时间的影响。也许这就是许多研究者似乎满足于把该理论看成更简单的东西，只处理情境对发展的影响的原因之一。

然而，正如我们在一些关于布朗芬布伦纳理论的文章中所阐明的那样（例如：Tudge et al., 2009; Tudge et al., 2016），在任何研究中都没有绝对要求包含所有类型的个人特征和所有层次的情境。基于他的理论，任何研究只需要包含其中一个重要的组成部分——近端过程。换言之，研究必须集中在发展中的个人所涉及的典型的日常活动上。因为该理论指出，近端过程受到个人特征的影响，所以研究必须包括被视为最相关的特征中至少一个（但不止一个）存在差异的个人。同样，该理论指出，近端过程也受到情境的影响，研究必须包括至少一个层次的情境变化。只要数据是随着时间的推移而收集的（通过研究在近端过程中发生了什么，并且收集了至少两个时间点上的数据），模式中包含时间的最低要求就已经满足了。然而，明确开展研究的历史时间也是有必要的。如果将经济快速增长时期或在和平时期收集的数据，用于在经济衰退恶化时期或战争期间开展类似研究，就很可能难以复现。其实，这些最低要求是可以再放宽一点的。如果一项研究只在

单一类型的情境下进行（例如，只是在学校里进行，或只对来自工人阶级背景的儿童进行），由于无法表明情境对近端过程的影响，所以只要承认这一缺陷，并指出需要在不同的情境下研究，便可以比较情境对近端过程的影响。

五、结论

幼儿教育工作者可能会认为，人类发展理论在研究方面可能很重要，但与实际教育工作关系不大。布朗芬布伦纳却很喜欢引用库尔特·莱温（Kurt Lewin）的一句话来对此做出回应："没有什么比好的理论更实用。"（Lewin, 1952, p. 169）布朗芬布伦纳的理论例证了这一引述，他的理论能让教师更清楚地思考那些不同的和看似不相关的因素往往会影响他们在课堂上与儿童顺利地相处。值得注意的是，大多数对布朗芬布伦纳理论的简要讨论都将这些理论简单地描述为一种只涉及不同层次的情境以及他们各自如何影响发展的理论。正如本章所阐明的那样，实际情况远非如此。

教师深知，学生参与的与学校有关的活动，以及他们与教师和同龄人之间的互动（也就是近端过程），对他们的发展非常重要，尤其是在学校的早期阶段。这些活动和互动如何展开显然部分取决于参与其中的个人（学生和教师）的个人特征，部分取决于环境、教室、家庭、更广泛的社会经济和家庭的种族或族裔背景。相比之下，如果教育工作者只关注儿童的个人素质，或者只关注他们的课堂设置，或者只关注他们的家庭背景，那么儿童的教育和发展就会受到阻碍。希望本章中所阐述的关于布朗芬布伦纳的生态系统理论提供的深刻见解，可以帮助教师确保学生的茁壮成长。

参 考 文 献

Bronfenbrenner, U. (1994). Ecological models of human development. In T. Husen & T.N. Postlethwaite (Eds.), *International Encyclopedia of Education* (2nd ed., vol. 3, pp. 1643-1647). Oxford: Pergamon Press.

Bronfenbrenner, U. (1995a). Developmental ecology through space and time: A future perspective. In P. Moen, G.H. Elder, Jr., & K. Lüscher (Eds.), *Examining lives in context: Perspectives on the ecology of human development* (pp. 619-647). Washington, DC: American Psychological Association.

Bronfenbrenner, U. (1995b). The bioecological model from a life course perspective: Reflections of a participant observer. In P. Moen, G.H. Elder, Jr., & K. Lüscher (Eds.), *Examining lives in context: Perspectives on the ecology of human development* (pp. 599-618). Washington, DC: American Psychological Association.

Bronfenbrenner, U. (2001). The bioecological theory of human development. In N.J. Smelser & P.B. Baltes (Eds.), *International encyclopedia of the social and behavioral sciences* (vol. 10, pp. 6963-6970). New York: Elsevier.

Bronfenbrenner, U., & Morris, P.A. (2006). The bioecological model of human development. In W. Damon & R.M. Lerner (Series eds.) & R.M. Lerner (Vol. ed.), *Handbook of child psychology: Vol. 1. Theoretical models of human development* (6th ed., pp. 793-828). New York: John Wiley.

Kohn, M.L. (1979). The effects of social class on parental values and practices. In D. Reiss & H. Hoffman (Eds.), *The American family: Dying or developing?* (pp. 45-68). New York: Plenum Press.

Kohn, M.L. (1995). Social structure and personality through time and space. In P. Moen, G.H. Elder, Jr., & K. Lüscher (Eds.), *Examining lives in context: Perspectives on the ecology of human development* (pp. 141-168). Washington, DC: American Psychological Association.

Lewin, K. (1952). *Field theory in social science: Selected theoretical papers by Kurt Lewin*. London: Tavistock Press.

Rosa, E.M. & Tudge, J.R.H. (2013). Urie Bronfenbrenner's theory of human development: Its evolution from ecology to bioecology. *Journal of Family Theory and Review, 5*, 243-258.

Tudge, J.R.H. (2013). Urie Bronfenbrenner. In Heather Montgomery (Ed.), *Oxford bibliographies on line: Childhood studies*. New York: Oxford University Press.

Tudge, J.R.H., Hogan, D.M., Snezhkova, I.A., Kulakova, N.N., & Etz, K. (2000). Parents' childrearing values and beliefs in the United States and Russia: The impact of culture and social class. *Infant and Child Development, 9*, 105-121.

Tudge, J.R.H., Lopes, R.S., Piccinini, C.A., Sperb, T.M., Chipenda-Dansokho, S., Marin, A.H., ... Freitas, L.B.L. (2013). Parents' child-rearing values in southern Brazil: Mutual influences of social class and children's development. *Journal of Family Issues, 34*, 1379-1400.

Tudge, J.R.H., Mokrova, I., Hatfield, B.E., & Karnik, R. (2009). The uses and misuses of Bronfenbrenner's bioecological theory of human development. *Journal of Family Theory and Review, 1*, 198-210.

Tudge, J.R.H., Payir, A., Merçon-Vargas, E.A., Cao, H., Liang, Y., Li, J., & O'Brien, L.T. (2016). Still misused after all these years? A re-evaluation of the uses of Bronfenbrenner's bioecological theory of human development. *Journal of Family Theory and Review, 8*, 427-445.

第五章

维果茨基和后维果茨基视角：聚焦于"未来的儿童"

埃琳娜·博德罗娃，黛博拉·J.莱昂

列夫·维果茨基（Lev Vygotsky，1896—1934）是20世纪最有影响力的思想家之一，常被誉为"心理学界的莫扎特"。列夫·维果茨基出生在沙皇时代的俄国，具体来说就是现在的独立国家白俄罗斯。他从未接受过正式的心理学培训，而是获得了法律学位。与此同时，他完成了哲学和历史学位的课程。毕业后，维果茨基回到了他的家乡戈麦尔，在那里他开始教授各种各样的课程。他的学生中有年幼的儿童，也有在职教师。通过深入自学心理学并结合自身的教学经验，维果茨基坚定了对人类发展研究的兴趣，也使得他在第二届神经心理学大会（the Second Psychoneurological Congress）上发表了精彩的演讲。随后，他于1924年被任命为莫斯科实验心理学研究所（Moscow Institute of Experimental Psychology）的研究员。

维果茨基在短短37年的人生中，对文学批评、神经科学、特殊教育等多个学科产生了深远的影响，并培养了一批有才华的学生。这些学生基于导师的见解，开发了一套了解人类发展的全面方法，即"文化—历史心理学"。20世纪30年代末，苏联几乎全面禁止维果茨基的方法，直到20世纪50年代末60年代初，"解冻"时期禁令才被解除。虽然维果茨基的大部分基础性著作现在都有了译本，但是，其理论在后维果茨基主义的第二代和第三代传承人的教育实践中的应用还没有完全被西方读者接受。

维果茨基的方法最符合"发展"的范畴，但其中有一个重要的敬告：维果茨基认为儿童的发展是由生物成熟、社会期望和儿童自身积极参与的文化决定的活动和社会互动的复杂作用所驱动的。因此，儿童发展可能会因社会背景的不同而遵循不同的轨迹。在此免责声明的前提下，维果茨基及其学生的理论应该放在当时的社会背景下看待，其中包括当时已有的以及新兴的育儿观和教育实践。在考虑维果茨基思想对今天西方和其他地方的幼儿教育的适用性时，了解这些实践的异同是十分重要的。为了帮助读者更好地理解基于维果茨基的幼儿教育理论，我们将对一些术语进行定义，并简要概述维果茨基及其学生所处的时代的幼儿教育系统。

一、关于儿童早期的定义：相同点与不同点

先来看看维果茨基及其学生在20世纪90年代初的著作中对术语"儿童早期"（early childhood）和"儿童早期教育"（early childhood education）的使用。在西方文献中，对于这两个术语的使用并不一致。最广泛的定义来自全美幼教协会（Copple & Bredekamp，2009）和经济合作与发展组织（OECD，2001），他们将"儿童早期"定义为0—8岁；而世界卫生组织（Irwin，Siddiqi，& Hertzman，2007）将产前期纳入"儿童早期"的定义。同时，大多数关于儿童早期课程和教学法的出版物关注的对象是3岁至进入小学阶段的儿童。这种与"早期教育"有关的术语的不一致性在俄罗斯或苏联表现得很明显，维果茨基主义者及后维果茨基主义者的大部分研究就是在这种情况下进行的。在维果茨基时代，儿童8岁入学；随后，入学年龄降低到7岁，再后来，6岁的儿童也可以选择入学，让他们多接受一年的初等教育。由于入学年龄的降低，这些6岁和7岁的儿童被维果茨基及后维果茨基主义者称为"年长的学龄前儿童"，也就是现在我们所谓的小学生，对他们来说，儿童早期教育的方法已不再适用。

关于文化—历史方法与儿童早期教育的关系，维果茨基和他的学生们主要将他们的理论应用于中心式教育[1]或课堂教育，而关注家庭等其他背景的研究则明显较少。这一方面可以归因于苏联政府对社会科学强加的集体主义思想，另一方

---

[1] 中心式教育（center-based education），根据照顾环境的不同，美国幼儿教育机构分为中心式（center-based）和家庭式（home-based）——译者注

面也可以归因于越来越多的职业母亲给孩子选择中心式幼儿教育机构。接受学前教育计划服务的大多是3—6岁的儿童，而只有少数的父母会让3岁以下婴幼儿进入幼儿园，即便这些幼儿园也是以中心为基础，并配备了合格的幼儿教师。

本章使用"幼儿"一词来描述维果茨基和后维果茨基主义者的思想，这些思想主要适用于3—6岁的儿童，并且将简要概述维果茨基思想关于婴儿、幼儿和小学生的看法。

二、维果茨基幼儿教育方法的基础——文化历史范式

文化—历史发展观

想要了解维果茨基主义者如何看待幼儿教育，就必须了解他们的教育方法，以及作为其基础的文化—历史观的定义。维果茨基的研究方法被维果茨基命名为"文化—历史研究方法"。维果茨基提出，要想真正理解人类特有的心理过程，就必须研究这些过程的发展历史，因为这些过程是通过个人的历史或本体发生学和人类的历史或系统发生学来展开的。充分发展的心理过程很难对其展开研究，因为它们通常是以内化的和"折叠"的形式存在的，其中许多部分组成的过程不容易看到。此外，正在发展中的过程仍然具有广泛的、外部的、可观察到的部分，这可以让研究者深入了解这一特殊过程的性质（Vygotsky, 1978）。文化—历史研究方法中的"历史"一词指的是心理形成的过程，代表了维果茨基对心理过程尚处于形成阶段的儿童发展的特殊关注。

文化的定义也不同于一般情况下赋予的定义，维果茨基主要关注文化组成部分，各种符号和象征充当文化工具，并在人类发展中起到一定的作用（Vygotsky, 1997）。维果茨基学派将文化—历史研究方法中的文化用于审视具体社会文化背景下个体的学习和发展，以了解基于这些背景如何塑造个人或特定群体的发展。

三、文化工具和高级心理机能的概念

"文化工具"的概念是维果茨基理论的核心概念之一。基于人类是"制造工具的动物"这一观点，维果茨基将其意义扩展为新的工具——文化工具。与物理工具作为身体的延伸和扩展一个人的身体能力的方式相似，文化工具作为思想的延伸，扩展一个人的智力和能力（Vygotsky，1978）。这些工具的使用使得人类有可能做出越来越复杂的行为，从而使人类走上文化进化的道路，并在很大程度上取代了生物进化。在后维果茨基主义的文学中，文化工具通常被称为心理工具（mental tools）或精神工具（tools of the mind），所以，以后我们会交替使用这些术语。

维果茨基在其著作中主要关注基于语言的心理工具，从手势到口头语言，再到绘画和书面语言，以及如何使用这些工具改变人类思维的方式。随后几代后维果茨基主义者将文化工具的思想应用到其他心理过程中，并证明了掌握各种工具，包括非语言工具，可以改变其他心理过程，包括感知、注意力和记忆。非语言性心理工具包括感官标准，它反映了"社会精心设计的对象感官特征模式"（Venger，1988，p. 148），如颜色、形状、音调等。

维果茨基将心理工具定义为文化工具，强调了这些工具的文化特性，并强调了儿童并非天生就知道如何使用现有工具，而是需要向社会中的成人学习。因此，对于维果茨基来说，无论是正式教育还是非正式教育，其主要目标之一就是帮助儿童获得他们的文化工具（Karpov，2005），教儿童使用心理工具，从而掌控自己的行为，获得独立，并达到更高的发展水平。儿童学习掌握越来越多的心理工具并加以练习，不仅可以让他们的外在行为有所改变，而且可以塑造他们的心灵，从而产生新的心理机能——高级心理机能。

维果茨基的低级心理机能和高级心理机能理论是在雄心勃勃的尝试下发展起来的，其目的是创建一种新的、革命性的心理学。这种心理学将（在黑格尔意义上）综合客观主义心理学，侧重于人类和动物共同的可观察行为；而主观主义心理学则关注人类独特的经验。

维果茨基的同时代人把低级心理机能描述为在反射、知觉和运动行为上的特征，这些行为易于观察和测量。另一方面，高级心理机能被认为是更复杂的过程，客观的研究方法是不适用的，只能通过个人的自我陈述来获得。然而，维果茨基并不认为低级心理机能和高级心理机能是完全独立的，而是提出了两种机能相互作用的理论（Vygotsky，1997）。

维果茨基将低级心理机能描述为人类和高级动物所共有的机能，是与生俱来的，主要依靠长大成熟来发展。在开始的时候，人类的低级心理机能独立于文化；但是，后来可能会因为高级心理机能的发展而发生转变和重组。低级心理机能包括感觉、自发注意、联想记忆和感觉运动智力。感觉是指使用任何一种感官，是由特定物种的感觉系统的解剖和生理学决定的；自发注意是指被强烈的或新颖的环境刺激吸引的注意力；联想记忆是指在两种刺激重复呈现后，在记忆中把两种刺激联系在一起的能力；维果茨基框架下的感觉运动智力描述了在涉及物理或运动操作和试错的情况下解决问题的能力。

人类独有的高级心理机能是儿童通过学习获得的认知过程，这是人类所独有的。例如，学习代表不同颜色的词语可以使儿童发展出中介性知觉（mediated perception），这将导致他们根据颜色词汇量的大小来区分更多或更少的颜色。同样，儿童对心理工具的掌握也会使其他低级心理机能发生转变，从而发展出集中注意、有意记忆和逻辑思维的能力。所有高级心理机能都是以一种特定的文化方式获得的，通过心理工具系统和相应的与使用这些工具相关的实践系统来影响其发展。根据维果茨基的观点，所有的高级心理机能都具有以下三个特征：它们都是有意的、中介的和内化的（Vygotsky，1997）。维果茨基将高级心理机能定性为有意的，这种有意指的是它们是由人而非环境有意控制的。高级心理机能所引导的行为可以集中在环境的特定方面，如观念、知觉和图像。用维果茨基自己的话说（Vygotsky，1978），即随着儿童高级心理机能的发展，他们开始"掌握（他们的）注意力"（p.26）和"控制（他们）自己的行为"（p.28）。这些有意的行为之所以成为可能，是因为它们没有以直接的方式依赖于环境，而是通过使用工具来调节。随着高级心理机能的不断发展，所使用的工具就由外部的变成了内部的（例如记忆法）。同样，使用的过程也是如此。例如，在刚开始的时候，我们会借助一些具体的物品或身体动作（例如计数器或手指）来学习数数，但久而久之，这种身体行为就演变成了一种不需要依赖外部动作或物品的认知过程。维果茨基将这一过程描述为内化,强调当外部行为"向内"转化时,它们保持着同样的焦点,并与它们的外部先导一起发挥作用(Vygotsky,1978,p. 57)。

在描述高级心理机能的历史时,维果茨基指出,这些机能在儿童身上并不是以其完全发展的形式出现的。相反,它们经历了一个漫长的发展过程,在这个过程中,低级心理机能发生了根本性的重组(Vygotsky,1994)。当儿童开始更频繁地使用高级心理机能时,他们的低级心理机能并没有完全消失,而是与高级心理机能一起进行了转化和整合。

> 在青少年的思维中,不仅产生了3岁儿童所不知道的全新的、复杂的合成形式,甚至连3岁儿童已经获得的那些初级的、原始的形式,也在过渡期的基础上进行了新的重组。
>
> (Vygotsky,1998,p. 37)

维果茨基把高级心理机能在本体发展中的发展机制描述为:它们从儿童与其他人共享的东西逐渐转变为只属于儿童的东西。维果茨基把这种从共享到个体的转变称为文化发展的一般规律,强调:

> 儿童文化发展中的各种功能出现了两次:先是在社会层面,后是在个人层面;先是在人与人之间(个体心理间),然后是在儿童内部(个体心理内)。这同样适用于自发注意、逻辑记忆和概念的形成。
>
> (Vygotsky,1998,p. 57)

维果茨基对高级心理机能的看法与其他发展理论有很大的不同,因为这些理论虽然承认他人对个体发展的影响,但认为所有的心理过程最终还是存在于个体的头脑中。相反,在维果茨基看来,儿童的想法、记忆和参与度都是由儿童过去和现在与父母、教师、同伴之间的互动形成的。

四、维果茨基的儿童发展观

维果茨基教育方法的一个特点是，他和他的学生不只是把课堂看作应用学习发展理论的地方，还将其作为研究儿童发展的"实验室"。因为在他看来，儿童的发展由社会背景塑造。这种方法可以延伸到为有特殊需要的儿童设计的项目，以及那些旨在取代父母照料的项目，如孤儿院和寄宿学校。将所有这些不同背景下的研究整合起来，使得维果茨基和他的学生提出了丰富的理论，用于描述社会背景下儿童的发展。

对维果茨基来说，儿童早期并不是一个按时间顺序排列的概念。它与童年中期有质的区别，它由三个不同的时期或"年龄段"组成，每个年龄段都建立在前一个年龄段的基础上（Karpov, 2005）。婴儿期指的是儿童从出生到大概12个月龄的时期；幼儿期（或维果茨基所说的"早期"）指的是12—36个月龄；学龄前期指的则是从36个月龄一直到上学之前，包括西方所说的幼儿园时期。我们发现维果茨基的这种观点与让·皮亚杰的阶段理论有一些相似之处，不过，维果茨基的"年龄段"既是社会形态，也是生物构造。从婴幼儿时期到学龄前和小学阶段的每一个年龄段，都是以儿童心理过程结构所发生的系统变化来界定的，也是由儿童在独特的"社会发展情境"（social situation of development）中成长所产生的主要发展成就来界定的。维果茨基认为这种社会情境既是发展的"发动机"，也是发展的"基本来源"。这一观点决定了维果茨基的研究方法是从一个年龄阶段过渡到下一个年龄阶段。

> 因为社会发展情境代表了特定时期发展中所有动态变化的初始时刻，所以它决定了儿童获得更新的个性特征的形式和途径，这些特征从社会现实中汲取，就像从发展的基本来源中汲取一样，从社会途径变成个人途径。
>
> （Vygotsky, 1998, p. 198）

虽然维果茨基在有生之年没有完成他的儿童发展理论，但他的著作表明，他把发展看作一系列稳定期，随后是"关键期"。质变在这些"关键期"发生，整个心理机能系统也在这一时期发生了重组，从而出现了认知和社会情感的"新形态"（neo-formations）或发展成就。在稳定期，虽然"新形态"没有出现，但儿童仍然继续发展他们现有的能力，发展表现为儿童能够记住和处理事物数量的变化。

从表面上看，关键期（或维果茨基所说的"危机"）伴随着儿童行为的变化，这些变化往往被成人认为是消极的：过去随和、顺从的儿童开始以一种"对立—反抗"的方式行事。维果茨基把这些突如其来的变化解释为：儿童新出现的需要与当前的社会发展情境对这个儿童的制约发生了冲突。如果能克服这种分歧，就会推动儿童进入下一个发展水平。维果茨基和他的学生们把与这些危机相关的典型年龄确定为1岁、3岁和7岁。这些转折点对应着从婴儿期到学步期、从学步期到学龄前期、从学龄前期到学龄期的过渡。维果茨基并不认为所有2岁的儿童都经历了一个"可怕"时期，相反，他认为他们经历的是"可怕的1岁"（terrible ones）和"可怕的3岁"（terrible threes）！

得益于后维果茨基主义者的研究，维果茨基最初的稳定期和关键期的观点得到了完善和扩展，并形成了一个理论，其中包含了明确定义的发展阶段，还解释了儿童从一个阶段过渡到下一个阶段的潜在机制（Karpov，2005）。后维果茨基主义者对儿童发展理论的主要贡献之一就是阐述了维果茨基关于社会情境发展的概念，形成了主导活动思想。主导活动指的是一定发展阶段的儿童与社会环境之间的一种互动，这种互动对儿童的发展是最有利的。儿童参与主导活动会形成这个年龄段的新形态（发展成就），并为他们进入下一个年龄段做好准备（Elkonin，1972；Leontiev，1981）。反过来，发展成就被定义为能力和技能，这些能力和技能不仅对特定年龄段来说是新的，而且对儿童在下一个阶段参与主导活动也至关重要（Karpov，2005）。例如，在学步期结束时出现以假设的方式使用物体的能力，这标志着符号思维的出现，并为学龄前期的主导活动——虚拟游戏（make-believe play）的发展奠定了基础。

五、维果茨基论虚拟游戏及其在儿童发展中的作用

要描述维果茨基的幼儿教育方法,就不能不提及他对游戏的看法。游戏不仅是学龄前期和幼儿园阶段的主导活动,而且是基于维果茨基的帮助下的游戏方法,也是文化—历史理论的主要原则实际应用的例子。虽然维果茨基主义者与其他许多儿童发展理论家一样都相信游戏的重要性,但他们对游戏的定义和成人在游戏中帮助儿童的作用的看法是独特的。首先,在他们把游戏定义为主导活动的过程中,维果茨基把重点放在一种特定的游戏上——通常被称为假装的、社会戏剧性的或虚拟的游戏,而忽略了其他许多类型的活动,如运动、游戏、物体操作和探索,这些活动过去(现在仍然)被大多数教育者和非教育者称为"游戏"。此外,在维果茨基及其学生的著作中,他们所谓的游戏特征是后来被称为"完全发展的"游戏形式(Elkonin,2005),而不是学步期儿童或较年幼的学龄前儿童在启蒙阶段玩的游戏。

维果茨基认为这种"完全发展的"游戏主要有三个特点:儿童创造一个想象的场景,扮演和表演角色,遵循由特定角色决定的一系列规则(Vygotsky,1978)。每一个特征都对儿童的发展起着重要作用,并可以将其理解为儿童高级心理机能的发展。在想象的情境中进行角色扮演,要求儿童做出两种类型的动作:外部动作和内部动作。在游戏中,这些内部动作,即"有意义的操作"(Vygotsky,1967,p. 15),仍然依赖于对对象的外部操作。然而,内部动作的出现标志着一个儿童开始从早期的思维方式——感觉运动和视觉表征——向更高级的象征性思维过渡。因此,虚拟游戏为两个高级心理机能——思维和想象——奠定了基础。

> 想象是一种新的形态,它不存在于幼儿的意识中,在动物身上也完全不存在,它代表了一种人类特有的意识活动形式。与意识的所有功能一样,它最初是由行动产生的。老话说,儿童的游戏是想象中的行动,当然,也可以把这句话反过来说:青少年和学龄儿童的想象是没有行动的游戏。
>
> (Vygotsky,1967,p. 8)

因此，与人们普遍认为的儿童需要想象力的观点相反，维果茨基主义者认为想象力是游戏的产物，当儿童不再需要玩具和道具作为物理"支点"来帮助赋予现有物体新的意义时，想象力就会出现。

根据维果茨基的观点，另一种促进高级心理机能发展的方式是促进有意的、刻意的行为。维果茨基的游戏观与其他理论不同，其他理论将游戏视为一种活动，在这种活动中，儿童完全不受任何约束。此外，维果茨基的学生丹尼尔·艾里康宁（Daniel Elkonin）详细阐述了维果茨基的观点，提出了"文化—历史游戏理论"（cultural-historical play theory），也称为"有意行为学派"（the school of deliberate behavior）（Elkonin，1978，p. 287）。

这种游戏特征之所以成为可能，是因为儿童扮演的角色、他们使用的装扮道具以及他们在扮演这些角色和使用这些道具时需要遵守的规则之间存在着内在的联系。对于学龄前儿童来说，游戏是他们参与的第一项活动，在这项活动中，儿童不是被这个年龄段普遍存在的即时满足的需要驱使，而是被抑制其即时冲动的需要驱使。

> 儿童所扮演的角色，以及其与客体的关系（如果客体的意义发生了变化）源于规则，也就是说，想象中的情境将永远包含规则。在游戏中，儿童是自由的，但这种自由是一种虚假的自由。
>
> （Vygotsky，1967，p. 10）

最后，维果茨基游戏理论的另一个决定性原则是它的社会文化本质。由于不同文化背景下的儿童在发展过程中所处的社会环境不同，游戏在其发展过程中的作用也不同。在前工业文化中，游戏的主要功能是让儿童为参与明确定义的"成人"活动做准备，而现代游戏则是非实用主义的，没有为儿童准备特定的技能或活动，但是让儿童为今天的学习任务以及人类尚不能想象的未来任务（Elkonin，1978；2005）做准备。维果茨基通过"文化—历史"观来看待游戏，这意味着游戏不是自发地出现在某个儿童身上的东西，而是由儿童在与其他人的互动中共同建构的，这些互动的性质和程度由社会环境决定。虽然由年长儿童担任游戏导师的多年龄游戏小组曾经是儿童文化的一个共同特征,但如今在许多西方国家,这种互动越来越少,这就使得越来越少的儿童能够在读完幼儿园后达到"充分发展"的游戏水平(Miller & Almon, 2009; Russ & Dillon, 2011; Smirnova & Gudareva, 2004)。随着越来越多的儿童在幼儿园和学前班与同龄孩子一起度过,教儿童如何游戏成为成人的责任。

六、维果茨基的教学理论

其他发展理论认为儿童只能学习那些他们已经准备好的技能和概念,但维果茨基主义者认为,这种准备本身可以通过教学过程来确定和促进。虽然确实有些学习不可能发生,除非具备了发展的前提条件。例如,如果儿童的运动技能没有发展到可以抓稳书写的工具,那么他们就不可能学会写字。反之亦然,认知、社交或语言方面的能力也不可简单地视为随着年龄的增长而出现,而是取决于儿童的学习内容。针对"跟着儿童走的"言论支持者,维果茨基写道:

> 旧的观点认为,养育方式应适应儿童的发展(在时间、速度、思维方式和感知方式等方面)。它并没有动态地提出这个问题。新的观点……将儿童带入其发展和成长的动态中,并提出教育应该把儿童带到哪里。
>
> (Vygotsky, 1997, p.224)

维果茨基提出的"最近发展区"(Zone of Proximal Development,简称 ZPD),既反映了学习与发展之间关系的复杂性,也反映了高级心理机能的共同形式向其个体形式过渡的动态性。

> 我们所谓的"最近发展区"是指由个人解决问题的实际发展水平与在成人指导下或与能力较强的同龄人合作解决问题的发展水平之间的差距。
>
> (Vygotsky, 1978, p.86)

之所以使用"区"(zone)这个词,是因为维果茨基把儿童在任何特定时间的发展设想为处于掌握不同水平的技能和能力的连续体。他通过使用"最近"(proximal)一词表明,区间仅限于那些将在不久的将来发展的或"处于出现边缘"的技能和能力,而不是最终出现的所有可能的技能和能力。因此,一个儿童的最近发展区是由他的下位边界(lower boundary)来定义的,它表示这个儿童的独立表现水平;而它的上位边界(upper boundary)代表这个儿童得到帮助后的表现水平。一种技能或一种能力越接近独立表现的水平,这种技能的出现所需要的帮助就越少。如果在最大程度的帮助下,儿童仍不能掌握某项技能或概念,则表明该技能或概念目前不在他(或她)的最近发展区范围。

最近发展区所包含的技能和能力并不能决定儿童当前的发展水平,而是决定儿童的发展潜力。如果没有得到指导或与能力更强的同伴合作,那么这种潜力就可能无法实现,因此儿童也就永远无法达到更高的发展水平。儿童的最近发展区随着学习而变化,可能今天还需要在他人的帮助下才能完成的任务,到了明天就可以独立完成。之后,当儿童完成更困难的任务时,就会出现一个新的辅助表现水平。随着儿童获得的技能和能力越来越复杂,这种循环会不断重复。

发展的观点在某种程度上取决于教与学,这促使维果茨基提出了一种不同的评估方法,用于评估儿童的能力。在维果茨基时代使用的评估方法(至今仍在使用)禁止测试者向儿童提供任何帮助。因此,对儿童认知或语言能力的评估并不能确定,儿童的低水平表现是由发育迟缓还是由教育剥夺造成的。维果茨基建议在评估的过程中加入成人的帮助,如提示或重新表述测试问题的形式。这种修改不仅可以评估儿童现有的技能和能力,而且可以评估那些由于缺乏教育机会而尚未浮出水面但仍有发展潜力的技能和能力(Vygotsky,1956)。维果茨基的见解在后来形成了一种新的评估方法,这种方法被称为"动态评估法",目前被应用于心理学和教育领域(Haywood & Lidz,2006)。

除了影响评估实践外,维果茨基的最近发展区概念还将适合发展的概念扩大到包括儿童在协助下可以学习的概念。维果茨基认为,最有效的教学是针对儿童的最近发展区的更高水平,这意味着教师提供的活动应刚好超出儿童能独立完成的范围,且在别人的帮助下能够完成的范围。虽然这一理念很快在教育工作者中流行起来，但在课堂实践中遇到了一些挑战。首先，课堂上每个儿童的最近发展区之间存在着无穷的差距，加上一间教室内的儿童最近发展区处于不同范围和水平，解决每个儿童的个人最近发展区问题以促使教学效果最大化似乎并不可行。其次，对许多儿童来说，"在指导或合作下"的能力似乎并不能最终转化为他们在同一水平上的独立表现能力。由于最近发展区在课堂上的使用面临着这些挑战，大多数关于儿童区域内互动的研究仅限于在实验室或家庭情境下的一对一互动。

与此同时，几代后维果茨基主义者的研究以及我们自己在幼儿课堂中践行维果茨基理论的经验（Bodrova & Leong，2007；2012）表明，这两个问题是可以成功解决的，我们可以针对每个儿童的最近发展区来设计教学实践。首先，最近发展区中的协助概念需要扩展到成人或更有经验的同伴之外，包括各种社会情境（如结对工作、指导经验较少的同伴或参与专门设计的小组活动）、各种辅助工具以及儿童可用于自我帮助的行为（如自言自语、写作或绘画）。有了这种广泛的协助观，让全班儿童都能发挥最高水平的想法听起来就不再不切实际。对于学前班和幼儿园的儿童来说，维果茨基的充分发展的虚拟游戏是最有益的环境，这一环境使所有儿童都能在其各自的最近发展区的最高水平上发挥作用，无论他们最近发展区的范围或大小如何。

支架[1]的概念可以帮助儿童从辅助表现过渡到独立表现（Wood，Bruner，& Ross，1976）。虽然维果茨基本人没有使用这个概念，但这个概念有助于我们理解如何在儿童的最近发展区的范围进行目标教学，以促进儿童的学习和发展。对于大多数儿童来说，从被帮助到独立是一个渐进的过程，包括从使用大量的帮助到慢慢地取代，再到不需要任何帮助；从他人帮助到自我帮助，最后到独立，设计适当的支架意味着从为儿童提供帮助的那一刻起，就要开始计划如何撤销这种帮助。利用教师直接协助以外的帮助的儿童已经离完全独立又近了一步；完全独立的儿童现在已经准备好接受更困难的任务和新的帮助。通过协调帮助的数

---

[1] 支架，原文是 scaffolding，原意是指架设在建筑物外部，供工人在修建建筑物时使用的设施。用于教育领域则源于维果茨基提出的"最近发展区"理论，旨在通过给予儿童帮助，发展其能力并向更高水平过渡。——译者注

量和质量,以适应每个儿童的个人需要和优势,就有可能最大限度地发挥每个儿童的学习潜力。

维果茨基的有效教学理念针对的是儿童的最近发展区,这一理念被他的学生们进一步推广,尤其是亚历山大·扎波罗热茨(Alexander Zaporozhets),他创建了全苏联学前教育研究机构(All-Soviet Research Institute for Preschool Education),并担任该机构的主任20年。扎波罗热茨强调在幼儿的最近发展区范围教授技能和能力的必要性,他谴责加速发展的做法,这种做法旨在过早地把学步幼儿变成学龄前儿童,把学龄前儿童变成一年级学生(Zaporozhets,1986)。这种不必要的加速发展的另一种做法是扩大发展:通过确保所有有可能出现的技能和能力在适当的时候出现,最大限度地利用儿童的最近发展区。

七、维果茨基理论在幼儿教育课堂中的应用

基于维果茨基理论的幼儿教育理念可以概括为以下原则。

- ◆ 幼儿教育有其独特的价值,不能把幼儿教育仅仅看作为孩子上学或成年生活"做准备"。
- ◆ 教师应注重促进儿童高级心理机能的发展,注重儿童对心理工具(语言和非语言)的习得,而不是对离散技能和概念的掌握。
- ◆ 入学准备应视为发展成就的出现,这将确保儿童有能力过渡到小学阶段的主导活动——学习如何学习。幼儿期最重要的发展成就包括自我调节、想象力和符号使用的能力。特定内容的知识和技能(如书写或计数)的教授是为了促进这些发展成就,而不是为了习得知识或技能本身。
- ◆ 教师通过让儿童参与他们所属年龄段的主导活动(如婴儿的情感互动、幼儿的连接目标物体游戏、幼儿园和学前班的虚拟游戏等)来促进儿童能力的发展。
- ◆ 教师首先应制订计划,然后按照计划在适当的时间提供和撤回适量的帮助,从而更好地为儿童的学习和发展提供支架。

◆ 教师应不断修改和调整他们的方法，以确保他们的目标是学生的最近发展区。他们应使用动态评估法来评估个人和小组的最近发展区。

八、结 论

维果茨基的方法将发展的观点与教学理论结合起来，因此，在这一领域的研究者和实践者都关注"将要成为的儿童"或"未来的儿童"，而不是关注"现在的儿童"或他此刻是什么样子。正如列昂节夫（Leontiev）在与尤里·布朗芬布伦纳讨论中所说的那样，"美国的研究者在不断地寻求发现儿童如何成为他现在的样子；而我们苏联的研究者努力发现的不是儿童如何成为他现在的样子，而是他如何能成为他尚未成为的样子"（Wertsch，1988，p. 67）。

参 考 文 献

Bodrova, E., & Leong, D.J. (2007). *Tools of the mind* (2nd ed.). Columbus, OH: Merrill/Prentice Hall.

Bodrova, E., & Leong, D.J. (2012). Scaffolding self-regulated learning in young children: Lessons from Tools of the Mind. In S. Sheridan, R. Pianta, L. Justice, & W. Barnett (Eds.) *Handbook of early education* (pp.352-369). New York: Guilford Press.

Copple, C., & Bredekamp, S. (Eds.) (2009). *Developmentally appropriate practice in early childhood programs: Serving children from birth through age 8*. Washington, DC: National Association for the Education of Young Children.

Elkonin, D. (1972). Toward the problem of stages in the mental development of the child. *Soviet Psychology*, *10*, 225-251.

Elkonin, D.B. (1978). *Psikhologiyaigry* [Psychology of play]. Moscow: Pedagogika.

Elkonin, D.B. (2005). Chapter 1: The subject of our research: The developed form of play. *Journal of Russian and East European Psychology*, *43*(1), 22-48.

Haywood, H.C., & Lidz, C.S. (2006). *Dynamic assessment in practice: Clinical and educational applications*. Cambridge: Cambridge University Press.

Irwin, L.G., Siddiqi, A., & Hertzman, C. (2007, March). *Early child development: A powerful equalizer. Final report for the WHO's Commission on Social Determinants of Health*. Geneva, Switzerland: World Health Organization, Commission on Social Determinants of Health.

Karpov, Yu.V. (2005). *The Neo-Vygotskian approach to child development*. New York:

Cambridge University Press.

Leontiev, A.N. (1981). *Problems of the development of the mind*. Moscow: Progress Publishers (original work published in 1959).

Miller, E., & Almon, J. (2009). *Crisis in the kindergarten: Why children need play in school*. College Park, MD: Alliance for Childhood.

Organization for Economic Co-operation and Development. (2001). *Starting strong: early childhood education and care*. Paris: OECD.

Russ, S.W., & Dillon, J.A. (2011). Changes in children's pretend play over two decades. *Creativity Research Journal, 23*, 330-338.

Smirnova, E.O., & Gudareva, O.V. (2004). Igraiproizvol'nost u sovremennykhdoshkol'nikov [Play and intentionality in modern preschoolers]. *Vopprosy Psychologii, 1*, 91-103.

Venger, L.A. (1988). The origin and development of cognitive abilities in preschool children. *International Journal of Behavioral Development, 11*(2), 147-153.

Vygotsky, L.S. (1956). *Izbrannye Psychologicheskije Trudy* [Selected psychological studies]. Moscow: RSFSR Academy of Pedagogical Sciences.

Vygotsky, L.S. (1967). Play and its role in the mental development of the child. *Soviet Psychology, 5*(3), 6-18. (Original work published 1966).

Vygotsky, L. (1978). *Mind in society: The development of higher mental processes*. Cambridge, MA: Harvard University Press.

Vygotsky, L. (1994). The problem of the cultural development of the child. In R.V.D. Veer & J. Valsiner (Eds.), *The Vygotsky reader* (pp. 57-72). Cambridge, MA: Blackwell.

Vygotsky, L. (1997). *The history of the development of higher mental functions* (M.J. Hall, Trans.) (Vol. 4). New York: Plenum Press.

Vygotsky, L. (1998). *Child psychology* (Vol. 5). New York: Plenum Press.

Wertsch, J.V. (1988). *Vygotsky and the social formation of mind*. Cambridge, MA: Harvard University Press.

Wood, D., Bruner, J.C., & Ross, G. (1976). The role of tutoring in problem solving. *Journal of Child Psychology and Psychiatry, 17*, 89-100.

Zaporozhets, A. (1986). *Izbrannye psychologicheskie trudy* [Selected works]. Moscow: Pedagogika.

第二部分

婴儿期/学步期理论

第六章　玛格达·嘉宝的婴幼儿育养理论　　97

第七章　布雷泽尔顿的发展性学习途径　　117

第六章

玛格达·嘉宝的婴幼儿育养理论

露丝·安妮·哈蒙德

一、玛格达·嘉宝简介

玛格达·嘉宝（Magda Gerber）常常以这个问题开始或结束她的演讲："为什么婴儿不能得到社会所能提供的最好照顾？"事实上，她所提出的很多问题和提供的答案，激发了许多专注于婴幼儿家庭教育领域的追随者，并且这些追随者的数量仍然在不断增加。尽管她于2007年去世，但对于无数的父母和专业人士而言，她都曾是他们的教育者、顾问和导师。玛格达·嘉宝出生于匈牙利，曾在索邦大学[1]接受教育，一开始学习的是语言学。她与许多早期儿童教育专家一样，先是成了一位母亲，而后因此找到了自己的职业道路。两次世界大战期间，嘉宝在布达佩斯生活。一次偶然的机会让她结识了著名的儿科医生艾米·皮克勒（Emmi Pikler）。一天，她的小女儿玛约（Mayo）生病了，但她的家庭医生正好又不在城里。于是她的小女儿玛约建议她给她朋友的母亲打电话，因为她朋友的母亲也是一名医生。这次的偶然相识，最终让嘉宝成了婴幼儿教育方面的专家，并且她倡导尽己所能地用尊重的方式来照顾婴幼儿。在皮克勒的帮助下，嘉宝着手研究婴儿在没有成人的干涉和操纵下发展其运动技能产生的积极影响，及与其主要照顾者（caregiver）的安全依恋与不安全依恋关系的基本影响。

虽然皮克勒的工作很大程度上源于她的医疗实践，但是她的工作目标是促进

---

[1] 索邦大学（Sorbonne University），即原巴黎索邦大学，又称巴黎第四大学。今天的索邦大学由原巴黎索邦大学（巴黎第四大学）和原皮埃尔和玛丽·居里大学（巴黎第六大学）于2018年1月合并而成。——译者注

儿童的健康成长。第二次世界大战后，皮克勒作为家庭儿科医生，受到匈牙利政府的邀请，成立一所保育院，照顾那些因战争而无家可归的孤儿。因此，1946年皮克勒成立了国立婴儿抚养教育研究院（The National Methodological Institute for Infant Care and Education），因其所在街道的名称也被人们称为"洛克齐"（Lóczy），这所抚育院最多可容纳40名0~3岁的婴幼儿，且兼顾教育研究及培训。"洛克齐"是玛格达·嘉宝除了自己的家以外的第二个"实验"场所。皮克勒去世后，这所机构被重新命名为艾米·皮克勒学院（The Emmi Pikler National Methodological Institute for Residential Nurseries），由皮克勒的女儿儿童心理学家安娜·塔道斯（Anna Tardos）接管，继续指导教育研究，培训一些父母和专业人士；同时，也为双职工家庭的父母提供孩子的保育服务。其实，塔道斯是玛约·嘉宝（Mayo Gerber）许多年前就读的幼儿园里的朋友，也是当初玛约曾建议自己母亲找的那位朋友，那位朋友的母亲正是皮克勒博士。两个家庭因战争带来的创伤而结缘，但随着匈牙利革命的剧变，嘉宝和她的家庭于1957年搬到了美国，而皮克勒和她的家庭选择留在匈牙利。不过，她们一直以朋友和同事相称。

移民后，嘉宝在波士顿短暂地待了一段时间并在哈佛大学做翻译。之后她和丈夫伊姆雷（Imre）以及三个孩子——玛约·埃里卡（Mayo Erika）、黛西（Daisy）、本斯（Bence）——在洛杉矶定居。在皮克勒博士的指导下，她有幸学习了婴儿照护和发育方面的知识，并且精通当时的先进理论，这些理论包括弗洛伊德、埃里克森、鲍比（Bowlby）、温尼科特（Winnicott）和皮亚杰的早期儿童研究理论。嘉宝花了大量时间了解美国主流家庭文化后，开始寻求一种新的方式来帮助她新的家乡的孩子的父母和照顾者，让他们培养自信、有能力、真诚的孩子（Beatty & Stranger，1984）。

嘉宝在洛杉矶的一所儿童医院开启了她在美国的教学生涯。起初，她作为一名脑瘫儿童的治疗师在儿童医院工作，然后到杜布诺夫（Dubnoff）自闭症儿童学校工作。由于两份工作的特殊性，她工作的重心是尊重儿童的自然成长和自我实现。后来，从1973年开始，她与儿科神经学家汤姆·弗雷斯特一起创立并推动了"婴儿教育示范计划"（Demonstration Infant Program，DIR），这个项目由帕洛阿尔托健康委员会（Palo Alto Health Council）赞助设立（Gerber，Greenwald，

Weaver, 2013），主要是为不同家庭的婴儿和父母群体提供帮助，这些家庭包括一些典型性家庭和危险因素家庭。1978年，嘉宝作为主要负责人在洛杉矶创办了婴儿保教者资源中心（Resource for infant Educarers，简称RIE），一个旨在为婴儿和他们的育养者提供服务的非营利性机构。她创造了"育养者"（educarer）这个词，并强调婴儿接受教育的质量是通过照顾孩子的人传递的（Hammond, 2009）。正是在RIE的背景影响之下，嘉宝的教育事业蓬勃发展，影响力也在不断扩大。她的教学风格十分独特，她对待她的成人学生也如同她对待婴儿般的尊重，因为她认为应该尊重每一个个体的个人学习空间。

除了在RIE工作以外，嘉宝还在太平洋橡树学院任教20多年，并且开设了一门早期儿童发展的课程，名为"真实的婴儿"或"能干的孩子"，这门课程受到历届学习人类发展的本科生和研究生的欢迎，并且这些学生继续分享她在早期教育和人类服务方面的各种观点。嘉宝走遍了全美国，并到国外宣传婴儿育养法，在许多国内外的早期教育专业会议（主要是全美幼教协会的国家性和地方性活动）上发表演说。她的演说对开展发展适宜性实践（DAP）及婴幼儿保育项目具有深远的影响和价值（Copple & Bredekam, 2009）。在长达近半个世纪的职业生涯中，她亲自教授和培训了数百名甚至数千名保育从业人员和父母。她在文章中意味深长地表达了对婴幼儿和青年人的尊重和钦佩，并且激起了一种反文化的方式来照顾婴幼儿，而这种方式正在北美、亚洲、澳大利亚、新西兰和欧洲蔓延开来。这项备受关注的工作的领头羊是获得越来越多的幼儿教育资源认证的RIE协会，以及那些继续按照嘉宝的特殊方式对待婴幼儿的无数人。渐渐地，这种方式被越来越多的人熟知，被称为育养法（Educaring Approach）或RIE哲学（RIE philosophy）。嘉宝始终致力于婴儿时期的研究，她曾经说过："会说话的孩子能够告诉你他们不喜欢什么。"（Beatty & Stranger, 1984）因此，在她开始教学生涯的时候，也有一些人在宣扬保护婴儿的权利。

二、婴幼儿育养的基本原则

本着儿童一来到这个世界上就是完整的、有价值的个体的信念，婴幼儿育养应该以尊重为基础。嘉宝表明："我们不仅要尊重儿童,而且我们要在每一次与他们的互动过程中表现出我们对他们的尊重。尊重儿童意味着,即便是对于很小的婴儿,我们也要把他当成一个独立的人,而不是一件物品。"(Gerber, 1998, p. 1) 以这样的态度去对待儿童是为了培养他们的安全感,从而进一步培养他们的合作意识、自信心和自主性。从长远来看,这样能够让儿童成为真实的自己,不必为了得到爱而被迫表现好。最后,嘉宝提出了一些基本原则,用于指导父母、儿童的照料者及相关从业人员(Gerber & Johnson, 1998)。

(一)相信孩子

所有原则都是以尊重为基础,且它们之间是相互联系的。第一个原则是:"对孩子基本的信任就是让孩子成为一个行动者、探索者和自我学习者。"(Gerber & Johnson, 1998, p. 4) 这一点在埃里克森的年龄和社会情感发展阶段理论中也被提及(Erikson, 1950)。正如埃里克森所设想的那样,在帮助儿童建立对世界和自己的信任的同时,成人必须相信,儿童身上有一些基本的能力,可以在没有提示和不焦虑的状态下施展出来。即使是新生儿,也能够基于遗传和表观遗传的基础,激励他们在成长过程中逐渐获得对身体的控制;通过视觉、声音和触觉寻求与父母的亲密关系,并尽其所能地探索不断扩大的环境。信任孩子意味着给他们时间和注意力,让他们充满好奇心,去发现他们对什么感兴趣、他们在寻找什么以及他们与世界的关系。即便婴儿有特殊需要,这种信任的态度也会给孩子提供时间、空间和爱,最后让孩子成长为真正的自己(Pinto, 2013)。

(二)让孩子参与所有的照料活动

假设要与孩子建立关系,成人可以邀请孩子作为积极的参与者参与到每天照顾他们的活动中,而不是让孩子做被动的接受者。通过孩子与成人之间的互动,成人会明白孩子的喜好,帮助孩子更好地感受到被理解和被爱;反过来,可以让孩子理解和关爱成人。当然,这也只是良好关系和交流的开始。想要获得更多类似的互惠原则,需要成人的随机反应能力和设身处地地为孩子着想。"让另一个比自己更大的人控制自己的身体会是什么样的感受?""怎样的节奏才能让孩子保持参与性？""应该给孩子什么提示才能让他们知道换纸尿裤或洗澡的步骤？""成人该用怎样的语言和动作来引导婴儿理解成人的意图？"这些问题都在嘉宝的文章和教学中一一得到解答，也会在录像片《彼此关注：成人给婴儿洗澡期间》（Paying Attention to Each Other: Infant and Adult During the Bath）中完美阐释（Tardos & Appell，1992）。

在给孩子做身体护理过程中，要领是放慢节奏，充分关注孩子和正在做的这件事。只有这样才有可能让成人体会到孩子的经历和感受，进而考虑到孩子的兴趣和偏好。如果我们以成人的节奏来护理孩子的身体，孩子就会感到失去控制，他们别无选择，只能放弃或者反抗和哭泣。这种与感官和社会经验相脱离的护理方式，会为不太理想的自我意识和不协调的关系创造条件，并且与孩子的最佳兴趣背道而驰。即使有些护理对于孩子来说是十分不乐意的，比如换纸尿裤，成人也应该保持冷静且不慌不忙地回应孩子，并向他说明你正在帮他做什么。有的父母可能会说："我的孩子十分不乐意换纸尿裤，时常因此而大哭，所以我会快速地帮她换下纸尿裤好让她赶紧继续玩。"即便如此，嘉宝（1984）仍然希望父母不要匆忙行事。在照顾孩子的过程中放慢节奏，对于培养孩子日后在学校或生活中所需的注意力十分重要。因为注意的习惯在孩子很小的时候就养成了。

当孩子注意力分散的时候（这种情况很容易发生，因为有太多的事情会吸引孩子的注意力），敏感的成人会为了集中孩子的注意力而立刻暂停孩子当前的行为，然后渐渐地引导孩子回到任务中。如果可能，成人应该在确定孩子的兴趣后重新回到任务中。因为孩子不是被要求参加而是被邀请参加，如果成人能够在帮助孩子完成任务的过程中重视孩子的主动权，将更进一步地激发互动和协调。对于一个忙碌的家庭或者保育中心而言，以这样的方式放慢节奏是不太可能的。但是从业者常说，其实这样做反而会减少孩子的抵抗，从而节省时间。没有人会真正喜欢别人对他们匆忙地应付了事，应付必然会产生抵抗。互惠是真正合作的基础（而不是被动地顺从），而合作的孩子更能够令成人满意，并且随着成长，他们也更有可能承担责任。

以上事例涉及嘉宝提出的"目的性高质量陪伴"（Wants Something Time），即成人有所安排的、有目的的高质量陪伴，在这段时间里孩子和成人必须要完成一些事情,并且利用任务与孩子建立相互尊重的关系;另一种是"非目的性高质量陪伴"(Wants Nothing Time),也就是将要讲述的下一条原则。

(三)给予孩子不受干扰的游戏和自由活动时间

当婴幼儿不困不饿的时候,他们就会感觉很好、很安全。于是,他们便本能地去探索自己周围的世界。他们会探索父母的脸,探索任何他们可以接触到的东西。最重要的是,他们会探索如何控制自己的身体。嘉宝的教养方法建议,通过提供准备好的、安全的、有趣的、有利的环境满足婴儿的探索欲望和需求(关于这一点将在后面讨论)。根据皮克勒对心理动作自然发展阶段(the natural stages of psychomotor development[1])的研究(Gerber et al., 2013),育养者更倾向于让婴儿的背部着地仰卧(这是在他们学会翻身前最稳定的姿势),如果气候条件允许,要让婴儿穿着舒适、便于游戏的衣服,因为这会给婴儿时间和机会了解自己的手、胳膊、脚和全身,同时锻炼他们的协调能力,包括最重要的手眼协调能力。在最初几周的自由活动时间可以协助他们学习,甚至可以提供一些物品给他们抓握和练习。皮克勒的研究表明,那些可以自由活动的婴儿在没有成人的帮助下,也能够很好地完成坐下、站立或走路等里程碑式的动作,他们会自然而然地朝着更安全、完整、全面的方向发展(Pikler, 2007)。得以自由活动的婴儿能够意识到自己的局限性,也不大可能把自己置于危险之中,他们认为环境是安全的,但也有一定的挑战性。例如,在孩子攀爬的时候不去帮助他们,可以让他们知道自己能够爬多高,因为他们已经爬过了;这样,大多数孩子都能确保在安全合理的范围避免发生事故,也避免了成人的过度焦虑(Gerber, 1988)。成人要保持耐心,让孩子以自己的节奏和方式发展(Gerber, 1988),尊重孩子的学习过程和让孩子成为真实的自己。

当孩子可以自由地控制和抓握物品后,可以把简单的玩具放在他的旁边(而不是他的手上),这种对孩子自我发起和自我引导的探索的尊重,使孩子和

---

[1] 目前国内一些文献对 psychomotor development 有不同的翻译,如"精神运动发展""心理动作发展""心智运动发展",本书中译为"心理动作发展"。——译者注

成人在一定关系范围有独处的时间。尽管孩子的成长发育需要依赖成人养育和提供安全感，但是他们并非一直需要成人的照顾和帮助。当给予孩子自由探索的时间（在开始的几周可能需要引导孩子玩一些东西），成人就会发现孩子有自己独特的学习方式。但是，如果成人认为在这个过程中应该教孩子学习一些东西或者激发孩子的学习动机，那么孩子的学习过程就会被打断。事实上，学习动机是由内部条件形成的，所以成人大可不必这样做。明智的成人会在一旁认真地观察，不去干涉孩子独立、积极地探索带来的喜悦与好奇。成人应当着重培养孩子专注于学习的能力。因为孩子开始游戏的时候就是他们学习如何学习的时候。嘉宝指出："当你提高了观察自己孩子的艺术和技能时，你就会发现，孩子日复一日的生活经历，对于他们来说，其实就是一次次的学习经历。"（Gerber，1998，p. 36）

尊重孩子内驱力的态度会向孩子传递信任，这种信任就是嘉宝（1998）特别强调的"非目的性陪伴"（p. 75）。在此期间，孩子只有部分时间处于"自娱自乐"之中，一天有几次，一次大概15分钟或20分钟，成人可以全神贯注地观察孩子，不需要告诉孩子应该做什么或应该学什么。正如嘉宝所言："我们应当完全接受孩子的存在，就像接受我们自己的存在一样。让孩子在父母（或其他带孩子的成人）面前自由游戏，就是在教会孩子依靠自己建立内在的安全感。"（Gerber，1998，pp. 75-76）当孩子不在父母面前游戏的时候，这种内在的安全感也会得到来自成人的爱和温柔的需要满足感的支持。一旦孩子确定他的需要得以被温柔对待和即刻满足，这种自主（有些人说是独立）游戏就会进展得富有成效和令人愉悦。简而言之，这就是育养过程中的自然循坏。

三、育养环境规划指南

嘉宝所指的"身体安全、认知挑战和情感培育"环境（Gerber & Johnson，1998，p. 4）包括物理空间、空间内的物品、视觉和听觉环境、其他人的存在，特别是值得信任的成人在孩子需要的时候给予照顾和安慰。对于嘉宝而言，身体安全意味着如果一个婴儿或年幼的孩子被锁在家里或育养中心几个小时，他们即便会感到害怕或伤心，也不会因为父母（或带孩子的人）不在场而受伤。给孩子设计一个专门的区域，确保不安全的东西远离孩子，这样就能让孩子在与成人分开的时候也能够自由活动。一个安全、有趣、适合孩子发展的游戏空间，将为孩子独立游戏搭建舞台，而成人便可以顾及其他事情或者照顾其他孩子。嘉宝写道："我们相信，孩子获得的安全感不仅来自与父母（或带孩子的人）在一起，还来自能够让他们自由地探索自己所处的环境。"（Gerber，1998，p. 15）起初的空间可以是婴儿床，然后可以是供幼儿在里面玩耍的护栏，最后可以是地板。为了保持孩子的兴趣，可以给孩子提供一些具有挑战性的攀爬设备，如垫子、讲台、坡道、台阶和立方体（Greenwald，in Gerber et al.，2013），也可以让孩子的同伴加入。

（一）同伴间的游戏

在育养模式中，应该让孩子有机会在自己的小圈子里与同伴一起游戏，可以在游乐场或托儿所。保持一定的年龄范围，意味着为他们建立更加适合他们发展的具体阶段、良好的自主发展及孩子间的力量动态平衡（equalizing power dynamic）。理想的状态是没有哪个孩子年龄更大、更强壮或更活跃，这样他们在自由游戏时，就不会因为这些差距而无法战胜别人。不过，这种理想的状态是很难实现的，一般来说，一个家庭里的孩子都是混合年龄组，这就使情况更加复杂。所以，当一个带孩子的成人负责照看几个孩子时，他想要全身心地照顾需要换纸尿裤的孩子的时候，他的主要做法是让那些年龄相仿、可以自己照顾自己的婴儿或学步期儿童待在一起。这就是皮克勒项目（Pikler Program）、RIE 亲子指导课程（RIE Parent-Infant Guidance Classes）、RIE 婴儿保育项目（RIE-guided child care program）会把孩子分成年龄相仿的小群体的原因。

（二）安静平和的环境

嘉宝所信奉的最重要的理念是，成人在为孩子做计划时，应当站在孩子的角度看问题。包括时间的安排、玩耍空间与照顾空间的分隔、房间的布置以及成人和孩子每天所处的环境的质量，这些物理环境安排得合理与否都可能提高或降低儿童和成人的生活质量。对于一个每天需要在托儿所待很久的孩子来说，保持家庭的温馨和舒适十分重要，因为要充分考虑到孩子每天都有可能会受到来自一些不相关的其他成人和同伴的附加刺激。因此，嘉宝反对有太多的噪音，包括连续播放背景音乐、电视或广播以及成人之间不必要的交谈。婴儿和学步幼童需要安静平和的环境，专注于认知自己的内心感受和对外部环境的探索。同样，她认为墙的颜色太亮、类似手机等物品都会阻碍孩子的学习和创设安静、平和的生活方式。她还认为，适量的户外活动对孩子来说十分重要，处于鸟语花香、绿草如茵的自然环境中，孩子可以获得安静平和的感官体验。归根结底，教育环境需要给孩子提供足够的刺激，激发他们去适应和关注，而不是被迫离开；同时，也能让孩子保护自己，避免受到太多的干扰，从而意识到世界是可控的。

（三）多样、简单和开放性的玩具

成人决定给孩子提供什么玩具，孩子则决定如何处理这些玩具。在孩子的安全空间内，任何事物都是不受限制的。玩具越简单越好，最好不要选择各种颜色、形状、质地混杂在一起的玩具。可以给他们提供不需要放电池和"做"任何事情的玩具。嘉宝曾经说过："复杂的玩具会让孩子更被动，被动的玩具会让孩子更主动。"（Gerber, 1998, p. 101）孩子的行为才是激发孩子探索的关键，而不是那些玩具。对于刚刚学会抓握的孩子来说，最安全的玩具是一块棉布餐巾，成人可以把它放在孩子能够拿到和接触到的地方，即便孩子还不能很好地控制，这个"友好的"玩具也不会伤害到孩子。嘉宝推荐了一些可以激发孩子行为的玩具，比如各种各样的球（有洞的玩具特别能激发小宝宝的行为）、木环以及可以安全咀嚼的物品。除此之外，各种各样的容器，比如过滤器、轻便型的不锈钢碗和杯子，甚至可以把它们装进去的小容器，比如塑料卷发器和其他有趣的物品，对于激发孩子的行为也十分有用。最近，RIE 项目的指导者将硅胶杯垫、松饼杯和碗引进了游戏空间。RIE 出版的 DVD《观察孩子如何游戏》（*See How They Play*）（Hammond, Memel, Pinto & Solomon, 2013）中提供了一些 RIE 游戏空间环境的范例及婴儿、学步期儿童在里面游戏的影片。

（四）安排合理、舒适的照顾区

规划一个或多个照顾区或游戏区，有助于照顾者全身心地照顾孩子。一把舒适的扶手椅可以让喂食的成人的双臂得到有力的支撑，只有成人的喂食姿势舒适了，孩子才能感到舒适。因此，在照顾区放置一把舒适的扶手椅十分有必要。育养践行者绝不会使用奶瓶来喂孩子，因为这会把成人对婴儿的照顾和食物分离，并且他们认为真正育养孩子的是成人的温暖和善良，而不是奶瓶。如果常常使用奶瓶给孩子喂食，孩子就会对它产生依赖，而 RIE 倡导的是孩子对成人的依恋感而不是奶瓶。给还不能自己坐着的孩子喂固体食物的时候，成人应该把孩子抱在膝上。这样会促进孩子与成人之间的育养关系、亲密关系和幸福感。随着孩子运动技能的获得，喂养环境也应随之变化。嘉宝建议，当孩子找到自己舒适的方式独立地坐着时，要尽可能给孩子使用较低的餐椅，这样孩子可以脚着地坐着（Greenwald in Gerber et al., 2013）。这种身体的自主性会培养孩子的能力和自信，即便孩子的独立性日益增强，来自成人的持续关注也不会消失。一旦孩子可以自己舒适地坐着，牛奶和其他液体食物就可以放到小的宽口玻璃杯里，让孩子自己喝了。

照顾区应与自由游戏区隔离，这样，如果成人正在给某个孩子换纸尿裤或喂食，其他的孩子就不能爬到成人身上或拉扯他的腿来打扰成人。这样做可以让每个孩子都能得到关注和亲密需求的满足，也让他们学会等待轮到自己。无论是换纸尿裤、换衣服、洗澡还是喂食，照顾区里的必需品都应该合理放置，以方便成人及时拿取。但要注意的是，物品的放置也不要过度分散孩子的注意力。成人应该在带孩子进入照顾区前把所需的物品提前准备好，这样就不必担心与孩子的互动被打断。孩子换衣服和纸尿裤的空间最好足以让孩子自由活动。一般来说，比较合适的大小是宽和高至少 80 厘米，这样能够让成人与孩子面对面；三面的护栏高 50 厘米，这样，随着孩子的发育，他在换纸尿裤和衣服的时候可以移动他的膝盖。当孩子由婴儿长大成学步期儿童的时候，增加一个有扶手的平台或区域，让孩子可以在换纸尿裤的时候站起来。对于育养者而言，在日常照顾过程中，应当把孩子行动的自由与他们游戏时的自由看得同等重要。这不仅需要成人去适应孩子的偏好，还需要成人与孩子合作，而不只是让孩子被动地接受。虽然对成人来说这是挑战，但它值得成人为此努力（Gerber, 1984）。

（五）基于安全的初期照顾和持续照顾

早期照顾完全采用育养方式，并以依赖理论（attachment theory）为基础（Bowlby，1988），提供小群体照顾的同时，也提供初期照顾（Primary Caregiving）。在初期照顾中，每一个照顾者都是育养3~4个婴儿的关键人员；同样，在持续照顾中，成人要与同一组婴儿一直待在一起，直到他们36个月大。RIE亲子指导课程的设计要求，当小组中最小的婴儿长到2岁，甚至更大一点的时候，以6~8个婴儿为一组，每组婴儿每周要与他们的父母和课程的同一指导者一起待1.5~2小时，直至课程结束。

安全感可以促进孩子把更多的注意力集中在探索、学习、同伴互动和交朋友上。把婴儿进行分组的做法起初是皮克勒在20世纪40年代为满足机构中婴儿的需要而制定的，由嘉宝通过她的教学引入美国儿童保育中心，后来被全美幼教协会（Copple & Bredekamp，2009）、婴幼儿保育项目[1]（Butterfield & Gilford，1992）和早期领先教育计划采纳为儿童保育的优质必要元素。谈及初期照顾，嘉宝说："如果我是孩子，我会感到很难去适应不同方式的照顾，比如：一个人的速度比较快，而另一个人的速度比较慢；一个人用冷水给我洗屁股，而另一个人用温水。如果我是婴儿，对于这些多变性，我只能适应，但是我仍希望能够对此做出一点预测。"（Butterfield & Gilford，1992）对于群体规模，她继续说道："所有的婴儿，即便他们还很小，一出生也能够感知到对方的存在，如果他们待在一个很大的群体里，这些大大小小的婴儿都待在一起，就会制造出很多噪声，这会让婴儿感到非常混乱。"（Butterfield & Gilford，1992）嘉宝从孩子的角度看待世界的方式使得她的教学独特且鼓舞人心。

在如此独特的模式下，嘉宝在她的RIE中心专门为家庭设计了一门课程，把婴儿和学步期儿童按年龄分成小组，每周参加RIE的亲子指导课程，在课程中给孩子提供安静、便利、适于游戏和社交的空间，给父母提供同伴支持。随着时间

---

[1] 婴幼儿保育项目（The Program for Infant/Toddler Care），是美国西部教育最大的项目，是全球公认的最全面的婴幼儿教育培训项目。——译者注

的推移，这样的形式给父母和学员提供了直接学习育养方式的机会；在通过认证的 RIE 协会和 RIE 实习生的带领下，孩子会不断地成长和发生改变。比较理想的情况下，孩子会在同一个小组待两年，深入了解同一组里每一个成人和其他孩子，从而形成对人类行为和互动的预测。这种稳定性是嘉宝理论价值体系的特征之一，她经常在课堂上说："孩子就是在这种百般无聊和千篇一律下茁壮成长的。"（1986年11月9日的一次私下交流中提出的观点）因为这种预测能力是创造孩子安全感的基础，也是让孩子学会赞赏新鲜事物和给他人带来意外惊喜的基础。如果没有这样的基础，一切看起来就都是随机的，可识别行为就不会出现，生活看起来似乎糟糕混乱。

（六）敏锐观察和选择性干预

孩子一天的活动量多少，应该考虑到孩子精力的起伏变化，他们需要丰富多彩的活动，也需要一定的舒缓时间来休息，以保证与其主要照顾者亲密互动时，特别是在日常照顾护理中精力充沛。孩子的这种需求需要得到管理者和照顾者的保证。嘉宝认为其中最重要的告诫之一就是，要确保照顾者有时间深入、细致地观察每一个孩子，以便深入地了解孩子并协调他们之间的关系。育养者会尽可能地花时间坐下，静静地观察孩子们的游戏，并且不对他们的所作所为做过多的评判或评价，而是进一步了解孩子的兴趣所在。同样，当孩子遇到困难的时候，育养者也不会立刻插手"解决"问题。他会花些时间来观察孩子，看孩子是否可以自己解决这个问题。通过耐心等待和敏锐观察，成人就会了解孩子，孩子也会意识到不是每一次遇到问题都需要成人帮助解决。当然，当孩子确实遇到自己解决不了的问题时，育养者就会立即采取适度的干预。嘉宝所表述的"选择性干预"（selective intervention）指的是敏锐观察后的结果导向。嘉宝说："选择性干预意味着知道什么时候不该干预，而这往往比凡事都干预要复杂得多。"（Gerber, 1998, p. 68）

四、明确且一致的限制

（一）真实和真诚

嘉宝坚信，即便是很小的婴儿，也是一个聪明的个体，能够从与他人的谈话中受益。成人对婴儿说话时的音调、语调和节奏听起来与和成人交谈时不一致，但嘉宝提倡用真诚和描述性语言与孩子交流，这样就能够帮助孩子了解周围的情况。她说：

> 从孩子出生的那一刻开始就与他交谈，会让孩子身心愉悦，也会让你感到一身轻松……告诉他你的感受如何，你想得到什么。这会是孩子人生第一次交流的开始。单纯地告诉孩子你的真实感受和想法即可，不需要考虑太多。
>
> （Gerber, 1998, p. 33）

嘉宝鼓励成人表达真实情感，同时它也是让孩子感受到自己的直觉与真实的交流相匹配的一种方式。当成人并不知道孩子需要什么，或不知道孩子的某些行为意味着他想要做什么时，最好对孩子坦诚相告。在嘉宝的范式中，成人向孩子倾诉一些真实的情况是很正常的，比如成人对孩子说："你哭的时候我感到很伤心，我不知道怎么做才能够让你感到舒服些，不过我正在尽我最大的努力。"在《用新视角来观察婴儿》（*Seeing Infants with New Eyes*）的 DVD 中，嘉宝说："如果你想让你的孩子成为真诚的人，你自己就必须保持真诚。"（Beatty & Stranger, 1984）她认为，如果成人能够充分意识到在一定的范式下与孩子坦诚相待，那么孩子就会有好的学习榜样。

反过来，孩子也会向成人真实地表达自己的想法。也许成人必须限制孩子的某些行为，但是嘉宝认为，应该让孩子自由地表达自己的一切感受。他们不必为了博取成人的开心而"表演"、假装和压抑自己。这类似于唐纳德·温尼科特（D.

W. Winnicott, 1972; 1986) 提出的"持有"概念，母亲或其他主要的成人，应该容忍甚至有时候为孩子而消化他们所有的积极和消极情绪，让孩子的感受和欲望整合成连贯的自我意识，并为这种自我意识走向真实铺平道路。这条通往真实性的道路是育养原则的关键之一。

（二）界限和引导

嘉宝认为，考虑孩子的所有感受并不意味着孩子可以完全不受限制。她坚信，孩子们知道安全感是在成人或监护人所设置的安全范围内获得的。她很清楚自己的方法不是随意的，她也很赞成幼儿发展的部分任务是去做限制测试（test limits）。如果没有任何限制，哪来的测试呢？她在书中写道：

> 我们要记住，限制的作用就像是交通信号灯，是为了让家庭成员之间的沟通和交流更加顺畅。在规定的范围内，让孩子知道：我该做什么（不可协商领域），我可以做什么（可协商领域）；什么是忍耐（"我不喜欢这样，但是我可以理解你为什么需要这样做"），什么是禁忌（"我不能让你这样做"）。这些都是规则的参数。
>
> （Gerber, 1998, p. 113）

育养者有权力制定嘉宝（1998）所说的"校规"（House Rules）（p. 111），他们无须回避自己是负责人的角色，并以一种自然亲切的方式运用权力规划孩子的生活和环境，从而形成自律性。"校规"的制定应当保持一致。RIE 亲子课程的指导教师在课上给孩子的父母模拟了一些非常简单的规则：（1）出于安全考虑，不允许孩子们在游戏室里穿鞋子和袜子；此外，光脚对孩子来说更有利，特别是对于那些刚刚学会爬的孩子。（2）为了更好地观察孩子，成人应该坐在较低的地方。（3）到了点心时间，孩子们必须放下手中的玩具，把手洗干净，戴上围兜，在提供饮料和食物之前坐好。不过，他们也可以选择不来吃点心。如果他们想要继续玩玩具或者不想洗手，就可以不吃点心。渐渐地，我们会发现，这些孩子在学会这些"礼仪"的过程中，会让他们自己和所有在场的成人感到十分愉悦。成人给孩子制定规则的一致性可以让孩子预测日常活动是如何进行的，这样他们就可以放松警惕，自由地按照自己的计划行事，不必担心自己可能会在无意中让成人不开心。没有人想要在蛋壳上行走，包括蹒跚学步的孩子。但应当注意的是，太多的或无中生有的规则会形成压力，而非自律。

适当的限制可以让孩子融入他们的家庭、接受他们的文化、适应他们的处境、并在他们重要的圈子里成为受欢迎的人。为了让孩子和成人更理解、更好地内化规则与要求，嘉宝通常会告诉他们这些规则和要求背后的原因。她不期望孩子总是能心甘情愿地按要求行事，也接受孩子的哭泣和抵抗，但是他不希望孩子退缩。她更愿意育养者与学步期儿童更直接地交流，而不是控制他们。举例来说，如果一个孩子想要伸手去拿奶奶那些易碎的小玩意儿，她更希望成人能对孩子说："我不想让你去碰这个东西，因为它很容易被打碎，奶奶很喜欢它，想让它保存完好。等你长大了之后你就可以拿它了。"如果能够有一段在适宜环境中愉快、不被打扰的自由游戏时间，孩子就更容易接受自己不能随心所欲的时候。这是嘉宝向父母传达的重要信息之一。有些家长可能会产生误解：这样做不就阻碍了孩子们的探索和创造性的发展吗？对此，嘉宝的回应是，孩子和所有人一样，不是总能随心所欲。

嘉宝推荐用赞赏和赞美的语言来表达和鼓励孩子，比如说，"很高兴看到你有礼貌地碰了一下本杰明。"(Gerber & Johnson, 1998, p. 196)但这些信息的传递应当基于真实情感的表达，而不是机械式的虚假表达。真实地表达你对他们行为的感受，无论是肯定的（"谢谢你把你的垃圾扔了。"），还是否定的（"我不喜欢你打我，因为这会伤害到我，请住手！"），都能够让他们形成对社会的理解并去思考该如何融入这个社会。

当蹒跚学步的儿童在一起游戏的时候，假设他们之间有冲突，需要成人的调解，育养者可以通过仔细观察来很好地理解孩子，并为他们创设安全感，从而进行有效的选择性干预。他们相信孩子可以容忍一定的压力和不适（只要不是压倒性的），允许他们犯错误，并让他们努力解决自己的问题。一开始，在一起玩的孩子们对彼此都很感兴趣，并且倾向于把对方当作一件物品来探索。育养者温和地介入会给孩子们树立榜样，在保证孩子们安全的同时，不阻碍他们的探索和聚集活动。随着时间的推移，他们开始了解彼此，为今后更多的平和交流奠定基础（Gerber & Wright，1978）。

学步期儿童和婴儿一样，不乐意分享，不过应当允许他们与同伴争吵（Gerber，1998）。当孩子之间的矛盾大到似乎他们无法自己解决的时候，育养者可以以保护者的身份谨慎地忠告和温和地提醒他们要遵守规则。到了万不得已的时候，成人最好把孩子分开。

育养者的语言、行为和动作应当有所选择，以阐明对行为的期望而不是对孩子感受的负面评判。如果他们的互动中没有暴力，而只是情绪上的不安，育养者可用描述性语言而不是规定性语言。例如："我知道你们俩都想要那个玩具卡车，你们相互推来推去，而托比（Toby）正在哭。"通过等待，他告诉孩子们他们的争吵已经引起了他的注意，但并不是什么急需解决的事情，他们可以自己处理。然而，当出现下面这种情况的时候，育养者会采取更积极的行动。比如，当一个孩子准备打另一个孩子的时候，育养者可以靠近他们，为了防止他们打起来，可以说一些类似这样的话："我不会让你打你的玩伴的，那样会伤到他。"接着，如果想要找到孩子打闹的动机，可以说得更多。例如："看上去你好像需要更多的空间。""虽然我知道他抢了你的球，你很生气，但是我不希望你打他。我在想，你可不可以去找另一个球？"对孩子所发生的事情进行描述，为他提供一些指引、可能的解决方案，会帮助孩子提高其行为受挫的后果意识，以及在不压抑孩子的感受和欲望的前提下发掘其和平解决问题的潜力。"我不想看到你打架"和"我们不能打架"这两句话传递了截然不同的信息。后者把孩子排除在外，并且削弱了孩子对自己的基本信任，尤其是孩子偶尔打人的时候。成人通过制定规则表明自己在这件事上的立场，在必要的时候也要采取行动强化规则。这样的情况需要成人在场，否则用处不大。有时，冲突看似在升级，但只要把两个孩子隔开，就会让双方产生安全感。这样，冲突就不会升级。这就是"选择性干预"。嘉宝始终提倡给予孩子最少但必要的帮助，帮助他们打破僵局。谈及支架的时候，她就会想起列夫·维果茨基的著作（Vogotsky，1978），其中写道：成人或更大的孩子参与有助于孩子解决问题。

五、方法的综合

尽管嘉宝的方法在神经学的爆发性发展前就已经提出，而神经学的发展又进一步推进了人们对生物学的理解及婴儿的心理发展，但是她退休之后她的研究成果才被近期的研究证实（Hammond in Gerber et al., 2013）。科学家艾伦·肖尔（Allan Schore）（Schore, 1994; 2012）、贾亚克·潘克塞普（Jaak Panksepp）（Panksepp, 1998; Panksepp & Biven, 2012）、丹尼尔·西格尔（Daniel Siegel）（Siegel, 2012）和其他一些专家，已经阐明了早期关系和经历是如何影响婴儿的大脑发育和长期心理健康的。嘉宝和她的导师艾米·皮克勒从观察和实践中得知，早期经历很有可能影响婴儿的发展；这需要花费数十年的"艰苦研究"才能达到。神经影像学为皮亚杰的建构主义、维果茨基和鲍比的依恋理论提供了强有力的证据，嘉宝的许多工作都建立在这些理论的基础上，并且她清晰地阐述了人际神经生物学领域提出的一些合理的实际应用。

嘉宝提出育养方法中的原则和实践方法时将婴儿的身体、情感、意识和人际交往方面的发展都考虑在内。她的育养方法支持了儿童的全面发展，并提供了完整框架帮助成人培养孩子的自主性和自由意识，以及发展其不断扩大的社会关系内的道德责任感，从而能够承担家庭责任、维护友谊、建立与其他人的良好关系，并与他们共创美好未来。

虽然有七条育养原则经常被提及（Gerber & Johnson, 1998），但我们只能把它们当成指导原则而非指令。我们需要为婴幼儿提供条件，使他们能够在看似双重的冲动之间取得平衡，即需要感觉到个人的强大和其深层次的联系（媒介和沟通），他们不需要遵循一系列规则，而要灵活地形成一种尊重、开明的心态；完全呈现与孩子在一起的方式，同时尊重他们内心的真实性和学习意图。对此，需要成人把孩子看成一个完整的人，如果认为孩子还不成熟，那么他们应该得到与成人同样甚至更多的关注。玛格达·嘉宝设立了一种哲学标杆，让我们在教育的同时应对教育带来的深刻挑战（Gerber, 1998），减轻追求完美的压力。我们要相信孩子的本性，允许他们诚实地试误，通过敏锐的观察激发他们真正的好奇心。育养方法满足了孩子和给予他们照顾的成人的需求,并促进两代人一起过上充实且真实的生活。

参 考 文 献

Beatty, T., & Stranger, C. (1984). *Seeing infants with new eyes* (Video/DVD). Available from Resources for Infant Educarers.

Bowlby, J. (1988). *A secure base: Parent-child attachment and healthy human development*. London: Routledge.

Butterfield, G. (Producer, Editor, Writer), & Gilford, S. (Writer, Director) (1992). *Together in care: Meeting the intimacy needs of infants and toddlers in group care*. Sacramento, CA: California Department of Education.

Copple, C., & Bredekamp, S. (Eds.) (2009). *Developmentally appropriate practice in early childhood programs serving children birth through age 8* (3rd ed.). Washington, DC: N.A.E.Y.C.

Erikson, E. (1950). *Childhood and society*. New York: W.W. Norton.

Gerber, M. (1984). Off again, on again. *Baby Magazine*, pp. 58-59.

Gerber, M. (1988). *See how they move* (Video/DVD). Los Angeles, CA: Resources for Infant Educarers.

Gerber, M. (1998). *Dear parent: Caring for infants with respect*. Los Angeles, CA: Resources for Infant Educarers.

Gerber, M., with D. Greenwald & J. Weaver (Eds.) (2013). *The RIE manual for parents and professionals*. Los Angeles, CA: Resources for Infant Educarers.

Gerber, M., & Johnson, A. (1998). *Your self-confident baby*. New York: Wiley.

Gerber, M. (Writer), & Wright, P. (Writer/Director) (1978). *On their own/with our help*. (Video/DVD). Los Angeles, CA: Resources for Infant Educarers.

Hammond, R.A. (2009). *Respecting babies: A new look at Magda Gerber's RIE approach*. Washington, DC: Zero to Three.

Hammond, R.A. (2013). Educaring, interpersonal neuroscience, and selective intervention. In M. Gerber, D. Greenwald, & J. Weaver (Eds.), *The RIE manual for parents and professionals* (pp. 177-186). Los Angeles, CA: Resources for Infant Educarers.

Hammond, R.A., & Greenwald, D. (2007). In memoriam: Magda Gerber. *The Zero to Three Bulletin*, July.

Hammond, R.A., Memel, E., Pinto, C., & Solomon, J. (2013). *See how they play* (DVD). Los Angeles: Resources for Infant Educarers.

Panksepp, J. (1998). *Affective neuroscience: The foundations of human and animal emotions*. New York: Oxford University Press.

Panksepp, J., & Biven, L. (2012). *The archaeology of mind: Neuroevolutionary origins of human emotions*. New York: W.W. Norton.

Pikler, E. (2007). Give me time: Gross motor development under the conditions at Lóczy. In A. Tardos (Ed.) *Bringing up and providing care of infants and toddlers in an institution* (pp. 135–150). Budapest: Association Pikler-Lóczy.

Pinto, C. (2013). Supporting competence in a child with special needs: One child's story. In M. Gerber, D. Greenwald, & J. Weaver (Eds.), *The RIE manual for parents and professionals* (pp. 190–194). Los Angeles, CA: Resources for Infant Educarers.

Schore, A.N. (1994). *Affect regulation and the origin of the self: The neurobiology of emotional development*. Hillsdale, NJ: Lawrence Erlbaum Associates.

Schore, A.N. (2012). *The science of the art of psychotherapy*. New York: W.W. Norton.

Siegel, D. (2012). *The developing mind: How relationships and the brain interact to shape who we are* (2nd ed.). New York: Guilford Press.

Tardos, A. (Writer/Director), & Appell, G. (Writer/Director) (1992). *Paying attention to each other: Infant and adult during the bath* (DVD).

Vygotsky, L. (1978). *Mind in society: The development of higher psychological processes*. Cambridge, MA: Harvard University Press.

Winnicott, D.W. (1972, 1986). *Holding and interpretation: Fragment of an analysis*. New York: Grove Press.

第七章

布雷泽尔顿的发展性学习途径

乔亚舒·斯帕罗

发展促进发展，学习促进学习，自然促进经济。这并非摈弃早期经验，而是保留它作为后续发展和学习的基础。发展非线性地朝着不断增加的复杂性和连贯性前进。这一章将简明阐释布雷泽尔顿（T. B. Brazelton）及其同事发现的一些早期发展的中心现象。父母、教育者和其他致力于促进儿童学习与发展的工作人员可以观察和诱发这些现象，甚至在后续的发展中，他们可以在此基础上帮助儿童形成新的技能和能力。

一、社会公正和科学革命

1918年，布雷泽尔顿出生于一个富裕的欧美家庭，并在美国得克萨斯州的韦科市长大。像大部分的小孩一样，他无法理解周围成人世界的社会、经济和种族制度。他被一位美籍非裔妇女照顾，那位妇女还带着自己的孩子，但是他却不能与那个孩子一起玩耍。墨西哥裔美国人在不知不觉中就把打扫房屋和打理院子的工作完成了，正如他们所期望的那样。在他的自传《学会倾听》（*Learning to Listen*）中，他解释道，在他很小的时候，作为局外人，他经历着社会的安排，质疑着那些看似错误、不符合逻辑的事情，并披上了特立独行、寻求改变的外衣（Brazelton，2013）。

小孩子就像科学家一样，对世间万物充满好奇和质疑。一开始，孩子不会因此而被认为是智慧过人，科学家也不会被公认他们的假设是对的。相反，就像小孩子不停地问为什么，科学家通过不停地问我们理解的极限、我们无法解释的现象和曾经似乎对我们有意义但却不再有意义的事情来推进知识的进步。科学家也像小孩子一样，常常是有天赋的观察者，部分原因是他们天生好奇（Fraiberg，1996）。小孩子相对缺乏未经检验的假设，而科学家们对这些持乐观的怀疑态度，这让他们既赋予了对令人惊讶和出乎意料的事情的开放态度，又为他们的发现做好了准备。

在接受了儿科训练之后，布雷泽尔顿很快得出结论，虽然他学习了很多疾病方面的知识，但是他却对儿童一无所知。也许一些教育工作者也遇到过同样的问题，他们可能学到的更多的是关于课程和内容、课堂管理、标准和能力、教学工具和技术的知识，而不是关于儿童如何发展和学习的知识。他希望通过随后的儿童精神病学培训来弥补教育的局限性，但却遭遇了一种从未真正有意义的科学立场的磨蚀（Kuhn，2012）。

20世纪50年代，自闭症谱系障碍儿童的病因，就像他曾共事的同事们认为的一样，被认为是"冰箱妈妈"（refrigerator mothers）[1]造成的（Kanner，1943）。在那些日子里，精神分析理论常常把孩子的精神疾病归咎于父母的教养不当。这种看法是基于一种错误的假设，即婴儿和幼儿是一块白板，其发展取决于父母是否尽心尽力地教养，因为当时很少有科学家研究婴儿。甚至曾经提出过"共生"和"孵化"等婴儿发育阶段的玛格丽特·马勒（Margaret Mahler）也没有真正观察过6个月以下的婴儿。布雷泽尔顿和另一位研究婴儿发展的先驱者——已故的丹尼尔·斯特恩（Daniel Stern），讲述了一次他采访马勒的经历，在采访中他们讨论了马勒的婴儿发展理论，马勒承认她从未研究过小于6个月大的婴儿。

二、个体差异

布雷泽尔顿通过仔细地观察患有自闭症谱系障碍的儿童，发现他们的行为具

---

[1] 第一个提出"冰箱妈妈"理论的人，实际上是来自奥地利的精神分析专家布鲁诺·贝特尔海姆（Bruno Bettelheim）博士，他在1967年发表的《空洞的城堡：自闭症儿童和自我的诞生》（*The Empty Fortress: Infantile Autism and the Birth of the Self*）一书中，用精神分析及心理学方法论证了像冰箱一样冷酷的妈妈造成自闭症的假说。——译者注

有相似性，而这些相似性似乎无法用母亲的行为来解释。这些孩子的共同特点与其他孩子的不同，使他对个体差异何时以及如何产生感到好奇。

这促使布雷泽尔顿对新生儿行为进行了革命性的研究，并发现新生儿的行为是带有目的性的，而且在出生时便存在个体差异（Brazelton，1962；1973；1983）。在观察全球新生儿的同时，他还观察了不同人群在出生时的行为差异。他认为，这种行为差异的部分原因是遗传，还有部分原因是受到了子宫的影响，这些影响因环境和文化的不同而不同，因为环境和文化塑造了妇女的怀孕经历，进而影响到了胎儿的发育（Sparrow，2013）。布雷泽尔顿对新生儿行为的观察有助于用脑成像技术研究婴儿的大脑发育。他对个体差异的研究预示着后续对表观遗传编程的研究，研究表明，在子宫内和早期的经历可以改变基因的表达（Meaney，2001；Weaver et al.，2004；Szyf，McGowan，Turecki，& Meaney，2010）。单独行动的个人很少会引发科学革命。相反，正是对现有科学范式不足的不断认识刺激了一代科学家去寻找新的范式（Kuhn，2012）。

大约在同一时期，斯特拉·切斯（Stella Chess）和亚历山大·托马斯（Alexander Thomas）正在发展他们的气质理论（theory of temperament），主要研究年龄较大的儿童（Thomas & Chess，1968）。气质理论主要包括以下几个组成部分：活动量、注意广度、注意力分散度、坚持性、趋避性以及适应性。了解每个儿童在气质和学习方式上的个体差异，可以让家长、教育工作者和儿童根据自己的需求有效地安排时间、空间、活动和互动，并且以批判性的洞察力优化学习和发展。努力了解儿童的气质和他们接触世界的方式，应该在生命之初就开始。

在对新生儿进行科学观察之前，医学上的正统观点认为，婴儿出生时是盲的、聋的、感觉迟钝的，并且在出生后的最初几个月里一直处于"植物神经系统"（neuro-vegetative）状态，学习能力也发展得比较晚。这很容易让人们相信，对婴儿的照顾仅限于营养、卫生和安全方面的需求。当然，布雷泽尔顿并非唯一一个用新的科学范式代替老化的科学范式的科学家。新的科学范式可以更好地解释一些科学家仔细观察新生儿和年幼的婴儿之后的研究发现（Kuhn，2012）。当凯瑟琳·巴纳德（Kathryn Barnard）、贝蒂·考德威尔（Betty Caldwell）、弗朗西斯·霍洛维茨（Frances Horowitz）、约翰·肯纳（John Kennel）、马歇尔·克劳斯（Marshall Klaus）、玛格丽特·麦格劳（Margaret McGraw）、林恩·默里（Lynn Murray）、海因茨·普雷希特（Heinz Prechtl）、朱迪丝·罗森布利斯（Judith Rosenblith）、丹尼尔·斯特恩（Daniel Stern）、科尔温·特雷瓦特（Colwyn Trevarthen）、埃德·特尼克（Ed Tronick）、彼得·沃尔夫（Peter Wolfe）和其他许多人也将注意力转向这一新的科学前沿时，当时假设的局限性就越来越明显了。

（一）新生儿塑造照顾者行为

发现婴儿出生时的个体差异，使布雷泽尔顿拒绝接受普遍存在的观念，即父母单方面的照顾决定了孩子的健康或异常行为。他意识到，新生儿的个体差异在某种程度上是胎儿经验的一种表达，是对每个婴儿出生时所处的独特及特定环境的一种适应和准备（Salisbury，Yanni，LaGasse，& Lester，2004）。新生儿的行为表达了他们的个人需求和潜能，塑造了最适合他们的具体照顾行为（LeVine，2004；2010）。从出生时起，儿童的行为就是有目的、有意义的，并且已经发展成为与照顾者交流的一种形式。对家长和教育工作者来说，挑战在于学会仔细观察和倾听，理解每个孩子如何表达自己的需求，以及每个孩子需要知道在我们关心他们、陪伴他们学习时该怎样改变我们的行为，以便给他们提供最好的照顾。

（二）状态调节和自我调节

新生儿那些有目的性的行为象征着状态的觉醒和调节，并将为未来的发展和学习奠定基础。在新生儿的状态中，有六种已经被确定并且很容易被观察和识别，分别是：深度睡眠、轻度睡眠、昏昏欲睡、警觉、烦躁和哭泣。每种状态都代表了婴儿凭借自己的内部需求和能力，努力平衡环境带来的挑战和机会。对于新生儿而言，状态管理有不同的方式并且因人而异。

- 自我安慰，例如吮吸手指或抚摸柔软的毯子。
- 回应照顾者的安慰，例如抱着照顾者、摇晃或唱歌。
- 习惯化，例如让新生儿习惯性地"过滤"有害的、累赘的或非形成性的刺激，以便他们保存能量，否则这些能量将被用于感知、处理和储存这些刺激。

随着儿童长大，他们调节状态的能力也随之增强，并且被教育工作者不断强化和扩展用于服务学习。同样，教育工作者可以帮助促进儿童的自我调节，例如，在状态调节的基础上管理每一时刻激起的各种情绪的能力。

要改变状态或状态调节，让儿童随时进行必要的调整，以保持他们不断变化的需求和潜力，以及环境需求和机会之间的平衡。例如，当婴儿饥饿时，转变成剧烈的哭泣状态有助于获得所需的食物。当新生儿能够调动警戒状态时，就可以开始与照顾者互动并了解环境。随着儿童的成熟，他们需要对自己的觉醒状态有更多的控制。例如，当他们所处的环境为他们提供了大量的学习机会时，他们需要学习如何保持长时间的警觉状态及缓解这种状态，以便让自己进入睡眠状态，睡眠不仅是为了休息和恢复，而且能促进注意力、学习和记忆。

1. 状态依赖型行为

在人的一生中，行为和学习都依赖于状态。当然，显而易见的是，当一个人处于睡眠状态时，他无法从外部提供的学习机会中获益，而当他处于困倦、烦躁或哭泣状态时，在完成复杂动作时就会很容易失误或失败，这样的推论无论在年龄较大的儿童还是成人身上都成立。儿童的学习能力以及他们在学习过程中是否能调动或抑制行为，取决于他们的觉醒状态和他们的情绪体验，而这些情绪体验反过来又会被他们不断变化的内在需求（如饥饿、无聊、沮丧）、能力（好奇、专注、坚持）、课堂环境和与教师及同龄人之间的互动影响。

在布雷泽尔顿的研究发现之前，对新生儿的神经系统检查是在不考虑其觉醒状态的情况下进行的，在整个过程中经常会引发婴儿的哭闹，导致对婴儿有目的的行为能力做出错误的判断。布雷泽尔顿的新生儿行为评估量表（Brazelton's Newborn Behavior Assessment Scale）不仅考虑了新生儿状态变化行为的影响，还要求检查者尽可能地帮助新生儿开启和维持最适合被评估的行为状态。例如，在评估新生儿的社交能力时警觉状态的开启（Brazelton，1973）。同样，教师和教室里物理环境的布置应当能够系统性地促进新生儿觉醒状态的唤起及适合不同学习方式的最佳情绪状态。每天活动安排的顺序应该考虑到儿童对不同种类和水平的刺激的需求变化，以及儿童所受刺激的影响、休息和"充电"的需求。尽管教室和安排很少能立刻调整,但是教师与儿童的互动有助于他们的学习,这种互动可以通过儿童每时每刻的行为暗示来指导,这些暗示预示着他们的觉醒和情绪状态。

2. 表达抗议的能力

哭泣可以理解为表达合理抗议的重要能力,儿童哭泣是在抗议他们认为外部条件有害或内心(想法、感受和直觉)的无法容忍。当大一点的儿童用哭泣或其他非语言行为表达其消极情绪时,如果家长、教师重视他们的情绪,把这些情绪作为妨碍儿童健康和学习的内在或外在条件加以检查,可能会有所帮助。即使年龄较大的儿童和青少年(也包括成人)也未必总能用语言表达他们的合理抗议。把儿童的挑战性行为看作一种重要的力量和提出抗议的能力,并相应地以自我调节为关注点做出回应,或许有助于减少并最终阻止其类似行为的发生。其中一些行为可以看作在最早的哭声的基础上发展演变而来。这并不是建议我们去接受或鼓励儿童所有的这些行为,而是为了让我们的目标不仅仅是消除那些挑战我们的行为,而是要找到可以与儿童进行有意义沟通的交流方式,并将其作为提高他们自我调节能力的机会,这样有助于教师降低学前班的退学率,以及解决随之而来的儿童行为问题和学业失败问题。总之,这样做可以让儿童明白,为自己抗议很重要,也应该得到认可,但可能换种方式会更有效,这样对儿童和其他人来说代价更低。

提高儿童提出抗议的能力,使之成为一种可以认同和培养的规范与基本的发展能力,有助于关注那些没有明确表达自己的痛苦和默默受苦的儿童。由于没有引起他人对自己的注意,这些儿童往往得不到他们所需要的关注。这个统一体中的儿童可能需要教师的帮助来学习调节他们的觉醒和情绪状态。这将使他们能够制定个人策略,以平衡他们每时每刻的内在体验和环境带来的机遇和挑战,这是在学校和生活中取得成功所必需的平衡。就像那些破坏性地展示他们的痛苦的人一样,这些儿童可能需要帮助来识别和表达他们的挑战。也许,他们还需要学习如何让教师和其他能帮助他们的人理解他们,并唤起对他们的关爱。

第七章 布雷泽尔顿的发展性学习途径

3. 依恋和表达爱的能力

当婴儿得到充分休息和喂养时，警觉状态让婴儿与照顾者接触，塑造他们行为的同时向照顾者学习，并诱发和产生依恋行为。这种依恋行为将有助于确保照顾者给予他们生存足够的照顾。依恋是一种持续一生的过程，涉及教育者和儿童双方，及照顾关系中有血缘关系和无血缘关系的个体。

年龄较大的儿童在课堂上发出依恋信号，也可能被认为是一种表达爱意的能力。这种能力因人而异，在个人生活的不同阶段也会有所不同。很明显，在课堂环境中，强大的表达爱的能力给儿童带来了优势，因为他可能会吸引教师更多的关注、照顾和获得其他资源，甚至那些正努力尽可能做到公平的教师也很难不被其吸引。

4. 非正式表达爱的能力

在每年开学第一天结束的时候，教师可能会发现他们所在的新班级里所有儿童都很有吸引力。教师可能会最先注意到班上最调皮的孩子，那些孩子就是最有可能在接下来的几周或几个月里挑战他们的孩子。其次，能够引起教师注意的可能是那些最讨人喜欢的儿童，他们在与教师、同学互动的过程中能够制造快乐，并会提前让他们感受到互动的回馈。最后，还有一些儿童的名字教师可能一点儿也想不起来，因为那些儿童可能不那么有吸引力，不那么讨人喜欢，不善于吸引教师的注意、不善于深思熟虑和情感投入。许多教师发现，面对不同性格的学生，他们会做出不同的反应，但是这种差别反应又是他们不想承认的。

如果最后这种类型的儿童在每年开学的时候就得到了教师的关注，教师对这些儿童实施有效的监控并帮助他们学会更有效地与其他同学交往，那么这些儿童表达爱的能力可能会因此而得以增强。一位有经验且留心观察学生的教师会帮助学生意识到他们的需求和欲望并将其表达出来，因为这样会使学生得到令人满意和强化的回应。当学生学会有效地寻求帮助，体验到教师对他们的关注时，他们就更有可能在学业上和与同龄人的交往中获得成功。

三、感觉阈值、感觉加工和学习差异

发展依赖于学习,而发展和学习都依赖于与环境的相互作用。这些相互作用在很大程度上取决于感官对特定环境现象和特征的感知,以及运动系统避免或接近、参与这些现象和特征的能力。更高层次的认知功能,例如加工、组织、储存记忆并最终将其语境化,将语言附加到感觉、知觉上指导运动反应,以便集中探索或准确回避。此外,六种感官知觉(视觉、听觉、触觉、嗅觉、味觉,及前庭觉和本体觉对身体位置和运动的感觉)间的相互作用,以及与运动系统的结合,使身体对物质世界的三维认知具体化。

这样做,使得任何特定时刻传入的信息都具有潜在压倒性冲击,而感觉系统在神经学上是连接在一起的,能够有选择地关注、聚焦和响应某些类型的输入,例如人类的声音、面部和运动,并筛选出有害的刺激,或者重复的、不能提供有用信息的刺激(见前面提到的"习惯化")。随着时间的推移,大脑中的回路得到发展和成熟,允许由一个事件或物体触发的不同感觉的体验关联起来,这样,每一种不同的感觉都有助于更全面地理解。举个例子,想象一下,当一个人用双手拿着一个柔软的芝麻小圆面包,里面塞着一些酸黄瓜、芥末和一片奶酪,一口咬下去时,他的嗅觉、味觉、触觉综合在一起给他带来了多重感知。

从出生起,婴儿的感官体验以及他们对感官刺激的独特反应,就与他们唤醒状态的调节相互作用。例如,一些婴儿可能对光、颜色、高音或低音、摇摆和其他刺激的反应很强或很弱。当过度刺激或刺激不足时,婴儿可能会进入睡眠状态或突然进入哭泣状态。当刺激水平与特定婴儿的感觉敏感度相对应时,婴儿可能会从困倦或烦躁状态转变为持续的警觉状态,以便完全理解和融入这种环境中。"感觉阈值[1]"一词是指在对不同数量、强度和感觉刺激组合的反应中的一些独特的个体差异。儿童学习方法和学习风格的某些差异可以根据他们的感觉阈值、感觉低

---

[1] 感觉阈值(sensory threshold),是指感官所能接受范围的上下限和对这个范围内最微小变化感觉的灵敏度。——译者注

敏感度和高敏感度的个体差异、不同感觉获得的信息的联想过程的差异来理解。

学习关联

1. 社会取向

布雷泽尔顿在新生儿身上观察到的有目的的行为包括他们对人类感官的反应，他们对人类声音和面部的偏好，特别是他们在出生前听到的声音。胎儿的听觉器官至少在妊娠的最后三个月就已经开始发挥作用了。准妈妈的声音能够最直接地传给胎儿，在家庭的核心成员中父亲的声音可能是胎儿通过腹壁听到的最频繁的声音。当新生儿的头朝父母的声音转去的时候，他们睁开眼睛，将目光锁定在父母的声音上的时候，会把父母的注意深深地吸引到依恋的过程中，让父母惊喜地意识到自己的独特性以及他们活着对这个脆弱的新生命的重要性。

怀孕的期望、儿童出生的戏剧性以及依恋过程中的神经激素机制使得新生儿时期成为父母与婴儿交流的开放时期。随着孩子年龄的增长，父母仍然会针对与孩子的交流做出回应。除此之外，教师在与儿童交流的过程中往往也会有一种情感层面的体验，这种体验可以理解为一种有效的依恋形式。儿童在其幸福的一生中，与成人之间的情感投入不限于亲属关系，即使是那些与他们没有血缘关系的人，甚至是那些因为受到神经激素影响的人也会被儿童吸引到依恋关系的过程中。

2. 相互协调

在出生后的最初几周，婴儿和父母通过反复的互动了解彼此。婴儿2~3个月大的时候，就会表现出他们不仅能够理解和响应照顾者的语言和非语言表达，而且能够用他们的咕咕声、牙牙学语、面部表情和肢体语言展示他们的对话能力（Brazelton, Koslowski, Main, Lewis, & Rosenblum, 1974; Gianino & Tronick, 1988）。婴儿和父母都参与了相互协调的过程，相互调节彼此的经验和参与这些对话，以及启动、维持和结束这些互动时所必需的唤醒状态。例如，父母与婴儿说太多的话或给他们挠痒痒可能会导致婴儿退出互动，或从警戒状态转变为烦躁或哭泣状态。相反，如果父母对他们的行为有所回应，就会让婴儿调节自己的状态，恢复至警觉状态或是重新参与互动。

这些短暂的匹配和不匹配状态、参与和退出、错误和修复，每3~5秒发生一次，可以帮助婴幼儿体验他们的照顾者是可靠的、可预测的、有求必应的。因此，他们就会认为他们的照顾者是值得信赖的。这是孩子与父母互动关系中最早的学习实例之一，它依赖于"错误"的发生和对"错误"的判断。由此产生的关系修复有助于培养孩子的应对能力、自我行为意识、自我掌控和控制意识，同时有助于他们学习会话规则和惯例（Tronick，1989；Tronick，Cohn & Shea，1986）。

在使用静止脸研究范式[1]的研究中，照顾者被要求像往常一样与儿童进行互动，然后转身离开，以一张板着的、反应迟钝的脸回到儿童身边，即使是两三个月大的婴儿也会意识到这种差异，他们会变得痛苦。如果他们在与父母过去的交往中曾经引起过父母的积极反应，那么他们就会恢复并持续地表现出丰富的发声、面部表情和肢体语言等行为技能；只要他们的照顾者不做出反应，他们就会出现间歇性的表现；如果他们的照顾者仍不做出反应，他们又会变得伤心起来（Tronick，Als，Adamson，Wise，& Brazelton，1978）。没有体验过这些成功的先例和从照顾者反应中获益的儿童，比如在父母抑郁的情况下，很可能会更快地放弃，因为儿童没有像被期望的那样学会有效地吸引他们的照顾者。他们可能较少地表现出有吸引力的行为，因为他们没有机会进行更大范围的测试，也没有机会体验父母对他们的影响和鼓励。

当然，一生中，由于人们高度关注和依赖这些非语言交流，使他们能够将自己置于与他人共享的人际空间中，包括课堂和师生关系（Trevarthen，1979）。正如在静止脸实验中一样，在课堂师生关系中传递有限或不清晰的非语言信息很可能会引发儿童的苦恼、困惑和不确定性。儿童的需求和期待驱动他们一系列的社会导向行为。儿童需要了解教师和同学的想法和感受，并且他们期待自己的行为能够得到回应。除非儿童的这种信息交流和互动被长期严重地剥夺而没有发展起来，否则，如果儿童的需求和期待没有得到回应，在一些极端情况下（如孤儿院人手不够的情况下）就会引发儿童的自残行为。

---

[1] 静止脸研究范式（Still Face Paradigm），主要用于对婴儿的各方面发展进行研究，涉及的领域包括健康儿童的气质类型、依恋关系、情绪调节能力，自闭症儿童及唐氏综合征儿童的社会性发展，母亲特质对亲子互动的影响等。——译者注

四、系统论：儿童发展和学习的情境与互动

正如婴儿和照顾者为了他们的发展和学习而相互作用一样，儿童和教育工作者共同构建学习环境，塑造婴儿的经验和成就（Sameroff，1975）。教育的"空容器理论"（empty vessel theory）认为，儿童的大脑只需要填满父母和教师提供的信息，这一理论长期以来一直受到以儿童为中心、主动学习和社会建构主义模式等理论的挑战。在某种程度上，这些模式都依赖于儿童在环境中的系统理论，以及与课堂、同伴和教师的互动。然而，这种以系统论为基础的学习和发展方法带来的启示，尚未在课堂、学校和对它们影响更大的环境中得到充分的理解和广泛的应用。为了使其在教育机构和政策中发挥作用，需要将家庭与教育机构、其他机构（例如提供健康和心理健康服务的机构）以及有助于儿童和家庭学习与发展的实体环境进一步融合（Bronfenbrenner，1979；2004；Bryck，Sebring，Allensworth，Luppescu & Easton，2010；Sparrow in press）。

五、触点：发展中的行为紊乱与重新调适

由于婴幼儿是在家庭系统和机构系统中得以发展的，所以其发展过程受到该系统所有成员的影响。触点模式（Touchpoints model）（Brazelton & Sparrow，2006；Brazelton & Sparrow，2001）认为，发展是为调整行为紊乱而产生的可预见的暂时性混乱时期以及新技能和能力。婴儿、学步儿和幼儿的睡眠、喂养、自我调节的暂时中断而引起行为失控是常见的例子，因此导致他们哭泣、拥抱和寻求身体接触的行为增加（Plooij，2010）。这种退行期（Heimann，2010）不仅对儿童，而且对整个家庭和其他照顾者包括教师，都具有干扰性。

家庭系统之间牢固的关系，以及将家庭教育体系的支持与照顾者的健康相联系，有助于避免发展脱节，并指导儿童、家庭和其他照顾者渡过这些危机。面向家庭的组织（如幼儿保健和教育机构、儿科保健机构、儿童保护和福利服务机构、家庭资源中心、家庭访问机构、幼儿图书馆和博物馆以及其他机构）可以在风险

期和脆弱的紧张时期为家庭关系提供预先性指导和持续性支持。可预期的发展危机可以加深家长和教师对孩子的理解，加强彼此之间的关系，让彼此都有所成长（Sparrow & Brazelton，2011）。

儿童成长过程中的触点增加了对家庭和教师资源的需求，例如，被打断睡眠的孩子唤醒了整个家庭或孩子的怒火一触即发，表明他们需要更多的抚慰、拥抱和耐心。触点时期也会削弱家长和教师的掌控感，因为孩子某一方面机能的暂时下降会让照顾者怀疑自己的照顾是否得当。在这段时间，家长和教师的戒备心理往往会增强，变得争强好胜，并极有可能把他们的自责转嫁到对方身上。教育机构可能会倾向于让教师把责任推到父母的身上，并以自己更为权威的角色责怪父母没有尽到应尽的职责（National Center for Parent，Family and Community Engagement，2010）。布雷泽尔顿将这一可预见且普遍存在的现象称为"看门人"（gatekeeping）现象。"他们可以为了孩子的幸福牺牲一切，即便是处于冲突中的成人也可以以更开放的态度面对他们的分歧，并随时准备妥协。当'看门人'可以被预期，或被重新定义时，便可作为他们为孩子的幸福所做出的努力的自然结果。"

（一）通过共享观察和共建意义强化关系

父母角色的有效性基于父母的能力感，并且可以通过尊重孩子、增强家校联系而提高。为了增强家庭关系，在孩子的触点发展时期给予孩子有力的支持，教师可以激发家长从专业的角度了解自己的孩子，增强他们的能力感。比如，从事幼儿教育的专业人员可以邀请家长同他们一起倾听孩子的心声、理解孩子的行为，而不是让家长从自己的角度解读孩子的行为。他们可以真实地表达父母的好奇心以及理解孩子行为的意义。如果父母和教师共同构建对孩子行为的理解，那么他们就会加深对彼此的理解。尤其是当彼此的观点大相径庭时，这种分歧也会因为对彼此的了解和尊重而化解。这一过程会促进彼此间的关系，这种强有力的关系有助于促进孩子的学习和发展（Owen，Ware，& Barfoot，2000）。

（二）父母倡导、领导力及相互关系

当从事幼儿教育的专业人员和机构把父母视为孩子学习的伙伴，而不是使

孩子分心、干扰孩子的对手时，他们更有可能将父母的倡导和领导技能视为宝贵财富而不是威胁。教育中心和托儿所可以通过为父母创造参与者角色的机会，增强彼此间的相互联系，从而为扩大他们的社会资本提供切实支持并促进其技能的发展。

六、结论

儿童如何学习？又如何向我们展示他们是谁、他们需要什么、他们能做什么？通过依恋、状态调节和相互调节，儿童和其照顾者学会了解自己及彼此间的个体差异，双方共同创造的关系过程将影响儿童发展中的行为紊乱并做出重新调适。

儿童可以教会我们什么？他们或许知道我们曾知道却忘记的。儿童是不是真的能够唤醒我们？能不能通过重新发现儿童的认知方式和存在方式，从而引导我们走过人生的道路？这些都是家长和教师可以分享的问题，因为他们在儿童的生活中陪着他们一起努力，在他们学习和成长的过程中与他们一起学习。每个儿童都有自己的专长和独到之处，可以通过静静地倾听和仔细地观察来找到答案，并且这个答案只能通过儿童来找到。

参考文献

Brazelton, T.B. (1962). Observations of the neonate. *Journal of the American Academy of Child Psychiatry, 1*, 38–58.

Brazelton, T.B. (1973). *Neonatal Behavioral Assessment Scale* (1st ed.). London: Spastics International Medical Publications.

Brazelton, T.B. (1983). *Infants and mothers*. New York: Delta.

Brazelton, T.B. (2013). *Learning to listen*. Cambridge, MA: Da Capo Press.

Brazelton, T.B., & Sparrow, J.D. (2001). *Touchpoints three to six: Your child's emotional and behavioral development*. Cambridge, MA: Da Capo Press.

Brazelton, T.B., & Sparrow, J.D. (2006). *Touchpoints 0-3: Your child's emotional and behavioral development* (2nd ed.). Cambridge, MA: Da Capo Press.

Brazelton, T.B., Koslowski, B., Main, M., Lewis, M., & Rosenblum, L.A. (1974). The origins of reciprocity: The early mother–infant interaction. In M. Lewis & L. Rosenblum (Eds.), *The effect of the infant on its caregiver* (pp. 49–76). New York: Wiley.

Bronfenbrenner, U. (1979). *The ecology of human development: Experiments by nature and design*. Cambridge, MA: Harvard University Press.

Bronfenbrenner, U. (Ed.) (2004). *Making human beings human: Bioecological perspectives on human development*. The Sage Program on Applied Developmental Science. Thousand Oaks, CA: Sage.

Bryck, A.S., Sebring, P.B., Allensworth, E., Luppescu, S., & Easton, J.Q. (2010). *Organizing schools for improvement: Lessons from Chicago*. Chicago: University of Chicago Press.

Fraiberg, S. (1996). *The magic years*. New York: Scribner.

Gianino, A., & Tronick, E.Z. (1988). The mutual regulation model: The infant's self and interactive regulation, coping, and defensive capacities. In T. Field, P. McCabe, & N. Schneiderman (Eds.), *Stress and coping across development* (pp. 47–68). Hillsdale, NJ: Lawrence Erlbaum.

Heimann, M. (2010). Regression and reorganization in relational models of development. In B.M. Lester & J.D. Sparrow (Eds.), *Nurturing young children and their families: Building on the legacy of T.B. Brazelton* (pp. 95–106). Oxford: Wiley-Blackwell Scientific.

Kanner, L. (1943). Autistic disturbances of affective contact. *Nerv Child, 2*, 217–250. Reprinted in Kanner, L. (1968), Autistic disturbances of affective contact. *Acta Paediatricia, 35*(4), 100–136.

Kuhn, T.S. (2012). *The structure of scientific revolutions* (4th ed.). Chicago: University of Chicago Press.

LeVine, R.A. (2004). Challenging expert knowledge: Findings from an African study of infant care and development. In U.P. Gielen & J.L. Roopnarine (Eds.), *Childhood and adolescence: Cross-cultural perspective and applications* (pp. 149–165). Westport, CT: Praeger.

LeVine, R.A. (2010). Protective environments in Africa and elsewhere. In B.M. Lester & J.D. Sparrow (Eds.), *Nurturing young children and their families: Building on the legacy of T.B. Brazelton* (pp. 132–139). Oxford: Wiley-Blackwell Scientific.

Meaney, M.J. (2001). Maternal care, gene expression, and the transmission of individual differences in stress reactivity across generations. *Annual Review of Neuroscience, 24*, 1161–1192.

National Center of Parent, Family and Community Engagement (2010). T*he Head Start Parent, Family and Community Engagement Framework for early childhood care and education programs*. Office of Head Start, Administration for Children and Families. Washington, DC: United States Department of Health and Human Services.

National Center of Parent, Family and Community Engagement (2013). *Family connections to peers and community: Research to practice brief*. Office of Head Start, Administration for Children and Families. Washington, DC: United States Department of Health and Human Services.

Owen, M.T., Ware, A.M., & Barfoot, B. (2000). Caregiver-mother partnership behavior and the quality of caregiver-child and mother-child interactions. *Early Childhood Research Quarterly, 15*(3), 413–428.

Plooij, F.X. (2010). The four whys of age-linked regression periods in infancy. In B.M. Lester & J.D. Sparrow (Eds.), *Nurturing young children and their families: Building on the legacy of T.B. Brazelton* (pp. 107–119). Oxford: Wiley-Blackwell Scientific.

Putnam, R.D., Feldstein, L., & Cohen, D.J. (2004). *Better together: Restoring the American community*. New York: Simon and Schuster.

Salisbury, A., Yanni, P., LaGasse, L., & Lester, B.M. (2004). Maternal-fetal psychobiology: A very early look at emotional development. In J. Nadel & D. Muir (Eds.), *Emotional development: Recent research advances* (pp. 95–125). Oxford: Oxford University Press.

Sameroff, A.J. (1975). Transactional models in early social relations. *Human Development, 18*(1-2), 65–79.

Sparrow, J.D. (2013). Newborn behavior, parent-infant interaction, and developmental change processes: Research roots of developmental, relational and systems-theory based practice. *Journal of Child and Adolescent Psychiatric Nursing, 26*(3), 180–185.

Sparrow, J.D. (In press). Communities raising children together: Collaborative consultation with a place-based initiative in Harlem. In J. Delafield-Butt, A.W. Dunlop, & C. Trevarthen (Eds.), *The child's curriculum: Working with the natural values of young children so the child may lead the way*. Oxford: Oxford University Press.

Sparrow, J.D., & Brazelton, T.B. (2011). Touchpoints for anticipatory guidance in well childcare visits in the first three years. In B. Zuckerman, S. Parker, & M. Augustyn (Eds.), *Zuckerman and Parker's handbook of developmental and behavioral pediatrics* (3rd ed.). Philadelphia, PA: Lippincott, Williams and Wilkins.

Szyf, M., McGowan, P.O., Turecki, G., & Meaney, M. (2010). The social environment and the epigenome. In C.M. Worthman, P.M. Plotsky, D.S. Schechter, & C.A. Cummings (Eds.), *Formative experiences: The interaction of caregiving, culture, and developmental psychobiology* (pp. 53–81). Cambridge: Cambridge University Press.

Thomas, A., & Chess, S. (1968). *Temperament and behavior disorders in children*. New York: New York University Press.

Trevarthen, C. (1979). Communication and cooperation in early infancy: A description of primary intersubjectivity. In M. Bullowa (Ed.), *Before speech: The beginning of human communication* (pp. 321–347). New York: Cambridge University Press.

Tronick, E.Z. (1989). Emotions and emotional communication in infants. *American Psychologist, 44*(2), 112–119.

Tronick, E.Z., Als, H., Adamson, L., Wise, S., & Brazelton, T.B. (1978). Infants' response to entrapment between contradictory messages in face-to-face interaction. *Journal of the American Academy of Child and Adolescent Psychiatry, 17*, 1–13.

Tronick, E.Z., Cohn, J., & Shea, E. (1986). The transfer of affect between mothers and infants.

In T.B. Brazelton & M.W. Yogman (Eds.), *Affective development in infancy* (pp. 11-25). Norwood, NJ: Ablex.

Weaver, I.C., Cervoni, N., Champagne, F.A., D'Alessio, A.C., Sharma, S., Seckl, J.R. ... Meaney, M.J. (2004). Epigenetic programming by maternal behavior. *Nature Neuroscience*, 7, 847-854.

第三部分

行为观理论

第八章 斯金纳的探索：幼儿教育情境中的有效实践　　135

第九章 洛瓦斯：与特殊儿童学习有关的研究　　153

第八章

斯金纳的探索：幼儿教育情境中的有效实践

凯萨琳·费利

"这不是儿童学习的方式，这是动物学习的方式。""如果你不再奖励她，她就不会表现出这些技能。""那只会制造机器人。""这只是一种教授死记硬背行为的方法，儿童实际上并没有学习。""儿童应该天生就有学习的动力。"在幼儿教育领域，如果人们用行为主义的方法教育儿童，就会看到其中一个或多个类似上文提到的评论。也许是在大学课堂中，从负责就业指导的学者的发言中听到，或者在指定的阅读教材和发表的文章中看到。除此之外，他们极有可能会在托儿所、为残疾儿童和健全儿童提供服务的学前教育项目中，以及在家提供早期干预的专业人员那里听到或看到这些评论。

这些评论是对66年来经验证明的教学过程的回应，这些教学过程影响了无数儿童的发展，并对残疾儿童及其照顾者的生活产生了深远的影响。那么是谁推进了这些教学过程的发展呢？他就是20世纪最有影响力但也最具争议性的心理学家之一——伯尔赫斯·弗雷德里克·斯金纳（Burrhus Frederic Skinner）。

一、斯金纳的早年经历

斯金纳，1904年3月20日出生于宾夕法尼亚州苏斯夸汉纳（Pierce & Cheney, 2013）。他和弟弟（16岁时去世）在一个中产阶级家庭长大，父亲在伊利铁路公司当律师（O'Donohue & Ferguson, 2001）。斯金纳从小对发明创造很感兴趣，并且花费了大量青春在机械发明上（Pierce & Cheney, 2013）。他就读于纽约克林顿的汉密尔顿学院（Hamilton College），并于1926年获得英语文学学位。当时，斯金纳对刚刚起步的行为主义产生了兴趣。于是，他在1928年进入哈佛大学学习，于1930年获得了硕士和博士学位。在哈佛期间，他与弗雷德·凯勒（Fred Keller）成了朋友并与他变成了一生挚友（O'Donohue & Ferguson，2001）。

斯金纳早期的研究源于俄国科学家伊万·彼得罗维奇·巴甫洛夫（Ivan Petrovich Pavlov）的发现。巴甫洛夫在研究消化过程中的唾液反应时，有了对行为主义产生重要影响的发现。当巴甫洛夫在实验室里对狗进行研究时，他注意到狗在实验开始前就分泌了唾液。于是，他便开始对其进行深入研究，研究发现，狗在有食物的情况下开始分泌唾液，他称之为无条件反应（unconditioned response）（即未习得的行为）；引起唾液分泌的刺激（指食物），称为无条件刺激（unconditioned stimulus）（即自动反应行为）。这预示着特定的刺激会引起特定的反应。他还注意到，狗在接触食物之前，一看到实验人员的实验服就开始流口水。这让他测试了一个假设，即任意的刺激可能会导致同样的行为。于是，他用铃声取代实验服。实验发现，狗在听到铃声时确实会分泌唾液，这叫条件反射（conditioned reflexes），也就是说，通过条件作用（例如习得），有机体会发出反射性的行为，这被称为条件反应作用或经典条件反射（classical conditioning）。

紧随巴甫洛夫的是约翰·布罗德斯·华生[1]，他认为心理学家应该只研究可观察的行为，并且他对那些不可观察现象（例如心灵）的研究直言不讳。华生最著名的一项研究是将一名男婴作为研究被试，该实验被称为"小阿尔伯特实验"（Little Albert experiment）。阿尔伯特是华生从医院挑选出来的一个男婴，起初，这个男婴出于天性想要伸手触碰小白鼠，但随后却产生了对小白鼠恐惧的条件反射（即被训练）。华生在其实验中让男婴对小白鼠（条件刺激）和噪音（非条件刺激）产生恐惧（Watson & Raynor，1920）。仅仅通过重复几次这样的实验，这个男婴不仅在小白鼠面前，而且在其他毛茸茸的东西面前都表现出同样的恐惧反应。爱德华·桑代克（Edward Thorndike）在当时也是颇具影响力的心理学家之一。他在猫身上发现了试错学习（Thorndike，1898）。具体来说，他观察到猫努力地想从盒子

---

[1] 约翰·布罗德斯·华生（John Broadus Watson，1878—1958），美国心理学家，行为主义的创始人。——译者注

里出来,当它们发现他们无意的行为能打开盒子的门时,就会重复这样的行为,从而证明了新行为的形成是由随之而来的结果(走出盒子)导致的,这在后来被称为操作性条件作用(operant conditioning)。这与巴甫洛夫和华生的条件作用(或经典条件反射)是不同的,在他们的条件作用中,同样的行为会在不同的刺激下发生,而桑代克的条件作用是在刺激反应中产生新的行为。

这些早期的行为主义学家对斯金纳的研究产生了重大影响。从他早期的职业生涯开始,他就说过巴甫洛夫观察到的条件作用可以用于行为研究,而桑代克观察到的学习行为是由于行为和结果之间的联结关系而产生的,于是,他便着手证明,可以通过检查每种行为前后的刺激来研究生物的行为。巴甫洛夫证明,一种反应可以由各种刺激引起,食物的存在、实验者的实验服或铃声都会引起同样的反应。在操作性条件作用模式中,刺激物作为一种强化(可识别刺激)在行为之后出现,并用于强化被期待行为的出现,从而学习新的行为。这是反应性条件作用和操作性条件作用的主要区别。在应答条件反射(respondent conditioning)中没有建立新的行为,同样的反应与一系列的刺激配对。然而,在操作性条件作用中,新行为的建立是具有偶然性的存在。因此,刺激作为一种提示发生作用,如果行为发生,强化将被传递。这是学习行为发生的基础:特定的行为在特定的刺激下发生,随后强化,接着继续发生。

在职业生涯的早期,斯金纳在他的动物实验室里发现了一些重要的行为准则。他利用操作性条件作用(即系统地传递强化物以建立一个反应)来教老鼠拉动一根绳子,以接近一个弹珠,然后把弹珠从一根管子上弄下来,从而获得食物(Skinner, 1938)。弹珠实际上起到了一种象征的作用,可以用来交换主要强化物(在本例中是食物),这被称为代币经济[1]或代币强化(token reinforcement)。1940—1944年,他在美国科学研究与发展办公室(United States Office of Scientific Research and Development)资助的一个项目中教授动物行为。在那里,斯金纳利用操作性条件作用训练鸽子,用于在第二次世界大战期间引导模拟炸弹到达目的地(Morris,

---

[1] 代币经济(token economy),是指用象征钱币、奖状、奖品等标记物作为奖励手段来强化良好行为的一种行为治疗方法。——译者注

Smith，& Altus，2005）。正是在这个时候，斯金纳和他的同事发现了另一个重要的原则，即塑造行为。他们系统地增强鸽子的击球能力，使之接近击球，最后的反应是以击球击倒别针（即保龄球），从而在生物体内建立新行为系统。

斯金纳的另一个重要贡献是他发现了操作行为的另一种现象——消退（extinction）。一个周日，他在自己的实验室里观察到了这一现象，然后他向同事报告了他的发现，在这个过程中，他十分担心在与他人分享他的研究结果之前会发生一些意想不到的事情（Skinner，1979）。事情是这样的：鸽子的喂食机械装置（这是另一个实验的一部分）被意外卡住了，但它们的啄声仍然被设备记录下来了。在检查了设备记录的数据后，斯金纳注意到鸽子的啄食行为急剧增加，然后逐渐减少。因此，先前的强化反应（啄）最终停止了，因为强化物的传递终止了（如今称之为消退）。同样的原理也在人类身上得到了证明。如果一个孩子在杂货店哭喊着要玩具，结果是他如愿以偿地买到了玩具。如果孩子的照顾者克制自己，不给哭闹的孩子买玩具，那么孩子就会停止这种行为。但是，在情况变好之前，可能会变得更糟，这称为消退爆发。对先前强化反应的抑制强化，最终会让孩子不再为了去杂货店买玩具而做出这种行为（即哭闹）。

正如斯金纳所言，不应当把行为消退和其他可能造成同样结果的反应混淆，特别是使用有机体本身就逃避或避免的厌恶刺激。当厌恶刺激出现在一个行为之后，则被称为"惩罚"，这是一个由结果导致的先行行为减少的技术性的定义。斯金纳（1953）明确指出惩罚的弊端，他说："惩罚在当时（而且很可能一直持续到今天），是现代生活中最常见的控制手段之一。"同时，"从长远来看，惩罚与强化不同，惩罚对被惩罚的有机体和惩罚者都是不利的"（Skinner，1953，p. 183）。斯金纳指出，比较消退与惩罚，虽然惩罚减少了行为的发生，但当停止惩罚时，行为的频率会再次上升。所以，惩罚是对行为的暂时性压制，并没有导致行为反应总数的减少。如果一个有机体正在做出一种不良行为，只要不强化他的这种行为，它就会减少或完全消除。因此，惩罚是一种导致行为减少的后果，不需要实施。

值得注意的是，斯金纳专注于检查和测量行为以及所谓的实验控制。他仔细地控制变量，试图确定因变量（行为）和自变量（被系统地操纵的变量）之间的直接关系。他对动物行为的研究使我们能够通过机械装置精确地测量动物的行为，并且可以在很长一段时间内将其记录下来。的确，在动物实验室里控制环境要比控制人类容易得多。然而，这些原则仍然是一样的，正如斯金纳清楚地陈述的那样："这个过程最可能的表述是——我们使一个给定的结果依赖于行为的某些物理属性……然后观察到这种行为的频率增加。"（Skinner，1953，p. 64）他把这些习得的行为称为操作行为，因为"这一术语强调了行为作用于环境并产生结果的事实"（p. 65）。操作行为通过增强操作作用的刺激物发出（即强化刺激）而做出反应。因此，斯金纳的研究基于观察、测量和归纳（Morris，Smith，& Altus，2005）。

斯金纳（当时在印第安纳大学工作）和他在哈佛的同学弗雷德·凯勒（当时在哥伦比亚大学工作）为了拓展行为分析研究，于1946年聚在一起，组织了一次关于行为实验分析的会议。为了使他们的群体有别于早期行为主义者，他们既承认遗传影响行为，又注重操作性条件作用（即使用强化原则建立行为）。1958年，他们创办了自己的刊物《行为实验分析杂志》（*Journal of the Experimental Analysis of Behavior*，JEAB）。随着时间的推移，这个研究小组的工作从单纯的为科学知识而进行的基础研究过渡到为解决问题而进行的应用研究。随后，越来越多的应用研究被用于解决人类问题，尤其是在精神疾病、智力残疾和教育方面。1968年，《应用行为分析杂志》（*Journal of Applied Behavior Analysis*，JABA）开始出版，致力于将行为原则应用于重要的社会问题（Baer，Wolf，& Risley，1968）。

二、人类行为的应用

斯金纳将他的原则应用于人类行为，并将此用于促进他两个女儿的成长和发展。他发现，如果不穿衣服和披着毯子，他的小女儿可以更自由地活动。于是，他发明了一个可以调节温度的婴儿床，并把婴儿床调节至适宜的温度，让他的女儿可以只穿纸尿裤自由舒适地活动。这样既省掉了照顾者给孩子洗衣服和毯子的时间，还能让他们有更多的时间与孩子互动。斯金纳在一本流行刊物《女性家庭杂志》（*Ladies Home Journal*）上发表的一篇文章中描述了这张婴儿床，他称之为"婴儿的温床"（the baby tender），但他的文章标题有所改变，最终变成了"盒子里的婴儿"（Baby in a Box）（Rutherford，2009）。不幸的是，没过多久，人们就把它与"斯金纳箱"（Skinner box）搞混了。"斯金纳箱"是在实验室里用来机械地强化训练动物的。于是，关于这张婴儿床的负面消息接踵而至。虽然这张婴儿床的操作功能并非如报道所言，但没有一家厂商愿意与这样的负面消息联系在一起，所以这张婴儿床的生产也被迫停止了。

随着斯金纳的女儿们长大，进入学校学习，他开始对教学应用产生兴趣，并将工作重心转移到可以在教育环境中使用的发展策略上（Skinner，1954；1963）。具体来说，就是他开发了一个系统，先让学生学习框状结构内的小片段内容，然后让学生解答（即回答问题），最后把学生的答案与正确答案进行比较。虽然这种程序化教学很早就引起了人们的兴趣，但不久它就被批评为不人道、冷酷、像机器人一样。不过，斯金纳后来出版了一本广受好评的书——《教学技术学》（The Technology of Teaching，1968），书中描述了如何安排学习环境来加强教学，以及如何将所要教授的技能分解成小部分，给予个性化的强化，从而提高学生答题的正确率。这些是当今存在的循证策略（evidence-based strategy）的基础。

斯金纳在其职业生涯中所提出的断言与其他著名的心理学家背道而驰。一是他认为内部事件是行为，类似于其他可以直接观察到的行为，这些行为是通过与他人、环境事件的互动而习得的（Skinner，1954）。因此，他把思考、感觉、思想和记忆视为人自身的行为，这与许多心理学家的观点截然不同。大多数心理学家认为人的行为是由大脑引导的，一个人以某种方式行动，是因为他的思想指引他这样做。斯金纳的另一个论断是，语言是另一种操作性行为，是后天习得的。在职业生涯中，斯金纳分析了各种形式的语言，几项研究都集中在研究人类的语言（Skinner，1937；1939）。他认为语言的习得是基于在环境中其他人对幼儿产生的影响，并且他描述了语言的功能及语言是如何服务于人类的。斯金纳（1957）在《言语行为》（Verbal Behavior）一书中大量阐述了他的语言发展理论。在书中，他将语言概念化为一系列的行为，这些行为是基于先行刺激和与这些刺激相关的强化而产生的。在这项研究中，他通过对刺激因素和导致人类参与这些行为的后果的详细解释确定了每一种功能。他提出，言语行为不仅是口语，也包括书面语和手语。

在当时，包括诺姆·乔姆斯基（Noam Chomsky）在内的些许语言学家对语言的发展有自己的看法。在斯金纳出版《言语行为》一书之后，乔姆斯基发表了一篇书评，对该书进行了深刻的评论，并提出了几条不同意见。虽然也有些学者支持斯金纳的观点，但由于乔姆斯基的评论受到的关注更多，导致许多人对斯金纳自认为是该领域的最重要著作之一的《言语行为》不屑一顾。然而，有趣的是，随着应用行为分析领域的发展，斯金纳言语行为研究的支持者在不断增加。随着支持者人数的不断增加，斯金纳的观点成了《言语行为分析》（*The Analysis of Verbal Behavior*）这本杂志探讨的焦点，对言语行为分析产生了重要影响，并成为许多人探讨满足有发展障碍的儿童和成人的交流需求（包括有发展障碍的个体对交流形式的选择）的根本基础（Frost & Bondy, 2002；Sigafoos, Reichle, & Doss, 1990）。

虽然斯金纳在20世纪70年代早期就从哈佛大学退休了，但他仍是一位多产的学者。退休后他继续进行研究，并发表了许多关于行为分析在人类生活中所起的作用的文章，探讨了世界和平、自由和尊严等问题（Morris, Smith, & Altus, 2005）。他甚至还分享了一些应对衰老的日常需求的建议（Skinner & Vaughan, 1983）。直到1990年8月18日去世之前，斯金纳一直在利用行为应用原则解决重大问题。

三、在幼儿教育情境中的应用

斯金纳在其研究的基础上，论证了行为（因变量）与影响它的外部条件（自变量）之间的关系，并把其称为功能分析。功能分析展示了正在实施的干预之间的功能关系（即前因后果）和期望的行为。这样，每个儿童都有学习的潜质，教育者和干预者应当调整和改进教学，以便促进学习的产生。毋庸置疑，这是一种比较乐观的情况。行为主义者并没有将糟糕的结果与内在特征联系起来，而是假设糟糕的结果是环境和经验造成的儿童个体行为的结果。当环境因素和经验被确定为干预者时，人们可以设计预防和干预方案以改善结果。正如斯特兰和麦康奈尔（Strain & McConnell, 1992）辩证地指出的："在行为方法中强调外部控制并不是

非人性化的;相反,它提供了一个概念模式来赞美每个个体的可能性。"(p.126)

这种方法已经在幼儿教育中应用了几十年。事实上,在1968—1976年,政府资助过一项大型的纵向研究,即"持续教育方案"(Project Follow Through),这个项目的目的是在全国范围内系统地评估领先教育计划项目中不同的教学方法(Watkins,1995)。这个项目检验了好几种教学方法,包括行为教学法之一的直接教学法(Direct Instruction)。该项目收集了来自全国120个地方的数据,研究结果表明,直接教学法在与基本技能、认知概念技能和自我概念相关的测量中得出的结果是最好的。然而,由于政府资助机构不愿支持早期干预的行为方法,所以传播了一些与实际调查结果相冲突的结论(例如传播了关于无效模式的信息)。最终,大规模采用基于行为的早期干预方案并未实现。虽然没有实现大规模的采用,但这并不妨碍个体干预者或以中心为基础的个体干预项目开展全面的行为分析程序编制。

(一) 数据驱动的决策

基于行为的程序设计的一个基本原则是在实施干预条件之前、期间和之后仔细记录和分析儿童的表现,也称为数据驱动决策。这使得干预者能够确定干预成功的程度。如果儿童的行为没有朝预期的方向发展[例如期望的行为在增加且(或)不期望的行为在减少],干预者可以检查干预效果并提出问题——"我们可以采取什么不同的措施来加强学习?"更重要的是,要密切和频繁地监测干预的有效性,这样可以防止长期执行无效的干预措施。应用行为分析的基本过程实际上就是分析的过程。因此,如果儿童接受的教育没有指导他们的学习,那么就要对就干预条件进行系统分析。此外,决策应当基于儿童的表现,而非干预者和儿童照顾者的主观意见。当一组个体被系统地训练并记录行为的发生或缺失时,这些被记录的信息足以表明已成功干预,不需要依赖该组照顾者的记忆或观点。这种客观的衡算记录标准是应用行为分析最大的优点,同时,也可能会对那些用其他方式做出决策的人构成威胁。

（二）有效教学的时机

斯金纳研究的另一个应用是关注刺激、反应和后果三种偶然性元素的构成。确保幼儿环境中的干预者能够给予恰当的刺激后（如一种形状、一种颜色、一个物体、一次社交机会），一旦期望行为出现（如能够识别形状、颜色、物体的商标及学会社交礼仪，比如会说"谢谢"），如果强化其行为，这种期望行为就会有所增加（如技能的获得）。同样重要的是，干预者要了解他们可以做些什么来增加期待反应发生的可能性。为增加儿童做出所需反应的可能性而提供的帮助称为提示（prompt）。提示可以在同一时间给予，也可以在辨别性刺激（应该引起行为的刺激）后给予。提示的类型包括口头提示（告诉儿童该做什么）、动作示范（示范指令的动作帮助儿童理解并完成）、身体提示（通过接触儿童的身体帮助他完成正确反应）或手势提示（使用面部表情或手势向儿童指示应该做出什么反应）。这些称为反应提示（response prompt），因为它们是针对儿童的。其他类型的强化物包括刺激强化物，需要干预者操纵一个刺激，以确保儿童做出干预者期望的反应。刺激提示包括将正确的选择移近儿童，以某种方式突出正确的选择（例如用彩色纸、让它变得更大），以便引起儿童对正确选择的注意。也可以是具体生动的视觉提示（如符号、图片、文字），向儿童表明他们应该做出什么反应，在何时做出这种反应。

给予儿童提示不仅能确保他们做出反应，而且会强化他们的反应。因此，只要提示能够系统地传递给儿童，儿童就会做出正确的反应，对正确反应的强化会增强其未来的正确反应。随着提示的渐退（逐步撤销提示的过程），控制刺激（controlling stimuli）就不再发挥作用，而原始刺激（natural stimuli）会在一定的情境下发挥作用（原始辨别性刺激）。刺激有几种渐退策略，最常见的是逐步降低提示强度策略，即使用最大强度的提示来建立反应，然后提示逐渐消失，儿童开始单独对辨别性刺激做出反应。另一种非常有效的即时渐退策略叫"延长等待时间"（time delay）（Halle, Marshall, & Spradlin, 1979）。在延长等待时间的初始阶段，应在辨别性刺激之后立即给予提示。然后，干预者在教学时机中，在给予辨别性刺激和提示之间插入等待时间。如果儿童在等待时间内做出反应，则给予强化；

如果她（或他）不能做出反应，则给予提示。

现在举例说明这些方法是如何应用于幼儿教育环境中的。当一个幼儿正走进幼儿园的大厅，大厅的墙上涂了彩色的条纹。送孩子到学校的大人可以把这当成一次教学的机会，指着墙上的某种颜色问孩子："这是什么颜色？"这是辨别性刺激。如果孩子不知道是什么颜色，成人可以立即告诉他（如"这是黄色"），这叫预先选择强化物。如果孩子能够模仿语言表达，或许就会表现出期望行为，例如，在回答之前提到的问题"这是什么颜色？"时，孩子就会说"黄色"。如果孩子做出了预期反应，这样的反应就应当得到强化。现在，一些人对斯金纳的此项研究有些误解，他们认为斯金纳的强化结果总是以糖果（尤其是巧克力豆）或其他食物的形式出现。然而，仅仅是一个微笑、一次点头或者一句"没错，那就是黄色"的评论，也会对许多儿童起到强化作用。这并非说不应该把食物当成强化物，相反，食物理应是基本强化物。一些儿童，特别是那些患有残疾的儿童，他们可能感受不到社会强化[1]。所以，以食物作为强化物才能更有效地帮助他们发展技能。最后，就像提示会被逐渐地撤销一样，基本强化的使用也会渐渐地消失。

（三）语言的教学

这些相同的程序（特别是操作性条件作用）可以用于教授语言和语言技能（优先考虑在幼儿教育期间），就像斯金纳的行为塑造程序一样。因此，每个幼儿的语言可以被塑造成更复杂的形式。环境中的刺激因素应当放在首位。如果把幼儿喜欢的或者新奇的东西放到他们所处的环境中，他们获取刺激的动机就会增加。更重要的是这将会传递相应的刺激（如玩具、物体、参与活动）后效的[2]（即"如果……那么……"）特定行为（语言形式）。"如果"幼儿发出一种交流性的话语，"那么"他就可以获得那些期望的刺激。刚开始，语言可以是任何声音，也可以是某些词的近似词；但是，随着时间的推移，是否能获得这些信息将取决于他

---

[1] 本章节的社会强化指的是社会接纳、微笑等。——译者注
[2] 后效的（contingent），描述的是只有当目标行为出现后才给予强化或惩罚。——译者注

们能否用更复杂的语言表达出来。为了增加更多地做出复杂回应的可能性，应当发出一系列的提示，让幼儿能够更接近"终点反应"（terminal response）模式。因此，有的幼儿可能在努力用两个词来表达他自己，而有的幼儿已经在努力把三个词放在一起，甚至有的幼儿已经开始努力用多个形容词来组织包含多个词的句子，例如："我可以吃一块美味的、松脆的双层巧克力曲奇饼干吗？"非偶然获得这些素材可能会使儿童学习一些技能，但如果照顾者对幼儿采取偶然措施，他们的语言表达肯定会得到提高。

（四）问题行为的解决

几十年来，研究人员一直在推广和开发以斯金纳研究成果为参照的应用，以解决所有年龄段的残疾或健全个体的问题行为。不幸的是，这些程序很少在幼儿教育中实施。学龄前儿童的高退学率就足以证明（US Department of Health and Human Services/US Department of Education, 2015）。虽然高退学率令人感到十分失望，但目前有一项积极行为干预与支持（positive behavior intervention and supports，PBIS）技术，专门应对儿童的问题行为（Carr et al., 1999）。它基于应用行为分析以及自我决定（一个人做出自我决定的能力）和正常化原则（Wolfensberger, 1972），这意味着给残疾人提供与健全人同等的机会。PBIS采取三级干预方法：基于证据的系统化筛查（一级）；目标清晰的小组干预（二级）；系统地个别化干预支持，以满足一小部分需要个别化、密集干预的儿童（三级）。在早期干预环境中，这种三级干预方法被称为"婴幼儿社会性情绪发展金字塔模型"（the Pyramid Model for Supporting Social Emotional Competence in Infants and Young Children）。该金字塔模型中，第一层级中包含两个方面：教养者与反应性看顾关系及高质量的支持性环境（Fox, Dunlap, Hemmeter, Joseph, & Strain, 2003）。

当幼儿的问题行为依旧，且他们对前两级的干预没有反应时，就需要进行个别化的评估和制订干预计划。实施个别化水平评估和干预计划遵循了斯金纳曾在其实验室证明的原则，即找出幼儿问题行为的诱发与维持因素，确定个体行为与行为后果之间的关系。评估过程包括功能性行为评估（functional behavior assessment)（O'Neill，Horner，Albin，Storey & Sprague，1990），以确定行为表现、先行后果和维持后果。然后制订一个干预计划，即"积极行为支持计划"（Positive Behavior Support Plan），最后付诸实施。

积极行为支持计划的其中一部分基于斯金纳的研究，他证明了沟通是有目的的。卡尔[1]和杜兰德[2]（1985）在他们的开创性研究中证明，问题行为对那些缺乏沟通技能、无法向照顾者表达意愿的严重残疾个体起到了一定的作用。具体地说，他们证明，问题行为基于积极强化史，例如获得某件物品或参与某件事（获得喜欢的玩具、食物、得到关注或参与活动），或基于消极强化史，例如避开某件事或某个人（避开不喜欢的物品、不想参加的活动或不喜欢的人）。这些行为本质上是社会性的。因此，需要另一个人在场的时候才会发生，以便让其充当调停者（例如在问题行为发生后提供玩具的家长或在发脾气后终止任务的教师），或让他们承担非社会性功能（即非社会性动机）。当一个行为是非社会性动机时，它的发生就不需要另一个人在场，因为这种行为的诱发不需要有任何人在场。非社会动机的行为被称为自动强化。这意味着行为发生了，儿童会立即得到强化。他不需要等待"调解人"提供强化。

一旦了解幼儿的行为实际上对他们而言有一定的功能性（目的性），专业人员和照顾者就可以用一种更系统的方式回应幼儿的行为，以降低类似行为在未来增加的可能性。例如，通常情况下，在孩子做出问题行为后，照顾者会走到孩子面前，与他进行眼神交流，然后向孩子解释他做错了什么以及如何做才是正确的，这样做的同时会发生身体接触（如抓住孩子的手或手臂）。试想一下孩子会有哪些功能性行为。如果孩子做出的问题行为是为了引起照顾者的注意，照顾者阻止了他正在做的事情并走向孩子，弯下腰与他进行眼神交流，并在与孩子直接对话时有了身体接触，那么这样的做法很可能成为孩子问题行为的强化物，从而增加孩子的问题行为。如果了解孩子的行为具有功能性，那么照顾者可以通过实施抑制强化（即实施消退），然后系统地强化孩子更适当的行为，即差别强化（differential

---

[1] 卡尔（Carr），美国实验心理学家，芝加哥机能主义心理学的晚期代表。——译者注
[2] 杜兰德（Durand），世界著名的自闭症及相关障碍领域的权威，南佛罗里达圣彼得堡大学主管学术事务的副校长。——译者注

reinforcement），来降低未来发生问题行为的可能性。

迄今为止讨论的解决问题行为的干预措施集中在所谓的基于结果的策略上，因为这些策略是在问题行为已经发生或尚未发生时实施的。其他类型的干预措施侧重于解决孩子问题行为的前因[1]，例如在活动中提供选择（Kern，Vorndran，Hilt，Ringdahl，Adelman & Dunlap，1998），让孩子接受、转移非优先选择任务的注意力的刺激，或者在要求孩子完成他们不想完成的任务之前交给孩子一系列他们可能会完成的简单任务。不过，这通常会产生动机逃避行为[2]（Davis，Reichle & Southard，2000）。这些干预措施可以单独实施，也可以组合实施，形成积极的行为支持计划。

（五）干预（治疗）的强度

一般来说，当一个早期教育项目利用行为分析程序时，会精心设计课程，指定学习一组技能，并且在特定的时间范围内（几天或几周）对这些技能进行教学和指导。工作人员要清楚地了解在什么时间应该掌握什么技能，然后利用三期后效关联[3]，细心地创造教学机会。在任何早期教育阶段，儿童都有自己的长处和短处。在任何的时间、环境设置下，该计划如果有一个或多个残疾儿童参与，那么儿童的两极分化就会更加凸显。因此，一些儿童可能需要接受更密集的教育，以便在特定环境中获得技能。例如，在学习识别的技能时，一些儿童可能只需要在几天内开展几次教学就可以掌握；而其他儿童可能需要在更短的时间内获得更多的教学机会才能掌握该技能。

为了应对更密集的教学的需要，可以相应地规划干预措施，以满足每个儿童的需要。这并不是说干预情境必须改变，也不是要将其从典型情境中移除。相反，儿童某一部分的活动安排可以专门用于强化教学。这可能不仅会增加教学机会，

---

[1] 前因（antecedent），指目标行为前的刺激或事件。——译者注
[2] 动机逃避行为（high probability request sequences），也称为高概率要求顺向，指的是一种前事介入策略，在要求目标行为之前，快速连续地呈现2~5个学习者根据其以往经验或能力能够完成的简单任务。也称为"任务前要求"或"行为动能"。——译者注
[3] 三期后效关联（three-term contingency），指操作行为与其控制变项之间的关系及（或）时间上的关系。——译者注

也是改变干预强度的一种方法。基于行为的干预强度可能会因物质类型（人为或自然）、强化类型（自然发生或与任务无关）和教学机会密度（许多教学活动很难在短期内或在一天内开展）的不同而不同（Yoder & Woynaroski，2015）。

观察教学机会背景呈现是干预强度概念化的一种方法。大部分的早期教育情境中有三种常见的教学方法：自然主义教学[1]、活动嵌入式教学[2]以及分解式操作教学[3]。这三种情境都采用了应用行为分析技术习得技能，并且都基于循证策略。此外，值得注意的是，个别儿童在某些技能领域可能需要比其他技能领域更深入的教导。例如，一个年幼的儿童可能身体灵活，已经达到了他肌肉运动的最大潜力，因此任何关于身体技能的学习，他可能只需要少量自然发生的教导就可以习得。相比之下，同一个儿童在表达沟通技能方面可能会有困难，而在学习这一技能领域时则需要给予他额外的、人为的深入教导。

正是由于对行为分析原则的广泛应用，使其成为自闭症谱系障碍治疗的推荐方案。长期以来，它被证明是一种有效的技术，可以满足残疾人群体的各种需求，包括自我照顾、交流、学习和解决问题行为，它特别适用于患有自闭症谱系障碍的幼儿。这对接受干预治疗的儿童及给予他们日常照顾的家庭产生了深远的影响（见本书第九章中关于洛瓦斯的内容）。在洛瓦斯（Lovaas，1987）的开创性工作中，系统、深入地实施行为干预，改善了一部分参与者的自闭症特征，并显著改变了所有参与者的技能水平。这项被称为早期强化行为干预的工作一直被证明是治疗自闭症谱系障碍的有效方法，因为它解决了早期与自闭症相关的核心缺陷，改变了许多儿童的发展轨迹。

---

[1] 自然主义教学（naturalistic instruction），指的是利用正在进行的和自然发生的情境开展教学。——译者注
[2] 活动嵌入式教学（instruction embedded with an activity），指的是当一小群儿童玩游戏或玩玩具时，嵌入教学机会的教学形式。——译者注
[3] 分解式操作教学（discrete trial instruction），指的是需要在短时间内以一对一的形式提供更多的教学机会的教学形式。——译者注

四、幼儿教育专业人员了解斯金纳研究成果的重要性

斯金纳研究发现的成果,已经被经验证明对人类有着深远、长久的影响,并将为幼儿教育领域的专业人员提供他们需要的工具,以增强儿童的学习能力。显然,人们对幼儿环境中基于行为干预措施的有效性缺乏了解。因此,一个重要的问题是:"我们可以做什么来消除与行为方法相关的杜撰,又应当做什么引导幼儿教育干预者实施这些基于实证的方法?"

一开始可以在人事准备计划中提供关于所有理论家的准确信息。通过对旨在培养幼儿教育专业人员的教科书进行非正式审查,可以明显看出在幼儿教育中存在传播有关行为分析的错误信息(Feeley, 2015)。有一篇综述揭示了行为理论家的错误发现及其相关应用的错误信息。此外,除了关于行为应用的经验支持的信息之外,还有关于为什么该理论不能也不应该在幼儿环境中使用的广泛讨论。这与其他理论家的章节结构形成了鲜明的对比,这些理论家显然受到了文本作者的高度重视。在人事准备计划中使用这些出版物,可以帮助培训人员在进入该领域之前解释这些误解。

确保职前培训项目提供广泛的准确信息至关重要,在实施行为分析干预的项目中进行实地调查同样重要。确保项目中有一名或多名行为分析家密切监督项目,且应当选择那些在行为干预措施设计和监督方面有着丰富经验的分析家。

更重要的是,在专业人员参与项目之前,要让他们学习评估研究的基本原则,这样,他们才能成为"知情人"。此外,那些负责给从事幼儿教育的专业人员做职前培训的人应该保证他们所教授的方法是基于循证策略的,因为他们的培训无疑将影响行为干预措施的实施。最后,对于那些采用斯金纳原则并取得很好效果的人来说,他们应该保证会与他人分享他们的发现,并鼓励其他人去"尝试"。如果儿童的行为有所改进,那么这将成为干预者的强化物,他们运用斯金纳原则的概率就会增加。不过,这又涉及斯金纳研究的另一个应用。

五、结论

斯金纳创立了一门应用行为分析科学。从他的动物实验室开始,他系统地展示了他在解决人类经历的重要问题上的效用。在86年的人生中,斯金纳发表了数百篇文章。这些行为分析原则的内在应用系统论证了其行为强化的有效性。随着我们的教育越来越重视问责制,让职前和在职的相关人员了解这些原则包括熟练地测量行为变化,将使他们能够定期监测他们的干预措施,影响他们所服务的儿童。这样做,反过来可以对此做出及时调整,让儿童能在生命之初有最佳体验。

参考文献

Baer, D.M., Wolf, M., & Risley, R. (1968). Some current dimensions of applied behavior analysis. *Journal of Applied Behavior Analysis, 1*, 91-97.

Carr, E.G., & Durand, V.M. (1985). Reducing behavior problems through functional communication training. *Journal of Applied Behavior Analysis, 18*, 111-126.

Carr, E.G., Horner, R.H., Turnbull, A.P., McLaughlin, D.M., McAtee, M.L., Smith, C.E., ... Doolabh, A. (1999). *Positive behavior support for people with developmental disabilities: A research synthesis*. Washington, DC: American Association on Mental Retardation.

Chomsky, N. (1959). Verbal Behavior by B.F. Skinner. *Language, 35*, 26-58.

Davis, C.A., Reichle, J.E., & Southard, K.L. (2000). High-probability requests and a preferred item as a distractor: Increasing successful transitions in children with behavior problems. *Education and Treatment of Children, 23*, 423-440.

Feeley, K. (2015). *A review of early childhood education textbooks for accuracy regarding behavior analytic theorists and interventions*. Unpublished manuscript. Department of Special Education and Literacy, Long Island University, Brookville, New York.

Fox, L., Dunlap, G., Hemmeter, M.L., Joseph, G., & Strain, P. (2003). The teaching pyramid: A model for supporting social competence and preventing challenging behavior in young children. *Young Children, 58*, 48-53.

Frost, L.A., & Bondy, A.S. (2002). *Picture exchange communication system*. Newark, NJ: Pyramid.

Halle, J.W., Marshall, A.M., & Spradlin, J.E. (1979). Time delay: A technique to increase langue use and facilitate generalization in regarded children. *Journal of Applied Behavior Analysis, 12*, 431-439.

Kern, L., Vorndran, C.M., Hilt, A., Ringdahl, J.E., Adelman, B.E., & Dunlap, G. (1998). Choice as an intervention to improve behavior: A review of the literature. *Journal of Behavioral Education*, *8*, 151–169.

Lovaas, O.I. (1987). Behavioral treatment and normal educational and intellectual functioning in young autistic children. *Journal of Consulting and Clinical Psychology*, *55*, 3–9.

Morris, E.K., Smith, N.G., & Altus, D.W. (2005). B.F. Skinner's contribution to applied behavior analysis. *The Behavior Analyst*, *28*, 99–131.

O'Donohue, W.T., & Ferguson, K.E. (2001). *The psychology of B.F. Skinner*. Thousand Oaks, CA: Sage.

O'Neill, R.E., Horner, R.H., Albin, R.W., Storey, K., & Sprague, J.R. (1990). *Functional analysis of problem behavior: A practical assessment guide*. Sycamore, IL: Sycamore Publishing.

Pierce, W.D., & Cheney, C.D. (2013). *Behavior analysis and learning* (5th ed.). New York: Psychology Press.

Rutherford, A. (2009). *Beyond the box: B.F. Skinner's technology of behavior from laboratory to life, 1950s-1970s*. Toronto: University of Toronto Press.

Sigafoos, J., Reichle, J., & Doss, S. (1990). Spontaneous transfer of stimulus control from Tact to Mand contingencies. *Research in Developmental Disabilities*, *11*, 165–176.

Skinner, B.F. (1937). The distribution of associated words. *The Psychological Record*, *1*, 71–76.

Skinner, B.F. (1938). *The behavior of organisms: An experimental analysis*. New York: Appleton-Century.

Skinner, B.F. (1939). The alliteration in Shakespeare's sonnets. *The Psychological Record*, *3*, 186–192.

Skinner, B.F. (1953). *Skinner science and human behavior*. New York: Macmillan.

Skinner, B.F. (1954). The science of learning and the art of teaching. *Harvard Educational Review*, *24*, 86–97.

Skinner, B.F. (1957). *Verbal behavior*. Cambridge, MA: Prentice-Hall.

Skinner, B.F. (1963). Reflections on a decade of teaching machines. *Teachers College Record*, *65*, 168–177.

Skinner, B.F. (1968). *The technology of teaching*. New York: Appleton-Century-Crofts.

Skinner, B.F. (1979). *The shaping of a behaviorist: Part two of an autobiography*. New York: New York University Press.

Skinner, B.F., & Vaughan, M.E. (1983). *Enjoy old age: A program of self-management*. New York: W.W. Norton.

Strain, P.S., & McConnell, S.R. (1992). Behaviorism in early intervention. *Topics in Early Childhood Special Education*, *12*, 121–142.

Thorndike, E.L. (1898). Animal intelligence. *Psychological Review Monograph Supplements* (Serial no. 8).

US Department of Health and Human Services/US Department of Education (2015). Policy

Statement on Expulsion and Suspension Policies in Early Childhood Settings.

Watkins, C.L. (1995). Follow through: Why didn't we? *Effective School Practices*,15.

Watson, J.B., & Raynor, R. (1920). Conditioned emotional reactions. *Journal of Experimental Child Psychology*, 3, 1-14.

Wolfensberger, W. (1972). *The principle of normalization in human services*. Toronto: National Institute on Mental Retardation.

Yoder, P.J., & Woynaroski, T. (2015). How to study the influence of intensity of treatment on generalized skill and knowledge acquisition in students with disabilities. *Journal of Behavioral Education*, 24, 152-166.

第九章

洛瓦斯：与特殊儿童学习有关的研究

艾米莉·琼斯，莎莉·伊兹奎尔多，卡拉琳·科贝尔

自闭症治疗的开创者和先驱者奥利瓦尔·洛瓦斯（Ole Ivar Lovaas）博士，1927年5月8日出生于挪威利尔，1950年移民美国，1951年从路德学院（Luther College）毕业，1958年在华盛顿大学（University of Washington）获得临床心理学博士学位。在华盛顿大学期间，他担任了三年研究助理教授，并有机会与应用行为分析（applied behavior analysis，ABA）领域的引领者〔如唐·贝尔（Don Baer）、蒙特沃尔夫（Mont Wolf）、托德·里斯利（Todd Risley）和希德·比朱（Sid Bijou）〕合作。

1961年，洛瓦斯成为加州大学洛杉矶分校（UCLA）的心理学助理教授，2003年退休，成为名誉教授。洛瓦斯患有阿尔茨海默氏症（Alzheimer's disease），在手术过程中出现并发症，于2010年8月2日在加利福尼亚州兰开斯特（Lancaster，California）去世，享年83岁。虽然他已经离世，但是他为自闭症儿童及其家人留下了改变人生的杰出作品（Smith & Eikeseth，2011）。

为了扩大语言影响的研究范围，洛瓦斯开始研究自闭症患者。他研究的第一个问题是关于语言教学对自闭症儿童其他行为的影响，在接下来的半个世纪里他对此进行了重点研究。

洛瓦斯治疗自闭症的方法挑战了当时流行的观念。在20世纪，自闭症的治疗采用的是精神分析的方法。布鲁诺·贝特尔海姆（Bruno Bettelheim）将自闭症归咎于冷漠、漠不关心的母亲，他称之为"冰箱母亲"（refrigerator mothers）（Bettelheim，1967）。他的治疗方法包括将儿童从家里带到一个机构，让他们在那里接受游戏心理治疗，而让该母亲接受精神分析治疗。后来发现，贝特尔

海姆治疗自闭症儿童的有效性以及他的大部分主张并没有得到实证证据的支持（Severson，Aune，& Jodlowski，2008）。1964年，伯纳德·里姆兰（Bernard Rimland）提出对自闭症进行生物学研究，并广泛收集证据对此展开全面的讨论（Rimland，1964）。这开启了对自闭症生物学病因的探索。不幸的是，这一观点使许多人得出结论，认为没有什么可以改变自闭症患者怪异、危险的行为，语言障碍或社交困难。

洛瓦斯对自闭症持有不同的看法，他运用操作性学习理论或行为实验分析的原则，将行为是可改变的这一理论前提付诸实践，并对一群行为明显受损的儿童进行了实验。应用行为分析（ABA），一个在自闭症儿童的教育中很常见的术语，将科学应用于实际，以发现环境变量来改变重要的社会行为。

不管儿童是否被诊断为自闭症、另一种疾病，还是正在正常发育，儿童学习上的障碍并不意味着他们不能学习。事实上，洛瓦斯强调的是将一种障碍分解为需要指导的行为。在洛瓦斯的研究和应用行为分析中，最令人振奋的事情之一是他的研究重点在于发现什么是可以改变的，而不是将学习困难归咎于儿童和儿童的学习障碍。

洛瓦斯不仅专注于研究减少问题行为的方法（Lovaas，Freitag，Gold & Kassorla，1965；Lovaas & Simmons，1969），而且致力于教儿童如何表现更合适的行为（Lovaas，Berberich，Perloff & Schaeffer，1966）。在接受洛瓦斯治疗的儿童中，有些患有自闭症（当时也称为儿童精神分裂症），有些是智力残疾者（简称智力障碍者）或者被贴上其他标签的儿童。1973年，洛瓦斯和他的同事总结了对20名自闭症儿童的研究成果（Lovaas，Koegel，Simmons，& Long，1973）。虽然他们的推广和维持措施各不相同，但结果表明干预措施是有效的。回到公立医院的儿童没有取得普遍的进步，相比之下，那些主要由父母指导、洛瓦斯和他的团队监督的儿童的情况要好一些。泛化和维持问题促进了洛瓦斯方法的改变和进步。

1981年，洛瓦斯出版了第一本关于教导自闭症儿童的综合教程《我》[1]，这本教

---

[1]《我》（*The Me Book*），这是一本帮助自闭症儿童寻找"自我"的书，按照书中的教程操作，自闭症儿童可以成为一个更好的人、一个独立的个体、一个更好的"我"。——译者注

程详细叙述了对自闭症儿童进行干预的内容,包括:减少自我刺激和攻击行为策略,指令的服从,模仿他人,与同伴互动游戏,语言表达,情绪表达和学习技能。早期他对语言的研究主要体现在对语言和交际教学的重视。多年研究表明,问题行为的产生具有交流性,学习更恰当的方式满足自己的所需和所想会让问题行为有所减少(Mancil,2006;Matson,Dixon,& Matson,2005)。

这本综合教程涵盖了各个领域发展的所有技能,包括儿童必须学习的家庭、学校和社区规定的所需技能。分解式操作教学(discrete trial teaching,DTT)是运用应用行为分析原理进行教学的一种具体操作方法及与自闭症治疗相关的术语。分解式操作教学主要包括:将每一项技能分解成小步骤,提供反复练习技能的机会,同时系统地帮助儿童强化正确的行为,并提供结果以提升刚学习的技能。

1987年,洛瓦斯发表了他广为人知的纵向研究成果"自闭症儿童的行为治疗、正常教育及智力功能"(Behavioral Treatment and Normal Education and Intellectual Functioning in Young Autistic Children),展示了《我》这本教程中描述的治疗自闭症儿童的方法的有效性。他比较了每周接受40小时的分解式操作教学治疗的实验组和每周接受10小时治疗的控制组。结果表明,每周接受40小时分解式操作教学治疗的实验组,在智力和教育安置[1]方面比每周仅接受10小时治疗的控制组有显著改善。

在1987年的研究中,干预反映了洛瓦斯之前的研究发现,并强调全天指导的重要性,他还强调越早干预就越能增加获得更好结果的可能性,相较而言,对年幼儿童的干预比对年长儿童的干预效果更好,且更容易让他们转到普通班。与1973年的后续研究不同,1993年的后续研究有更大的改善(McEachin,Smith,& Lovaas,1993)。

洛瓦斯方法,现在被更广泛地称为早期强化行为干预,代表了自闭症治疗的一个转折点。自1995年以来,位于加利福尼亚州洛杉矶的洛瓦斯研究所为教师提

---

[1] 教育安置(educational placement),是指根据儿童的自身特征(如年龄、智力和障碍程度等)与多样化的教育需求进行教育安置。如低龄、能力较好的儿童可能安置于普通班级,而年龄较大、认知水平较低的儿童安置在特殊学校或特殊班等。随着儿童年龄的增长及自身能力的变化,可以逐步调整儿童的教育安置形式,确保其始终在最有效的教育环境中成长。
——译者注

供"洛瓦斯方法"培训,并为自闭症儿童提供服务。他的儿子埃里克(Erik)在内华达州拉斯维加斯开设了"洛瓦斯中心",主要让专业人员在那里继续实践这种方法。截至2016年,全美共有12个洛瓦斯中心为自闭症儿童提供应用行为分析服务(Lovaas Institute, n.d.)。针对自闭症儿童的治疗项目有很多不同的名称,实施起来也看似不同,并且将重点更多地集中于某些行为(例如语言),不过那些具有实证证据的行为部分还是基于应用行为分析(Schreibman et al., 2015)。

自1987年以来,许多研究已证明早期强化行为干预的有效性,并且最近一些研究利用荟萃分析[1]的中等到高等效应量[2]确定了其发展领域(Eldevik et al., 2009; Reichow & Wolery, 2009; Strauss, Mancini, Fava, & SPC Group, 2013)。各组织以及卫生部部长甚至各州也都认可了应用行为分析法用于治疗自闭症。

那么,洛瓦斯为自闭症儿童的教育问题留下了哪些有价值的研究呢?

一、教学技术

分解式操作教学法涉及结构化和系统化应用行为分析原理,用于教授新的行为。一旦确定了目标行为,就会接入A—B—C模式(见图9-1),其中A(antecedent)指的是前因或在B(behavior)之前发生的事,B是目标行为或技能,C(consequence)是行为之后发生的结果。

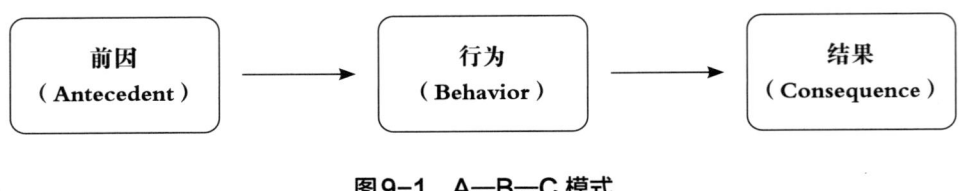

图9-1 A—B—C模式

注:A表示前因,B表示行为,C表示结果。

---

[1] 荟萃分析(meta-analyses),用统计的概念与方法,收集、整理与分析之前专家学者针对某个主题所做的众多实证研究,希望能够找出该问题或所关切的变量之间的明确关系模式,可弥补传统的文献综述的不足。——译者注

[2] 效应量(effect size),一般用于针对某一研究领域内的荟萃分析中,经常见于心理、教育、行为研究等。——译者注

为确保儿童在对应的时间内能够发挥新的技能（B），前因（A）和结果（C）都应进行调整。图9-2显示分解式操作教学融入A—B—C模式。在分解式操作教学中，设计前因是辨别性刺激（S^Ds）/指令和提示。S^D是一种指示，表示反应（B）强化的有效性。例如，当教授识别数字时，S^D可能是"指向数字5"。

图9-2　分解式操作教学融入A—B—C模式

注：前因（A）包含辨别性刺激和提示，行为（B）是目标技能，结果（C）是正强化。

提示可以是任何确保儿童参与做出所需的反应（B）的附加刺激。如果教师想让学生识别数字5，他可能会给予一些提示，例如给学生示范如何指向数字5，将数字5移到比桌上的其他数字更靠近学生的位置，或者握住学生的手一起触摸数字5。一旦学生做出了正确的反应（B），结果（C）确保学生会在以后类似的情况下做出正确的重复动作。强化物是根据目标行为而产生的结果，并使得目标行为更有可能在未来被重复。所以，当教师发出"指向数字5"的指令时，学生能够指向数字5，那么教师可能会说："是的！那就是数字5！你学会了！真棒！"或者，也可以给学生一小块他最喜欢的零食，让学生玩几分钟他最喜欢的玩具，或放一枚代币在他的代币板上（见图9-3）。

图9-3　分解式操作教学融入上文的A—B—C模式示例

一次学习机会或尝试包含辨别性刺激或指令、提示、行为及结果（A—B—C模式）的呈现。在发出辨别性刺激/指令时，提示会渐退，直到儿童做出反应。在分解式操作教学中，大部分学习机会是一个接一个地出现的，时间间隔很短，为1~5秒。一般来说，间隔时间越短越好（Koegel, Dunlap, & Dyer, 1980）。一项技能可以分成很多小的步骤呈现，例如把一项技能分成10个小步骤，然后另一项技能又分成10个小步骤，等等，或者可以混合和改变不同的技能来呈现。后者往往更自然，但也更难实施。

洛瓦斯最初设计的干预措施是在家里进行的，因为这些儿童大部分时间都在家里度过。如今，一些学校开始向残疾人开放，越来越多的儿童甚至一些年幼的儿童选择到学校上学。值得庆幸的是，分解式操作教学可以在儿童长待的任何地方（包括学校）进行。事实上，美国和世界其他许多地方都在使用分解式操作教学对自闭症学龄前儿童进行干预（Harris & Handleman, 2008），包括一些公立学前教育学校也在效仿，有时甚至将该技术推广到其他残疾儿童身上（Downs, Downs, Johansen, & Fossum, 2007）。

怎样在幼儿课堂上运用分解式操作教学？

教室版的分解式操作教学设计与家庭版类似，为了满足特定儿童的不同需求，每间教室里的教学设计看似稍有不同。

第一步：选择目标行为

第一步是选择要教授的行为或技能，因为剩下的每个步骤都将围绕这些目标来进行设计。一般来说，应选择与儿童的发展和年龄相适宜的技能。洛瓦斯从基本的关注和减少问题行为开始，用交流和模仿技能取代问题行为。这些技能通常是年幼的儿童很早就掌握的，并且具有相关性、功能性和关键性。关键技能一旦掌握就可以通往打开其他技能的大门，几乎不需要任何教学。例如，学习模仿运动动作的儿童，可以通过模仿他在公园里游戏的兄弟姐妹来学习游戏行为。

父母可以帮助确定问题行为和技能缺陷以及与其相关的环境。ABA 课程和儿童的个人教育计划也可用于对技能进行选择和排序。《基本语言和学习技能评估修订版》（*The Assessment of Basic Language and Learning Skills-Revised*，ABLLS-R）（Partington, 2006），《语言行为里程碑与安置程序》（*Verbal Behavior Milestones and Placement Program*，VB-MAPP）（Sundberg, 2008），《生存所需》（*Essentials for Living*）（McGreevy, Fry & Cornwall, 2012），《基于自闭症研究的教学策略》

(*Strategies for Teaching based on Autism Research*, STAR) (Arick, Loos, Falco, & Krug, 2004), 这些课程是在洛瓦斯的《我》这本教程的基础上开发出来的。虽然每个 ABA 课程的侧重点略有不同, 但都提供了技能评估和教学技能指导以及编写个别教育计划 (IEP) 目标的指导。甚至有些还提供了电子版本。

第二步: 选择地点

成功实施分解式操作教学的学校能够创造性地利用可用空间, 同时遵守最少限制的环境准则 (US Department of Education, 2004)。进行分解式操作教学只需要一张小桌子、两把椅子、一些教材和教具。所以, 几乎可以在任何地方进行教学。可以考虑在教室里摆一张桌子, 或者去资料室或治疗室, 或者在一间更小的或独立的教室里待一段时间。通过执行分解式操作教学设计的二分体和三分体, 有利于把多个目标相似的儿童的需求结合起来。

第三步: 选择团队

理想情况下, 至少有两个人按照一致的时间表与儿童一起学习。提供指导的人应超过一个, 这样就会增加在人群中泛化的可能性。教师可包括课堂教师、课堂助理、助手或一对一助手、相关服务提供者、顾问或其他愿意学习和实施分解式操作教学的专业人员。有时候家庭治疗师会在学校进行一些治疗, 他们也是团队的一部分。家长也应该接受与家庭场景教学相关的技能培训。团队, 包括家长, 应该经常 (每周或每两周) 见面, 回顾儿童的表现, 对教学计划进行更改并选择新的目标。

第四步: 选择强化物

激励残疾儿童具有一定的挑战性, 需要谨慎选择强化物和实现强化结果。残疾儿童可能不会对指令做出很好的反应, 因此, 需要忽视对他们注意力的要求。一般来说, 他们对教师所提供的相关的玩具、物品和所要完成的重复性行为并不感兴趣。所以, 早期、频繁的偏好评估有助于确定一些十分有效的强化物。重要的是要认识到, 对一种技能或一个儿童起强化作用的东西, 不一定对另一种技能或另一个儿童起强化作用。教师应首先将这些强化物与对应的儿童和技能相匹配，让儿童参与他喜欢的活动，每隔几分钟"免费"提供其他激励；下一步，让指令提示渐退以便儿童在教师提供强化物后能够做出正确反应。

第五步：收集和整理资料、教具

进行分解式教学所需的资料和教具根据技能的不同而有所不同。提前准备好大部分所需物品，以保证在课堂上很容易获取或制作。同样重要的是，开发一个系统来储存和归整这些资料和教具，方便教师使用。资料和教具可以在儿童之间共享，但这需要花费更多的时间收集和整理，以确保与儿童在一起的时候，资料和教具在他们需要的地方。每个儿童还需要一本教学计划书，一般是一本三环活页夹，里面有对每项技能的描述，其中还包括干预程序和跟踪表现的表格。

第六步：创建一个记录儿童表现的个性化系统

所有的教学计划都需要某种形式的进度跟踪，了解儿童的掌握情况，决定补救措施的采用和新技能的增加。按照惯例，在分解式操作教学期间，每项技能的每次教学和学习的数据都应详细记录，直到掌握程度达到标准（设置为某几个小步骤或几天内学习机会的百分比——通常为80%）。但是，记录的过程不应干扰指令的节奏或完整性。有时，最好只记录每项技能某一步骤中的第一次学习机会，以便在没有干扰的情况下进行指导。可制定数据表和掌握标准，以匹配目标技能和数据记录系统。在任何系统中，当数据被绘制成图表并每天回顾时，往往会让教师做出更好的设计决策。这样，孩子们就可以表现得更好（Hojnoski, Gischlar & Missall, 2009）。

二、干预强度：从分解式操作教学到自然主义教学的连续统一体

可以说，分解式操作教学和洛瓦斯的方法是相当强烈的干预。洛瓦斯想让儿童在醒着的大部分时间里接受干预，包括反复练习技能的机会。他认为强度

水平对结果至关重要；在1987年的研究中，他将每周接受40小时治疗与每周仅接受10小时治疗的儿童进行比较，结果显示，每周接受40小时治疗的儿童掌握的技能更多且效果更好（Lovaas，1987）。这一方面的强度被称为剂量频率（dose frequency）（Warren，Fey & Yoder，2007）。如今，高强度干预被认为是干预自闭症儿童的关键组成部分之一。建议每周进行10~40小时的干预，3岁以下儿童可能需要减少干预时间，但学龄儿童则需要增加干预时间（Lovaas Institute，n.d.；National Research Council，2001；New York State Department of Health，1999）。

强度的其他方面也可能会影响自闭症儿童的干预结果。每个板块干预的机会数（剂量）、干预的总时间（持续时间）和干预的质量，包括干预发生的地点和干预对象（剂量形式）也是干预强度的一部分（Warren et al.，2007）。事实上，洛瓦斯的分解式操作教学在剂量和持续时间方面相对较高的强度，为每一板块干预提供了许多学习机会，并且在几年内多次干预。此外，分解式操作教学传统上是以一对一的形式实现的，通常包含与所教授的技能无关的强有力的强化，并且实现了比自然发生得更频繁的时间表，这就反映出了高强度的剂量形式。

洛瓦斯干预方法的基础，即ABA原则，也可以通过干预机会的次数和干预对象的变化来实施。例如，教师可以使用提示和强化来教儿童在美术课上辨别颜色，在每节美术课上提供一些学习机会，每周上几次课。在这种情况下的强度与洛瓦斯的方法有很大的不同：在一节艺术课上，只有几次机会，每星期的大班集体艺术课也只有几节课。这种更自然的教学方法（有时也被称为附带训练或自然环境教学法）依赖于洛瓦斯在教学中使用的相同策略：对目标行为、系统的提示和提示渐退过程及强化的谨慎定义。它的每一点都和分解式操作教学一样有计划和精确。也就是说，在日常活动的背景及辨别性刺激的自然存在下，成人可以寻找甚至为儿童创造学习的机会，促使儿童做出期望行为并提供强化。

将机会融入自然环境的一个好处是，这些技能更可能在资料与教具、环境和人之间泛化，并随着时间的推移而得到保持。对洛瓦斯来说，重要的是让儿童学习技能，使他们能够学会自理，并与家人待在一起。泛化和保持是他在诊所和机构工作之初遇到的障碍，这使他强调在家教育孩子。

分散式操作教学和自然主义教学的结合似乎是可取的。两者的结合提供了所需的结构、重复的机会、人为的强化物的使用（如果自然的结果不能起到强化作用），同时创造机会，使技能在其发挥作用的环境中得到泛化和保持，并使人们更容易获得自然强化物和社会强化物。通常情况下，这种组合涉及在典型发展的同龄人的包容性环境中融入自然习得（Stahmer，Akshoomoff，& Cunningham，2011）。

怎样确定幼儿课堂上的干预强度？

在为残疾儿童设计教育计划时，教师可以根据儿童的具体需要安排强度方面的内容。前面概述的分散式操作教学干预的步骤中，在确定了要教授的技能（即前述的"第一步"）后，应该确定对每个技能来说最有效的强度水平。这需要仔细考虑若干因素。如果该技能与儿童的兴趣有关或者属于儿童的优势，那么儿童就可以自然地习得；反之，如果之前缺乏对儿童进行此类技能的训练（对此类技能不感兴趣），或儿童在过去努力获得此类技能却没有掌握，那么使用分解式操作教学中的重复练习和教师指导可能会更有效。同样，如果儿童正在做出问题行为，分解式操作教学可以更有效地在短时间内教授儿童正确的替代行为。在分解式操作教学中掌握的技能，可以迁移到更自然的环境中进行泛化。

因此，对于某一特定儿童的每一项目标技能，应决定包括教学内容在内的教学强度（剂量形式）、每节课发生的频率（剂量频率）以及每节课提供的机会（剂量）。这些考虑因素随着儿童的不同和技能强度的连续性（更自然的分解式操作教学）的不同而变化。

三、融合教育

之前关于干预强度的讨论揭示了洛瓦斯干预方法所依据的原则是如何在不同的环境中实施干预。事实上，很多人认为分解式操作教学和对自闭症儿童的教育应当在社区活动和学校之外开展，这样没有被诊断为自闭症的儿童也可以参与到这些活动中并进入这些学校。在首次开展对自闭症儿童的综合治疗后，洛瓦斯的做法有了很大的转变：他让自闭症儿童与家人待在家里，待在他们的社区里，父母可以把孩子送到正规的幼儿园。儿童不需要去别的地方"变好"。

1987年，洛瓦斯的研究假设是，在早期干预强化下，儿童可以在一年级赶上同龄人。他把这些儿童进入一年级后的排名情况作为衡量结果之一；47%的就读于公立学校普通班的儿童在一年级赶上了他们的同龄人。

洛瓦斯的研究结果表明，他的假设是成立的。他随后的研究显示，儿童的最佳受益期是在幼儿和学龄前阶段，因为在那个时期他们获得的包容性机会更多（Boulware，Schwartz，Sandall，& McBride，2006；Strain & Bovey，2008）。通常，这是一种组合教学。有些是典型的同伴教学，有些是一对一的分散式操作教学（Stahmer et al.，2011）。融合教育[1]研究表明，儿童在这种组合教学下，在沟通、社交和适应性发展方面都有所改善，并且自闭症的症状也相应地减轻了（Harris，Handleman，Gordon，Kristoff，& Fuentes，1991；Stahmer & Ingersoll，2004；Stahmer et al.，2011）。将残疾人纳入融合教育的尝试发现，让他们与发展中的同龄人一起在学校学习会带来积极结果，且对他们的学业没有任何消极影响（Farrell，Dyson，Polat，Hutcheson，& Gallannaugh，2007）。洛瓦斯在普通教育课堂中运用的帮助自闭症儿童学习的策略已经被人们熟知并付诸实践（Crosland & Dunlap，2012；Ferraioli & Harris，2011；Wagner，1999）。

怎样在幼儿课堂上实施融合教育？

干预应该且可以在儿童的自然成长环境中进行，其目标是让儿童在没有被诊断的情况下能够在本来的环境中发展。这意味着家庭、社区幼儿园以及公园、操场、图书馆和体操班都可以成为发展正常的儿童学习和成长的地方。

那么该如何在自然环境（家庭、学校、社区，通常与发展中的同龄人一起）中为儿童寻找机会呢？帮助自闭症儿童参与融合性课堂或社区活动的任务，意味着利用应用行为分析的原则和策略，寻找帮助儿童学习和参与的方法。这也许包含以下几个方面。

---

[1] 融合教育（Inclusion），融合指的是让大多数残障儿童进入普通班并在普通班学习的一种方式。——译者注

- 教授自闭症儿童社交技能，并培训同伴以提供社交机会。
- 修改教育活动和课程，提供一些个性化的指导，为自闭症儿童提前准备好新的课程内容和活动，让同龄人作为"小教师"参与进来。
- 利用积极的行为支持（Bambara & Kern，2005），包括问题行为的评估功能（功能性行为评估）、教授更合适的交际方案、防止问题行为发生的策略以及增加正确行为的可能性结果。
- 通过座位安排来组织课堂，鼓励儿童关注教学，与经验丰富、训练有素的同伴互动，甚至制定全班的视觉时间表（通常是为自闭症儿童量身定制的时间表）。

一些自闭症儿童在课堂上应当得到来自教辅专业人员的支持和（或）专门从事自闭症和行为分析的顾问的帮助，他们的职责是帮助教师确定教授自闭症儿童的最佳方法。

四、父母的参与

融合教育不仅仅指在同一所学校和同一间教室，还包括社区教育和社区的方方面面。除此之外，首要之事是让儿童和家人待在家。洛瓦斯的干预方法是对已经渗透到自闭症的治疗中的精神分析方法的彻底背离。洛瓦斯不仅把儿童留在家里，他还鼓励家长作为团队成员参与到孩子的教育中。实际上，父母在参与的过程中学会了实施干预，并充当共同指导者。这样，父母就可以将孩子接受教育的时间增加到几乎所有醒着的时间。父母的参与也有助于孩子在教学过程中学习技能的泛化，孩子就可以在不同的环境中和在不同的人面前展示他们所学习的技能。洛瓦斯教父母实施干预使用的手册和课程与他用来指导教师和其他专业人员的是一样的。研究表明，有父母参与实施的早期强化行为干预比没有父母参与的效果更好（Strauss et al.，2013）。

父母怎样参与幼儿的行为干预？

对于教师来说，家长的参与意味着要提供更多的指导。指导父母在家里延续教育的过程基于洛瓦斯为自闭症儿童设计干预措施的相同原则。教师应将教学分成若干步骤,向家长展示该做什么(示范),帮助父母与孩子一起练习,并向他们反馈做得好的地方和需要改进的方面。这个过程应该重复进行,直到父母熟练地按照范例实施教学,这种培训被称为行为技能培训(Nigro-Bruzzi & Sturmey, 2010)。在行为技能培训期间,孩子需要在场,这样家长可以与孩子一起练习并获得专业人员的反馈。家长作为团队成员的真正参与意味着他们要定期在家里和社区接受指导,而不是一年只接受几次培训。对于孩子的干预效果来说,父母接受干预实施指导比他们仅仅获取相关信息效果更好(Bearss et al., 2015)。

父母必须参与孩子教学计划的设计,从帮助孩子识别强化物到决定该教他们学习什么技能。父母可以帮助确保这些技能对于孩子的社会意义、生活意义以及对他人际关系的积极影响。在融合教育环境中,父母是最好的资源之一,他们可以与发育正常的孩子谈论自闭症,以及自闭症对他们的孩子来说意味着什么。教育发育正常的儿童帮助自闭症儿童是融合教育环境中的一个重要组成部分。

五、洛瓦斯的影响

洛瓦斯的研究通常与自闭症有关。他的治疗方法,从理论基础到对父母、治疗地点和治疗强度的选择,至今仍是自闭症儿童干预治疗的关键组成部分。但他开发的干预措施针对的是被诊断的个体,最常见的是智力障碍者。他的指导教程通常被称为"《我》",全称是"《教育发展性障碍儿童:〈我〉》"(*Teaching Developmentally Disabled Children: The ME Book*)。洛瓦斯本人一直明确表示,应用行为分析适用于有需要的大部分人,而不仅仅是自闭症患者。几十年前,他改变了他的方法和思路,把对自闭症儿童的照顾由机构转向家庭和社区,他强调教学技能的重要性,旨在帮助所有发育障碍的儿童与发育正常的同龄人进行交流。

参 考 文 献

Arick, J.R., Loos, L., Falco, R., & Krug, D.A. (2004). *The STAR Program: Strategies for teaching based on autism research* (2nd ed.). Austin, TX: Pro-Ed.

Bambara, L., & Kern, L. (2005). *Individualized supports for children with problem behaviors: Designing positive behavior plans*. New York: Guilford Press.

Bearss, K., Johnson, C., Smith, T., Levalier, L. Swiezy, N., Aman, M., ... Scahill, L. (2015). Effect of parent training vs. parent education on behavioral problems in children with autism spectrum disorder: A randomized clinical trial. *Journal of the American Medical Association*, *313*(15), 1524-1533.

Bettelheim, B. (1967). *The empty fortress: Infantile autism and the birth of the self*. New York: The Free Press.

Boulware, G., Schwartz, I.S., Sandall, S.R., & McBride, B.J. (2006). Project DATA for toddlers: An inclusive approach to very young children with autism spectrum disorder. *Topics in Early Childhood Special Education*, *26*(2), 94-105.

Crosland, K., & Dunlap, G. (2012). Effective strategies for the inclusion of children with autism in general education classrooms. *Behavior Modification*, *36*(3), 251-269.

Downs, A., Downs, R.C., Johansen, M., & Fossum, M. (2007). Using discrete trial teaching within a public preschool program to facilitate skill development in children with developmental disabilities. *Education and Treatment of Children*, *30*(3), 1-27.

Eldevik, S., Hastings, R.P., Hughes, J.C., Jahr, E., Eikeseth, S., & Cross, S. (2009). Meta-analysis of early intensive behavioral intervention for children with autism. *Journal of Clinical Child and Adolescent Psychology*, *38*(3), 439-450.

Farrell, P., Dyson, A., Polat, F., Hutcheson, G., & Gallannaugh, F. (2007). SEN inclusion and pupil achievement in English schools. *Journal of Research in Special Educational Needs*, *7*(3), 172-178.

Ferraioli, S.J., & Harris, S.L. (2011). Effective educational inclusion of students on the autism spectrum. *Journal of Contemporary Psychotherapy, 41*, 19-28.

Harris, S.L. & Handleman, J.S. (2008). *Preschool education programs for children with autism* (3rd ed.). Austin, TX: Pro-Ed.

Harris, S.L., Handleman, J.S., Gordon, R., Kristoff, B., & Fuentes, F. (1991). Changes in cognitive and language functioning of preschool children with autism. *Journal of Autism and Developmental Disorders*, *21*, 281-290.

Hojnoski, R.L., Gischlar, K.L., & Missall, K.N. (2009). Improving child outcomes with data based decision making: Collecting data. *Young Exceptional Children*, *12*(3), 32-44.

Koegel, R.L., Dunlap, G., & Dyer, K. (1980). Intertrial interval duration and learning in autistic children. *Journal of Applied Behavior Analysis*, *13*(1), 91-99.

Lovaas, O.I. (1981). *Teaching developmentally disabled children: The ME book.* Austin, TX: Pro-Ed.

Lovaas, O.I. (1987). Behavioral treatment and normal educational and intellectual functioning in young autistic children. *Journal of Consulting and Clinical Psychology, 55*(1), 3-9.

Lovaas, O.I., Berberich, J.P. Perloff, B.F., & Schaeffer, B. (1966). Acquisition of imitative speech in schizophrenic children. *Science, 151*, 705-707.

Lovaas, O.I., Freitag, G., Gold, V.J., & Kassorla, I.C. (1965). Experimental studies in childhood schizophrenia: Analysis of self-destructive behavior. *Journal of Experimental Child Psychology, 2*(1), 67-84.

Lovaas, O.I, Koegel, R., Simmons, J.Q., & Long, J.S. (1973). Some generalization and follow-up measures on autistic children in behavior therapy. *Journal of Applied Behavior Analysis, 6*(1), 131-166.

Lovaas, O.I., & Simmons, J.Q. (1969). Manipulation of self-destruction in three retarded children. *Journal of Applied Behavior Analysis, 2*, 143-157.

Mancil, G.R. (2006). Functional communication training: A review of the literature related to children with autism. *Education and Training in Developmental Disabilities, 41*(3), 213-224.

Matson, J.L., Dixon, D.R., & Matson, M.L. (2005). Assessing and treating aggression in children and adolescents with developmental disabilities: A 20-year overview. *Educational Psychology, 25*(2-3), 151-181.

McDonald, S., Birnbrauer, J.S., & Swerissen, H. (1987). The effect of an integration program on teacher and child attitudes to mentally-handicapped children. *Australian Psychologist, 22*(3), 313-322.

McEachin, J.J., Smith, T., & Lovaas, O.I. (1993). Long-term outcome for children with autism who received early intensive behavioral treatment. *American Journal on Mental Retardation, 97*(4), 359-372.

McGreevy, P., Fry, T., & Cornwall, C. (2012). *Essential for living: A communication, behavior, and functional skills curriculum, assessment, and professional practitioner's handbook.* Winterpark, FL: Patrick McGreevy.

National Research Council. (2001). *Educating children with autism.* Washington, DC: N.R.C.

New York State Department of Health Early Intervention Program (1999). *Clinical practice guideline: Report of the recommendations: Autism/pervasive developmental disorders: assessment and intervention for young children (age 0-3 years).* Albany, NY: N.Y.S.D.H.E.I.P.

Nigro-Bruzzi, D., & Sturmey, P. (2010). The effects of behavioral skills training on Mand training by staff and unprompted vocal Mands by children. *Journal of Applied Behavior Analysis, 43*(4), 757-761.

Partington, J.W. (2006). *The assessment of basic language and learning skills-revised.* Pleasant Hills, CA: Behavior Analysts.

Reichow, B., & Wolery, M. (2009). Comprehensive synthesis of early intensive behavioral interventions for young children with autism based on the UCLA Young Autism Project model. *Journal of Autism and Developmental Disorders, 39*, 23–41.

Rimland, B. (1964). *Infantile autism: The syndrome and its implications for a neural theory of behavior.* New York: Meredith Publishing Company.

Schreibman, L., Dawson, G., Stahmer, A.C., Landa, R., Rogers, S.J., McGee, G.G., ... Halladay, A. (2015). Naturalistic developmental behavioral interventions: Empirically validated treatments for autism spectrum disorder. *Journal of Autism and Developmental Disorders, 45*, 2411–2428.

Severson, K.D., Aune, J.A., & Jodlowski, D. (2008). Bruno Bettelheim, autism, and the rhetoric of scientific authority. In M. Osteen (Ed.) *Autism and representation* (pp. 65–77). New York: Routledge.

Smith, T., & Eikeseth, S. (2011). O. Ivar Lovaas: Pioneer of applied behavior analysis and intervention for children with autism. *Journal of Autism and Developmental Disorders, 41*(3), 375–378.

Stahmer, A.C., Akshoomoff, N., & Cunningham, A.B. (2011). Inclusion for toddlers with autism spectrum disorders: The first ten years of a community program. *Autism, 15*(5), 625–641.

Stahmer, A.C., & Ingersoll, B. (2004). Inclusive programming for toddlers with autism spectrum disorders: Outcomes from the Children's Toddler School. *Journal of Positive Behavior Interventions, 6*, 67–82.

Strain, P.S., & Bovey, E.H. (2008). LEAP: Learning experiences, an alternative program for preschoolers and parents. In J.S. Handleman and S.L. Harris (Eds.), *Preschool education programs for children with autism* (3rd ed.). Austin, TX: Pro-Ed.

Strauss, K., Mancini, F., Fava, L., & SPC Group (2013). Parent inclusion in early intensive behavior interventions for young children with ASD: A synthesis of meta-analyses from 2009–2011. *Research in Developmental Disabilities, 34*(9), 2967–2985.

Sundberg, M.L. (2008). *Verbal behavior milestones assessment and placement program: The VBMAPP.* Concord, CA: AVB Press.

US Department of Education (2004). *Individuals with Disabilities Education Act (IDEA) 2004.* Washington, DC: General Printing Office.

US Department of Health and Human Services (1999). *Mental health: A report of the Surgeon General.* Rockville, MD: US Department of Health and Human Services, Substance Abuse and Mental Health Services Administration, Center for Mental Health Services, National Institute of Health, National Institute of Mental Health.

Wagner, S. (1999). *Inclusive programming for elementary children with autism.* Arlington, TX: Future Horizons.

Warren, S.F., Fey, M.E., & Yoder, P.J. (2007). Differential treatment intensity research: A missing link to creating optimally effective communication interventions. *Mental Retardation and Developmental Disabilities Research Rreviews, 13*(1), 70–77.

第四部分

批判观理论

第十章 米哈伊尔·巴赫金的对话理论与幼儿教育　171

第十一章 幼儿教育中的经验：杜威的学说　193

第十二章 全世界共同歌唱：保罗·弗莱雷的影响　213

第十三章 德勒兹和伽塔里的理论与幼儿教育研究　233

第十章

米哈伊尔·巴赫金的对话理论与幼儿教育

E. 珍妮·怀特

> 对话关系既不能归结为逻辑关系，也不能归结为语义上指向其所指对象的关系，它们自身的关系没有任何对话元素。它们必须披上话语的外衣，成为话语，成为各种主体在话语中表达的立场，才能在话语中产生对话关系。
>
> （Bakhtin，1984，p. 67）

对话主义被广泛甚至有点讽刺地描述为探索"声音"及其来源的统一方法，即由另一个人对其进行生动地建构、设定和解释。对话主义作为一种统领性的理论，在密切关注语言的传递同时，抵制某些语言形式的中心性及其相对于其他语言的特权意义。因此，语言被解释为一种社会交流，由多个对话组成，这些对话被个人用来与他人交流（即使没有明显的"他人"）。其重心是在一定程度上运用声调的变化改变社交的意义。于是，语言成为了与他人对话的鲜活事件。

这些概念的应用引起了人们对"话语"这一关键概念的关注，话语是交际链中的主要环节，而语篇则是语言在社会语篇中产生特定意义的复杂空间。它们共同提出了一个语言议程，将注意力放在早期意义建构（meaning-making）的可能性中进行激烈的讨论，并把与儿童的对话作为所有人的动力和成长的源泉。本章将向读者介绍这些可能性，作为理解和制定幼儿语言学习教学方针的一种手段。

一、米哈伊尔·巴赫金不同寻常的人生经历

米哈伊尔·巴赫金[1]（Mikhail Bakhtin，1895—1975）的生平和所处的时代让人们更加理解并欣赏他为这一领域所做出的巨大贡献。巴赫金出生于俄国奥雷尔市的一个自由派家庭，家里一共有五个孩子，他排行第二。他的童年是在一个被称为"苍白雪地"[2]的地方度过的，这是俄国内部用不适用于其他国家的单独法律划定的边界。当巴赫金还是个小男孩的时候，他遭受了严重的骨骼感染，这给他带来了巨大的痛苦，最终导致他成年后一条腿被截肢。在其他地方（White，2016）人们猜测，这种持久的疼痛可能就是巴赫金强调身体是语言和交流的中心的原因。

俄国革命之后，巴赫金一生都生活在苏联动荡的历史时期。在此期间，巴赫金被流放到哈萨克斯坦，而他的几个朋友在以思想审查为特征的时代被处决。这些事件极大地影响了巴赫金，并塑造了他的工作方向。他强调创造性和多样性，不过这在当时的政治体制中是不受欢迎的。在这样的背景下，巴赫金强调社交、生动的语言体验对话语的影响，并使其成为他思想的中心，这也为他后期的作品奠定了基础。不过，这并不令人感到惊讶，因为巴赫金的论述是与一系列意识形态导向的价值观相联系的，这些价值观把世界上的某些思考、说话和行为方式置于首位。由于某些价值观在巴赫金的一生中被压制，因此，对于一种话语凌驾于其他话语之上对社会造成的负面影响，他有着深刻的洞见。

虽然巴赫金可以称得上是一位语言学家（即研究语言之间关系的人）和"思想家"，但在正规的大学环境中，他的学术并不总是被授予合法性。巴赫金与他的许多同行的不同之处在于，他在实践层面上与社会进行了长期而多样的接触。事实上，巴赫金一生中有相当长的一段时间在不同的教育背景下担任教师。在他的论文（最近才对英语读者开放）（Bakhtin，2004）中，他根据自己作为文学教师的

---

[1] 米哈伊尔·巴赫金，又称"米哈伊尔·巴赫汀"。——译者注
[2] 苍白雪地（the pale of settlement），是沙俄西部的一个区域，是沙俄允许并仅允许犹太人永久居住的地方。在地理位置上，它西接普鲁士帝国和奥匈帝国。名称上，pale 源于拉丁文 palus，由木桩之意衍生而来，代表被圈禁的一个区域。——译者注

第十章　米哈伊尔·巴赫金的对话理论与幼儿教育

经验提出了语法教学的重要方法，他强调确保文本进入"生动对话"以产生意义的重要性。他认为，中心对话对教师的教学而言是至关重要的。在他看来，这也是所有语言的基本原则。

理解巴赫金的语言方法的特殊意义在于他在职业生涯早期与他的朋友兼同事瓦伦丁·沃洛希诺夫（Valentin Voloshinov，1895—1936）的合作。在沃洛希诺夫（1973）的《马克思主义与语言哲学》（*Marxism and the Philosophy of Language*）一书中，他明确地确立了语言对话观的基础，而今，对话型的语言观在巴赫金的思想中起着关键作用。

沃洛希诺夫的例子凸显了语言本身的意识形态和意志性质，它发生于人与人之间，发生在充满意义的独特的社会环境中。从沃洛希诺夫的分析中可以清楚地看到，当把语言理解为话语时，由于它所处的社会背景不同而产生了不同的含义。这一思想给语言下了一个更宽泛的定义，这个定义可以很好地诠释巴赫金提出的对话理论。话语与异质语[1]的关系代表了两个关键概念，它们为探索话语中存在的现实的对话语言提供了一种方法，并在此过程中开辟了扩展意义建构观点的可能性。以下各节将解释这两种方法，并介绍在幼儿教育中的一些应用。

> 沃洛希诺夫认为，现行的语言研究方法没有考虑到语言在话语中的创造性使用。他最著名的关于语言的本质的例子例证了这个观点。
>
> 两个人默默地看着窗外，他们发现了一片雪花。
>
> 最后，其中一个说："嗯？……"
>
> 正如沃洛希诺夫解释的那样，作为旁观者，如果不深入了解其背景，我们就无法理解它的真正意义。随后，他又长篇大论地阐述了这一事件的重要性。他解释说，两个人从窗户往外看的时候，都曾对晚春的降雪表示失望。他们对窗外一片雪花的观察加上他们的失望，是我们没办法看到的，也无法理解"嗯？……"所包含的意义。事件之外的人是无法进入事件中的。

---

[1] 异质语（heteroglossia），目前国内对 heteroglossia 一词有不同的翻译，如"语言杂合性""杂体语言""异体语言""社会杂语""杂语"等。本书中译为"异质语"。——译者注

> 沃洛希诺夫思考着语言的本质，然后问道：
>
> > 这句责备的话是对谁说的？显然不是对听众，而是对其他人。从这种责备的语调明显看出，在此情境下还存在着"第三者"。这个"第三者"是谁？又是谁受到了指责？是雪？是自然？还是命运？
> >
> > （1973，p.103）

二、话语

> 对任何有生命的语言的理解及具有生命的话语，是一种天生的反应。任何话语都是交际链中的一个环节。
>
> （Bakhtin，1986，p.84）

到目前为止，很明显，对巴赫金（正如对沃洛希诺夫）来说，话语远远不只是一个口头的词或短语。相反，它是一个寻求并经常（但不总是）得到回应的对话事件。因此，它是面向他人的且只在社交话语间发生。由于话语是理解语言对话方式的核心概念，所以，互动是参与者之间形成对话能力的最佳体现，也是一个介于两者之间的事件，从不与他人隔绝。就其而言，语言和行动共同构建对话。

显而易见，对话式的语言观关注的是社会互动中的意义建构。语言及其意义是通过各种符号的相互作用来反映和折射外在现实的。这里的意图不仅是解释符号使用本身，而且是理解其作为话语在社会中的效用。在一个特定的社会群体中，有价值的东西（并且是有特权的）很可能会促进某些类型的语言而非其他语言的使用。正如沃洛希诺夫（1973）所解释的那样：

> 语境并不是一排排地站在一起，好像彼此不相关，而是处于一种持续的紧张状态，或是不断的互动或冲突。语言学家完全忽略了一个词在不同语境中评价的重音的变化，在其意义统一的学说中也未体现出来。

第十章 米哈伊尔·巴赫金的对话理论与幼儿教育

重音极少受具象化的影响，相反，正是词的多重重音赋予了语言生命。

(pp. 80-81)

这些观点表明了要关注语言活的意义而不是"死的外语"的重要性（Gogotishvili，2004，p. 29）。这种意义产生于作为话语的社会空间的"中介"，要求对话伙伴花时间理解它们的意义，而不是断言任何单一的（或巴赫金所说的"独白"）解释。

言语体裁

"言语体裁"（speech genres）的相关概念是话语的一种扩展，它更广泛地解释语言及其在社会话语中的意义，并为其提供了发展路径。巴赫金将言语体裁描述为某种社会认可的、稳定的语言形式和语言内容的组合，这些组合确立了通向意义的道路，因为它们背叛了说话者的意识形态及其在语言使用中的社会取向。

模式：言语体裁

语言形式＋语言内容＋语言语境＝意义

例如，为了提出一个特别的观点或者坚持一个"专业"的立场，可能会把不同的言语体裁匹配到相应的对话中。打电话、和朋友喝酒聊天或者演讲都有特定的言语体裁。每一种语言都建立了特定体裁（组合）的语言形式和特定的意义，其中很多虽未明确说明，但可以通过社交习得，归因于特定的语境。在特定的语境中对特定言语体裁的误解可能会对个人产生严重的后果。例如，在传统的教堂布道中，你在听众席上大声喊叫，可能会被要求离开教堂！然而，在看橄榄球比赛中大喊大叫似乎又是完全可以接受的（至少在我的文化中是这样！）。这些言语体裁随着时间的推移而逐渐习得，并根据它们所面向的社会群体和对象而建构［有时可能在同一个异语空间（heteroglossic space）中与其他人发生冲突］。

所幸巴赫金并不认为某种言语体裁可以凌驾于其他言语体裁之上。事实上，他有力而令人信服地论证了对话中遭到破坏的某些言语体裁相对于其他言语体裁更富有创造潜力。言语体裁在塑造话语方面起着至关重要的作用,通过交往,可以在任何对话中"听到"什么(或不能"听到"什么)。在概念化过程中有一种更为复杂的观点认为,语言是多元化、多层次、多话语的,这个观点比巴赫金的前人所认为的要复杂得多。正如巴赫金(1981)所解释的那样,"这个词就其本身而言,生活在它自己的语境和另一个陌生的语境之间的边界上"(p.284)。正是这个界限使早期的语言理解保持着巨大的潜力。

三、异质语

> 并非所有的语言都能轻易恰当地传达,轻易地占有并转化为私有财产:许多词语顽强地抵抗着,其他词语仍然是外来词,从那些盗用它们的人的嘴里说出来的这些词,让人听起来感到陌生;这些词不能被其所在的语境同化,也不能脱离语境而存在;……说话者的意图—被灌输—被过度灌输—变成其他人的意图。占有它,迫使它服从自己的意图和腔调,是一个困难和复杂的过程。
>
> (Bakhtin,1981,p.293)

上面的引用是话语的扩展,提出了异质语的体裁和边界。巴赫金不再仅仅对话语的阶级斗争进行预测,他开始转向研究语言的特定关系及个体在话语中的复杂用法。在此过程中,理解语言对话方法的第二个关键概念被引入(在粗略翻译中),即"异质语",巴赫金将其描述为"用他人的语言,说出他人的话语,以折射的方式表达作者的意图"(p.324)。

鉴于巴赫金早期的断言,即语言总有一半是属于其他人的,并且它存在于社会话语中。异质语提供了一种分析不同语言力量的方法——这些力量导致一种语言的使用(或体裁)超过另一种语言,以及在话语中赋予每一种语言多重含义。对巴赫金来说,这就是他所描述的语言在发展的过程中同时受到向心力(centrifugal force)和离心力(centripetal force)两种力量的影响。

> 向心力趋向于共享的意义和共识（可以粗略地称为"主体间性"）。他们通常以权威的声音为特征，这些声音在定义意义时具有很大的影响力。
>
> 离心力远离了共享的意义或共识（巴赫金将其描述为"变化性"）。它们的特点是存在不同的声音，接纳不同的甚至可能是对立的解释和意义。

所有语言都存在异质语，因此，向心力和离心力两种力量之间的抗衡就显得尤为重要。在缺乏任何一种力量的情况下，要么是绝对有序（只听到权威的声音），要么是绝对无序（没有任何共识）。任何一种语言及其相关意义在社会空间中被听到的程度都受到这些力量的影响，这些力量决定了"被听到"的语言和类型。更重要的是，它们塑造了语言的意义，并决定了非传统语言方法可能获得规范性的程度。

语言的异质性方法为认为声音是多元的、不着边际的概念铺平了道路。例如，某个个体在课堂上与成人讨论时使用的语言（即体裁）与在操场上闲聊时是不一样的。他们甚至可以在同一语境或事件中为不同的目的而互换使用（除为了强调语言转换的目的），有点类似于现在所说的"代码转换"[1]。巴赫金（1984）将这类语言的使用称为"双语言"（double-languagedness）或"双声语"（double-voicedness），即用他人的话语表示或借用他人的话语，与特定的受话人[2]交谈或传达某种意义。语言的使用和体裁的选择，让我们能够洞察语言的异质空间。再者，通过关注他们话语的使用，使它超越了任何狭隘的传播或接受的定义。总之，这些正如我所描述的那样："异质语就像一口沸腾的大锅，促成了成人和儿童之间流淌不息的关系"（White，2016，p. 154）。

在儿童早期，对话语言观将这些概念付诸实践，为语言的考量提供了更多空间，并远远超出了对某些文化和个人的特权词汇的习得。它为我们提供了一种可

---

[1] 代码转换，原文为 code-switching，又译为"语码转换"，指在同一次对话或交谈中使用两种甚至更多种语言变体的现象。——译者注
[2] 受话人，原文为 addressee，意为"收件人""收信人""受话人"。在文中指的是交谈中的听者，因此本书中译为"受话人"。——译者注

能性，即我们可以将幼儿视为有能力使用复杂语言的人，他们能够通过话语塑造他人，就像塑造自己一样。现在，轮到他们来塑造话语了。

四、巴赫金和儿童的语言

虽然巴赫金在早年未推广语言的使用，但他早期的作品对语言在儿童生活中的作用及语言在成人交往中的作用提出了重要的见解。以下是巴赫金的作品中为数不多的提及幼儿方面的内容，它为强调语言和发展中的意识奠定了基础。

> 孩子从母亲和他身边的人的嘴唇接收到了所有关于他自己和他的身体的所有初始决定……这些词第一次从外部决定了他的个性，这些词表达了他内心模糊不定的感觉，给它一种形式和一个名字，第一次，他发现了自己。意识到自己是什么……孩子开始第一次用母亲的眼光来看待自己，开始用母亲的情绪意志的语调来谈论自己。
>
> （Bakhtin, 1990, pp. 49-50）

在这段摘录中，巴赫金认为，语言在塑造儿童人格的过程中扮演着最核心的角色。将形式（即单词、声音、身体动作）与内容（即形式的含义、语调等方面的影响）结合起来，是语言发展的最早起源。巴赫金和沃洛希诺夫都认为，形式在话语中的位置是不可分割的，因此他把注意力放在了复杂而微妙的对话空间，在这个空间儿童获得了意义。这些社交空间充满了复杂性，并出现了口头语言之外的语言使用。它们包含了语言的许多特征，这些特征确定了它们的意义、儿童对它们后续的（通常是创造性的）使用以及它们对儿童个性发展的影响。

从对话性的角度来看，早期的语言不再被看作为了学习某些所谓的世界上进行有效沟通的代码而传递语言的情况。相反，巴赫金认为，人与人之间的语言——即对话——是"意识形态演变"的终生旅程。所谓的"习得"与语言或认知习得（尽管这可能是经验的意外收获）关系不大，重要的是要关注创造性发展人格，因为其处于一个复杂多变且包罗万象的交际世界。这不仅是与儿童相关的议程,而且是与所有人(包括成人和儿童)相关。

(一)语言和语言早期的对话方法

巴赫金的对话理论尤其适用于早期的语言研究,原因(至少)有两个。

(1)尽管巴赫金的发展传承表明语言在早期只能由专家传给新手,但他的话语概念支持语言是"对话"的观点,也就是说,在与他人的关系中,语言是"受与授"的关系。因此,语言是对其他人说的,并期望得到回应。

(2)与传统的语言习得顺序论相反,对话主义坚持认为语言在社交话语中被有策略地使用。语言就是话语,或如巴赫金所描述的"skaz",它可以被解释为一种代表话语中声音的叙述。它既揭示意义又隐藏意义,并以许多微妙的形式呈现。因此,意义并不是固定的,而是存在于不同的异质语空间之间。语言不仅仅简单地被理解为说话,它所包含的意义还受到说话人的价值观影响。甚至声音的音调或手的轻弹在语言中也起着至关重要的作用,所有这些都与语言的使用密切相关。

但是,为什么(以及如何理解)这些对话性原则与幼儿教育有关呢?

首先,因为巴赫金的语言观开启了一种可能性,他认为幼儿不仅仅是语言的接受者或传播者。由于巴赫金十分强调语言并不仅仅是说话,所以他更倾向于将儿童当成对话的伙伴,而非当成语言新手的观点。毫无疑问,在儿童时期,关于成人的语言有很多需要学习的东西,而对话的方法表明,还有其他的语言,无论是看得见的还是看不见的,也会对异质语空间的形成有所贡献。鉴于此,应当为幼儿提供一种更丰富、更广阔的对话视野。此外,巴赫金对语言进行了阐释,将对话视为一种充满情感和与他人建立关系的鲜活事件。成人与这一概念有着密切的联系。

其次,为了与巴赫金的对话规则相一致,对话理论建立了一个框架。这个框架考虑了幼儿教师作为语言理解的中心来源参与儿童生活中"语言对话"的重要作用。这是当代幼儿教育的一个重要议程,因为教师的角色对解释和参与儿童的语言活动十分重要,并且是鉴别幼儿教育课程学习成效的主要来源。现在,教师与幼儿的对话引起了人们的关注,认为这是主体间性(intersubjectivity)的唯一来源，有助于促进更进一步的学习。这一观点在一些流行运动中得到了体现，比如瑞吉欧·艾米莉亚（Reggio Emilia）提倡"对话教学法"，主张儿童在构建自己的学习过程中积极参与语言和非语言的学习（Pramling-Samuelsson & Carlsson, 2008）。如今，在国际上，对话成了幼儿教育的主要教学方法，提倡教师充当儿童对话伙伴的角色，其任务是通过诸如提问等"行之有效的"技巧来扩展语言。斯冉杰·白拉杰福特（Siraj Blatchford, 2007）将持续的思想共享作为"特别有效的教学策略"大力推广（p.3），这是此类教学取向的一个例子。对话式教学法则采用不同的方法，它通过邀请成人与学习者"亲切地逗留"，以努力让他们全身心地投入语言的使用中。因此，对话程序的目标在于在对话中产生的与参与者相关的意义（García-Carrión & Villardón-Gallego, 2016），而不是成为成人语言的传播手段或收获规定的教育成果。这与当代幼儿教育的"教育学进展"实践（Siraj Blatchford, 2007, p.3）相关。

（二）对话概念在幼儿教育中的应用

对话概念已经被国际上一些研究者应用到儿童早期经验的研究中。这些研究以某种方式引导我们接受和强调语言形式并非单一的，以便思考儿童声音丰富的本质。关注这些微妙的语言事件极大地改变了对儿童语言世界的看法，并通过交往使儿童体会到早期复杂社会空间环境下语言使用的异质性经验。本章的其余部分将举一些例子来说明对话概念，尤其是话语和异质语以及语言在早期和后期交往中的多种用途。

（三）话语在幼儿教育中的应用

把儿童的语言理解为复杂的话语链的一部分，强调每个儿童可能给语言带来的独特意义，以及意识到这些语言可能产生的变化意义。在幼儿教育背景下，话语强调了家庭在儿童生活中的重要作用，并暗示教师要充分理解儿童的语言，因为这也是一个极好的洞察力的来源。

第十章 米哈伊尔·巴赫金的对话理论与幼儿教育

> 以下是来自新西兰的一位研究人员、一位母亲、一位父亲和教师之间的对话，这个对话突出了在幼儿教育中成人面临的挑战。他们以一个18个月大的孩子佐伊（Zoe）、教师和我的角度拍摄的视频片段，试图详尽地解读一个18个月大的孩子的语言形式。
>
> 研究员：……她抬起头，我敢肯定，她说的是"按钮"，但当她对（她的母亲）做同样的动作时，她的母亲暗示她可能在说："哇哦，哇哦。"
>
> 母　亲：哇哦，哇哦。耶！
>
> 研究员：我打算"什么……？"
>
> 教　师：我以为她说的是"puku"（毛利语，意思是胃）……
>
> 母　亲：（笑）嗯，也可能是那样。
>
> 研究员：然后，（教师）说："我们这里不用那个词，我想知道他们在家里是否也这样做？"
>
> 父　亲：（微笑着把食指举在空中）
>
> 大家都笑了。
>
> （White，2009a，p. 116）
>
> 这段对话进一步证实了巴赫金的观点，即语言永远是别人的一半——本章将反复讨论这一点。父亲沉默的断言是否正确并不重要，重要的是这些成人努力试图理解孩子的语言表达的含义，远远超过了对事件的理解。对巴赫金来说，正是在这种努力下，意义才得以产生——不是为了确立"真理"，而是为了更全面地表达语言及理解"他者"的中心作用。在最初的几年里，巴赫金为了了解语言形式，建立了一个重要的议程，这个议程超越成人的解释或主流文化的理解。此外，他还强化了一种观点，即为了更充分地了解孩子，家庭成员与孩子间的对话尤为重要。这些都需要密切关注，因为这通常超越了我们思考多层次意义的意识形态立场。

根据巴赫金的观点，语言在任何社交事件中都不会被孤立，因此我们很难将儿童视为多种话语或语言的使用者（Dore，1995）。这对儿童在离家后进入早期学习环境尤为重要。一个儿童,不管年龄多大,如果没有丰富的言语体裁作为基础,他很难在很小的时候成功地运用在语境之外的话语。在巴赫金的概念化中,这些话语可以被战略性地用来产生新的意义(或者正如我在研究中发现的那样,用来阻挠某些意义)。他们甚至可能成为教师个人和职业上的冲突,因为教师意识到他们不能一直控制所学的内容或对语言进行解释。

> 几年前,一些研究者在幼儿教育实践的背景下探索了言语体裁。一些研究者确定了某些特定的幼儿教育环境可以从体裁使用的角度来解释(Sawyer, 1997; Marjanovic-Shane & White, 2014)。如玩积木游戏的时候。在我与佐伊(White, 2009a)、她的教师和家人的研究中,我们确定了佐伊所在的新西兰一家为5岁以下儿童提供服务的中心,策略性地使用了至少5种不同的体裁。
>
> 1. 由外而内的体裁:通常用儿童开创的词来表达。
>
>   这些体裁是从幼儿教育设定的环境之外的经验中汲取的。例如,佐伊看到一个同伴骑着自行车经过,然后她大声地喊:"加油,泰勒,加油!"教师没有注意到,但当我向佐伊的母亲问及这件事时,她立刻想起来这个喊叫声是在家里的一个追逐家犬玩的游戏中喊的。
>
> 2. 由内而外的体裁:通常用指示词、声音和教师开创的词来表达。
>
>   这种类型的例子可以在与中心计划密切相关的评估文档(文档是保密的)中找到,该计划预先确定了某些活动,例如开展艺术活动或讲故事。集中时间(Mat time)的例子最能体现这一类体裁。孩子们规矩地坐着,教师期待着自己所教授的内容得到孩子们的回应。在佐伊的个案中,这种服从并不总是由始而终的,因为有很多的干扰会中断这类体裁的进行。
>
> 3. 象征性的游戏体裁:同样的,利用文字与声音作为资源,这种体裁由佐伊发起,教师全力支持。
>
>   当佐伊利用资源(如树皮屑或鸡蛋盒)来代表其他东西时,象征性的游戏就会被发现,通常这基于她的同龄人或教师的暗示。
>
> 4. 自由形式的体裁:按照这种类型的体裁,儿童可以自由活动,发出拟声词,

舞动拳头或者到处乱咬,看似漫无目的。

有几次,佐伊跑到室外,发出长长的叫喊声。有时,她还会和同伴一起模仿这些声音,似乎同龄人之间完全熟悉这些语言形式及其潜在的意义。

5. 亲密体裁:利用面部表情、注视、手臂向上、触摸和声音体现,且由儿童发起。

一次,教师在安慰大一点的孩子时,佐伊在旁边细心地观察,并想要得到同样的对待。于是,她模仿那个孩子的面部表情和声音,这样她也可以得到教师的一个拥抱。在其他场合,她会轻抚教师的身体,抬起手臂,试图让教师把她抱起来。

这种认同的重要性体现在与教师的讨论中,这些教师很少关注或根本不关注某些体裁(见上述第1种和第4种体裁),或轻视它们(见上述第5种体裁),因为这些被忽视的孩子是单独面对教师,而其他人则在中心异语区享有优待。那些享有优待的人(见上述第2种和第3种体裁)回应了权威的教育话语,该话语通过"活动"和从发展范式中提取的准许的游戏形式,为知识传播设定了计划,这两者都优先考虑成人语言形式(和相关意义)。而那些被忽视或被轻视的则代表的是孩子从家庭生活或与同龄人的具体语言接触中获取的体裁。当被识别出来的时候,声音就变成了文字,文字就成了教师和家长之间的对话,在这种理解的促使下,就成了与孩子之间的对话。

这种认同之后的意识改变了教师在教学工作中对话的本质。现在,他们意识到他们在理解方面有多大的缺失,因为他们更重视自己的发展、教学和语言计划,而不是花时间去理解儿童所掌握的体裁:

它更深刻,有更多的意义。你可以看到他们关系的进展,最后,我们都能够更直接、更专注地观察她……我们正在深入了解佐伊。

(Researcher's journal: May staff meeting comment by supervisor, in White, 2009a, p. 190)

（四）异质语在幼儿教育中的应用

由于巴赫金（1981）认为"语言中的用词有一半是他人的"（p. 294），毫无疑问，在对话式的意义理解过程中，还需要花时间来理解任何语言交流中已见和未见的受话人，以便思考其相关性。这种强调不仅突出了对意义的多种解释，而且体现了这样一种观点：即使是同一种语言也会被其他人以不同的方式接受。因此，语言确实会成为一个非常有创意的事件。

> 在新西兰的一项研究中，18个月大的杰登（Jayden）在几个游戏活动中向教师做出举起拳头的动作。在做这个动作的时候，他看着教师，似乎在对教师挥舞拳头，并且表情十分严肃。教师对他的动作的回应是举起手臂握紧拳头，发出咕咕声。于是，我便问教师，这个动作代表什么意思，为什么要这样回应。教师解释说，她认为杰登的动作是表示他想成为一个具有男子气概的人，她这样回应是为了模仿他的动作。我向杰登的母亲问起这个动作时，她立刻笑了起来，解释说，这是演员金·凯瑞（Jim Carrey）在他最喜欢的家庭电影《大话王》（*Liar Liar*）中使用的一个动作。在这部电影中，当这个演员欺骗他的妻子时，他就会用这个动作表示他成功了，这样他就有更多的时间和他的孩子通话了。杰登的母亲告诉我，这是他们家里最喜欢的一个笑话，也是家里经常讲的一个笑话。有了这些附加信息，语言行为就有了全新的含义。出于长远考虑，我向教师解释了为什么杰登在完成一项任务（比如建造一座塔或完成一个谜题）后会发出这种特殊的"语言"。了解实情后，教师的反应较之前发生了改变，其与杰登的关系也变得更加融洽。
>
> （White, 2009b）

几位幼儿教育研究人员通过采用异质语的方法，揭示在幼儿教育背景下发生的一些根深蒂固的语言对立事件。他们的发现打破了对语言和儿童概念的传统看法。从学龄前儿童使用双声策略模仿教师进行正式的小组活动（De-Vochdt, 2015）到谭宝芝（Po-Chi Tam, 2013）意识到学龄前儿童在察觉教师在身边时会特意改变自己的语言的每一个案例，他们的调查都揭示了幼儿使用语言参与话语的复杂方式。

> 在一次与佐伊母亲讨论佐伊的语言使用的采访中,佐伊看似在背景布后独自玩耍。然而,在访问后的视频里我们却发现了一件非常不同寻常的事情!在我与佐伊母亲的对话中,我根据之前的观察分享了我对佐伊对鞋子的兴趣的解释,我认为佐伊似乎只喜欢穿她会经常试穿的特定的(粉色)鞋子。在背景布后(我们当时的视觉范围之外)的佐伊仔细地听着我们的讨论。在视频里她非常刻意地走向化妆盒,有目的地拿出一双闪闪发光的金色鞋子,非常严肃地看着我,然后穿上它们。从那以后,我推测佐伊是在利用"对话漏洞"来改变人们对她人格的叙述。这样一来,她就能在自己的生活中坚持自己的主见,而不需要说一个"字"。
>
> (White, 2011)

这些例子强调了一点,即所有的语言都充满了思想和感情,这些思想和感情通过语调(及其解释的含义)传达出来,就像词语甚至身体所能传达的那样。语言不仅在这个概念中被接受,而且在事件本身的对话空间之间被体验。它是有价值的、充满感情的,并以一种思想、一种"他者"的感觉来回应。正如巴赫金所解释的那样:语言的使用远不止是简单地学习说别人的话,而是以一种复杂的、异质语的方式,将自我和世界上的其他人视为不断变化的主观活动。它通常比成人给予儿童的要复杂得多。

五、语言是教师、儿童和他们的同伴之间的对话

在研究对话语言的早期非常值得一提的是,巴赫金提出了对话观的最广泛可能性——远远超越口语。他认为,口语甚至未说出口的语言在话语中起着至关重要的作用。就像我们看到的佐伊对她"自由形式"体裁的应用一样。对于任何对话来说,这都是一个重要的考虑因素,但对于在幼儿和教师之间的互动,思考语言问题十分有帮助。因为他们不需要选定的语言形式和相关的体裁、探求相同的符号学意义线索,更不用说寻找同一个社会的起源了。

> 新西兰一家教育照护服务机构开展了一项研究，对象是一个18个月大的名叫罗拉（Lola）的孩子，研究强调了语言微妙细节的重要性以及教师和婴儿之间预先对话的重要性。
>
> > 教师的回答要求结合婴儿熟悉的、具体的语言形式，而不是教师自己的（口头的）语言偏好。……有时，婴儿的手势是非常微妙的，比如凝视或挥手。即便如此，教师也应当将其视为十分重要的教学线索，并对孩子的反应做出相应的回应。……教师的反应根据对婴儿优先事项的理解而有所不同，从非言语反应的开启到言语和非言语反应的结合，或与之相反的无应答反应；这些反应被相应地称为"退后"（standing back）或"在场"（being present）的教学导向行为。
> >
> > （White，Peter，& Redder，2015，p. 170）

这一观点对成人与幼儿的交流及其在教育学中的中心地位产生了重要影响。巴赫金解释了一个幼儿是如何通过成人俏皮的语言来获得对自己积极的看法的，成人会亲切地谈论他们"肉嘟嘟的小脚丫"；反过来，他们又用相似的语调来谈论自己，并形成他们对别人的积极看法。

> 在这种情况下，他们通过母亲的行为和反应来决定自己和自己的状态，母亲对他的爱、被母亲视为珍爱的对象、母亲的亲吻和母亲爱的拥抱，都给了他价值上的"形式"。
>
> （Bakhtin，1990，p. 50）

现在，很多心理学研究证实了这一观点（Malloch & Trevarthen，2009），但很少有教师能够对此产生理解。

我们发现，在对话方法中，身体和声音可能会与语调不相符，例如，人们可能会说一些好听的话，但这些好听的话的语调和肢体语言并不一致。相反，表面上不好听的话在以爱的语气说出时却会被赋予积极的意义（反之亦然，如下面的例

第十章　米哈伊尔·巴赫金的对话理论与幼儿教育

子所示)。因此,关注语调可以为对话语言及其对幼儿的意义提供更广阔的视角。

> 以下的事例体现了语调和声音对引导儿童做出反应的重要性。这件事情发生在孩子的积木游戏区,18个月大的佐伊看到她的老师正在严厉地斥责一个4岁的孩子,她发现老师在指责那个孩子的时候会摇晃着手指,皱着眉头,提高嗓门。当教师(A老师)离开了这个区域时,发生了以下一幕。
>
> > 佐伊走近韦恩(Wayne),从他堆的积木上拿了一块积木。韦恩转向佐伊说:"不。"佐伊看了看教室那头的A老师,发现A老师正忙着上课,于是她拿起一块积木打了韦恩的头。她用尽全力,用她之前观察到的与A老师相似的语调重复说道:"不。"韦恩哭着并打了她。B老师走进积木游戏区,把韦恩身上的木块拿开,解释说:"我们不能打人。我们不能打比我们小的小朋友。"然后让韦恩道歉,他照着B老师说的道了歉。B老师离开,佐伊又转向另一个男孩,然后重复动作,用同样的音调说"不",并用木块打他。B老师再次回来并重复了这句话:"我们不能打人。"
> >
> > 接下来的一周,当佐伊走进积木游戏区的时候,4岁的埃尔莎(Elsa)正在用积木搭一座塔,佐伊想往上面搭木块,但埃尔莎却把手放在塔前说"不"。佐伊立刻拿起一块积木,用和前一周一样的动作打埃尔莎的头。埃尔莎哭得很大声,而且哭了很长一段时间。在这期间,佐伊一直盯着埃尔莎看。最后,B老师来了,摸着佐伊的头,温柔地向她解释说,她应该对埃尔莎说声"对不起"。佐伊顺从地摸了摸埃尔莎的头,并对她说:"对不起。"B老师一离开,佐伊又打了一下埃尔莎的头,然后立刻对她说"对不起"并摸了摸她的头。最后,埃尔莎停止了哭泣,两人便开始一起搭这座塔。
>
> (White,2013,p.70)

在没有任何联系的情况下,语言的学习比词汇和肢体语言的学习更微妙。它是微妙和充满意义的,对语言的传达基于它的过去和未来。因此,语言的学习是对语言的一种诠释,并且从许多方面嘲弄了成人基于自己的知识对儿童语言发展提出的传统要求。当然也牵涉成人语言的使用。

> 安娜·玛尔雅诺维奇·谢恩(Ana Marjanovic Shane)呈现了自己、她3岁的侄子杰伊(Jay)和其他家庭成员之间的"近距离"对话。故事开始于叔祖父问杰伊他在家里最喜欢谁。
>
> 杰伊一直围着桌子跑,他看了看他的父母,又看了看我,大声说:"谁都不喜欢。"然后,他直接跑向我,为了不让别人听见他说了什么,他把我的头拉近他的嘴边,悄悄地对我说:"是你,其他人我都不喜欢。"
>
> (Marjanovic-Shane, 2011, p. 201)
>
> 从对话的立场出发,杰伊的做法巧妙地避开了这个问题,同时,也考虑到了其他人的感受,这些感受是我们这些旁观者无法感受到的。与此同时,他的反应还体现了一种与姑姑分享自己立场的方式(或者相反,他是看到姑姑希望得到这种认可,所以做出相应的回应。真实的情况是怎样的?我们永远无法确定)。不管杰伊的意思是什么,至少我们看到一次非常复杂的对话,它代表了一连串话语的发生。它充满了意义和一系列语言形式,这些语言形式被有战略和有目的(内容)地使用,并将可见和不可见的其他人区分开来。

现在,我们可以开始从对话的角度来看待话语。意义是由其所在社会的解释和特定的传达方式决定的,无论是有意的还是无意的。这不仅关系到在场的人,而且将受到先前的(参与的或没参与的)对话影响,甚至是那些我们可能不知道或不理解的直接交流之外的其他对话。从这个意义上说,幼儿教师面临的挑战尤其巨大,因为他们不一定能够参与和理解幼儿在校外所处的社会环境。

> 艾琳·奥德加德(Elin Odegaard, 2007),在对挪威一个学龄前儿童的对话研究中讲述了她所谓的"合作叙事"(co-narrative)。事情发生在某个下午,玛丽特(Marrit)老师在上数学课,教学目标是教会孩子算数。
>
> 玛丽特:"没错,那只比利山羊怎么了?"两岁多的安德里亚斯

第十章 米哈伊尔·巴赫金的对话理论与幼儿教育

> （Andreas）看了看玛丽特，又坐了下来。玛丽特又问："没错，那只比利山羊怎么了？"安德里亚斯只顾嚼着面包，没有回答。玛丽特又试了一次：他学到了什么？1岁半的维达尔（Vidar）起身去抓那只比利山羊。然后，玛丽特改变了共同叙述的话语方向，说："没错，另一只公山羊。咬你手指的那只！"
>
> 艾琳解释，对话是如何转变成一个更有参与性、更生动的故事的，安德里亚斯和维达尔都能尽其所能地参与进来。他们能够从自己的立场理解，使用自己的语言形式（例如维达尔的目的和发出的声音被解释为对话的方向性特征）参与其中。艾琳将教师的角色描述为"抓住机会"，让孩子们积极参与到故事中来。教师愿意注意、识别和回应这些语言线索，这是其教育学的核心。

从这方面说，对话也是相互学习的过程，成人也有义务尽力"学习"儿童的语言，就像儿童通过异质语协调自己语言的方式一样。因此，幼儿教师被要求不仅要听，而且要仔细观察每一个语言事件，将其视为深刻见解的潜在资源。

> 我们在一项对婴儿的研究中采用了巴赫金的理念（White, Redder, & Peter, 2015），并运用巴赫金的理论分析教师教育教学中"眼睛的作用"，主要分析"看""观察""注视"这些反应作为话语的一部分的重要意义。这就有可能解释眼睛在建立和维持幼儿与其教师之间的对话的意义。我们发现，每一个"表情"在与幼儿的互动对话中都起着重要作用。幼儿语言环境要求幼儿和教师通过协商的方式来处理各种关系，这就说明幼儿和教师不一定都要使用具有相同含义的语言形式。
>
> > 从巴赫金的立场来看，这是一件积极的事情，因为语言事件是创造性的，另一个人无法理解。因此，就像其他语言形式（实际上是与其他语言形式一起）一样，眼睛是婴儿作为对话伙伴被看到（和听到）的重要交流来源。
>
> （p.297）

用这种对话的方式来理解语言，可以让我们把语言看作一个复杂的、互动的、有生命的事件，它发生在早期设定的"中间"社会空间。这些空间也包含了同辈以及成人，但超出了本章的范围。可以说，教师也参与到与同龄人之间的互动中（White & Redder, in press），且对话的过程也是学习的过程。很明显，在所有的对话语境中，成人被要求解释他所使用的语言，就像在与儿童对话一样。显然，在这种方法中关系对于语言的形成和解释至关重要；所有直接和间接的冲突对于形成终身学习者的意识形态都非常重要。正如巴赫金（1993）提醒我们的："对话中的每个参与者都是相互关联的"（p.40）。

六、结 论

巴赫金的对话理论让教师思考了幼儿教育背景下日常对话语言的复杂性。利用话语和异质语的关键概念，可能会对幼儿语言的微妙之处有更深的认识，且认识到他们在日常学习活动中的主动性和反应的重要性。在采取这种方法时，需要注意的是体裁的选择和所在的社交场所，而不是只关注语言形式的习得和传播。同时，也要关注语言的充分使用及其方向，因为这有可能超越了所说的话本身的含义。我们甚至可以把很小的孩子视为与我们对话的伙伴，然后从对话的角度去看待这些对话，进而就会发现，孩子们可能（实际上确实是这样）会使用一些不着边际的、从多个地方学到的话语层次来表达他们的意图，并把它们组合成复杂的语言，就像他们在早期通过异质语来形成他们说话的方式一样。这些发现为将早期语言重新视为对话创造了一个生动而深刻的场景，并囊括所有。

参 考 文 献

Bakhtin, M.M. (1981). *The dialogic imagination*. Austin: University of Texas Press.
Bakhtin, M.M. (1984). *Problems of Dostoevsky's poetics* (C. Emerson, Trans., vol. 8). Minneapolis, MN: University of Minneapolis Press.
Bakhtin, M.M. (1986). *Speech genres and other late essays*. Austin: University of Texas Press.
Bakhtin, M.M. (1990). *Art and answerability: Early philosophical essays* (M. Holquist & V. Liapunov, Eds.; V. Liapunov & K. Brostrom, Trans.). Austin: University of Texas Press.

Bakhtin, M.M. (1993). *Toward a philosophy of the act* (V. Liapunov & M. Holquist, Eds., V. Liapunov, Trans.). Austin: University of Texas Press.

Bakhtin, M.M. (2004). Dialogic origin and dialogic pedagogy of grammar: Stylistics in teaching Russian language in secondary school. *Journal of Russian and East European Psychology*, *42*(6), 12–24.

Cohen, L. (2015). Layers of discourse in preschool block play: An examination of children's social interactions. *International Journal of Early Childhood Education*, *47*(2), 267–282.

Cohen, L.E., & Uhry, J. (2007). Young children's discourse strategies during block play: A Bakhtinian approach. *Journal of Research in Childhood Education*, *21*, 302–315.

De-Vochdt, L. (2015). Reconceptualising teacher-child dialogue in early years education: A Bakhtinian approach. Doctoral dissertation, Canterbury University, New Zealand.

Dore, J. (1995). The emergence of language from dialogue. In A. Mandelker (Ed.), Bakhtin in contexts: Across the disciplines (pp. 151–176). Evanston, IL: Northwestern University Press.

García-Carrión, R., & Villardón-Gallego, L. (2016). Dialogue and interaction in early childhood education: A systematic review. *REMIE Multidisciplinary Journal of Educational Research*, *6*(1), 51–76.

Gogotishvili, L.A. (2004). Introduction to the notes (with the assistance of S.O. Savchuk). *Journal of Russian and East European Psychology*, *42*(6), 25–49.

Malloch, S., & Trevarthen, C. (2009). *Communicative musicality: Exploring the basis of human companionship*. Oxford: Oxford University Press.

Marjanovic-Shane, A. (2011). You are "Nobody!" The three chronotypes of play. In E.J. White & M.A. Peters (Eds.), *Bakhtinian pedagogy: Opportunities and challenges for research, policy and practice in education across the globe* (pp. 201–226). New York: Peter Lang.

Marjanovic-Shane, A., & White, E.J. (2014). When the footlights are off: A Bakhtinian analysis of play as postopok. *International Journal of Play*, *3*(2), 119–135.

Odegaard, E. (2007). "What's up on the teachers' agenda?": A study of didactic projects and cultural values in mealtime conversations with very young children. *International Journal of Early Childhood*, *39*(2), 39–45.

Pramling-Samuelsson, I., & Carlsson, M.A. (2008). The playing learning child: Towards a pedagogy of early childhood. *Scandinavian Journal of Educational Research*, *52*(6), 623–641.

Sawyer, R.K. (1997). *Pretend play as improvisation: Conversation in the preschool classroom*. Mahwah, NJ: Lawrence Erlbaum.

Siraj-Blatchford, I. (2007). Creativity, communication and collaboration: The identification of pedagogic progression in sustained shared thinking. *Asia-Pacific Journal of Research in Early Childhood Education*, *1*(2), 3–23.

Tam, P.C. (2013). Children's bricolage under the gaze of teachers during dramatic play. *Childhood*, *20*(2), 244–259.

Volshinov, V.N. (1973). *Marxism and the philosophy of language* (I.R. Titunik & L. Matejka,

Trans.). New York: Seminar Press.

White, E.J. (2009a). Assessment in New Zealand early childhood education: A Bakhtinian analysis of toddler metaphoricity. Doctoral dissertation, Monash University.

White, E.J. (2009b). A Bakhtinian homecoming: Operationalizing dialogism in the context of an early childhood centre in Wellington, New Zealand. *Journal of Early Childhood Research*, *7*(3), 299–323.

White, E.J. (2011). "Now you see me, now you do not": Dialogic loopholes in authorship activity with the very young. *Psychology Research*, *1*(6), 2–9.

White, E.J. (2013). Cry, baby, cry: A dialogic response to emotion. *Mind, Culture, and Activity*, *20*(1), 6278.

White, E.J. (2016). *Introducing dialogic pedagogy: Provocations for the early years*. With video companion website. London: Routledge.

White, E.J., Peter, M., & Redder, B. (2015). Infant and teacher dialogue in education and care: A pedagogical imperative. *Early Childhood Research Quarterly*, 30.

White, E.J., & Redder, B. (In press). A dialogic approach to understanding infant interactions. In C. Hruska & A. Gunn (Eds.), *Interactions and learning: Interaction research and early education*. The Netherlands: Springer.

White, E.J., Redder, B., & Peter, M. (2015). The work of the eye in infant pedagogy: A dialogic encounter of "seeing" in an education and care setting. *International Journal of Early Childhood*, *47*(2), 283–299.

第十一章

幼儿教育中的经验：杜威的学说

丹尼斯·D. 坎宁安，唐娜·阿黛尔·布劳特

一、杜威简介

约翰·杜威（John Dewey）是美国有史以来最著名的哲学家之一。尽管他的研究领域涉及哲学、心理学和教育学，但他最著名的是在教育方面的研究。杜威不仅是当今最受欢迎的教育哲学家之一，也是在他所处的时代的名人。1928年6月4日，杜威作为那一时期最有影响力的人物之一，登上了《时代杂志》（*Time Magazine*）封面。他们称他为"第二个孔子"，因为他的思想在世界上的很多国家特别是在中国产生了广泛而深远的影响。在那个时代的其他杂志上，广告商把他当作赞助商，引用他关于社会、民主和进步的言论。在1952年6月2日《纽约时报》（*New York Times*）的讣告中作者指出，杜威在1930年从哥伦比亚大学退休时，发表的专著、散文和论文等作品已经超过了300部，他们还补充道："到他90岁的时候，他已经发表了1000多部作品。"

杜威深受他出生和受教育的时代的影响。达尔文的《物种起源》（*Darwin's Origin of Species*）出版于他出生的那一年——1859年。这本书对他关于教育和社会发展的看法产生了深远的影响。他甚至还为此写了一本书——《达尔文对哲学的影响》（*The Influence of Darwin on Philosophy and Other Essays*，1910），在这本书中，他将自己关于科学方法的发展本质与认识和现实本质的观点联系起来。杜威15岁开始在佛蒙特大学（University of Vermont）攻读学位时对哲学产生了兴趣。当时，美国大学里许多涉及哲学的教学仍然与宗教紧密相连。由于约翰斯·霍普金斯大学（Johns Hopkins University）有一个关于哲学的长期项目，所以

他在那里攻读博士学位。19世纪80年代早期，哲学不再是一种普遍的追求。因此，约翰斯·霍普金斯大学的校长鼓励他去追求另一个领域。尽管如此，杜威还是坚持攻读哲学和心理学，并于1884年获得了哲学和心理学学位。随后不久，他跟随导师乔治·西尔维斯特·莫里斯（George Sylvester Morris）来到密歇根大学，在那里他开始了作为讲师的学术生涯（Westbrook，1991）。

在杜威的学术生涯早期，有两位关键人物对他产生了影响。一位是他的妻子爱丽丝·杜威（Alice Dewey），另一位是哲学家T. H. 格林（T. H. Green）。虽然格林在1882年去世了，但他的研究对杜威影响巨大。爱丽丝提议杜威关注身边的社会问题，影响了他对宗教的看法，他把研究重点从制度化宗教转移到基于关心他人的富有生机的生活化宗教。与此同时，杜威还受到了格林作品的影响。格林的作品提倡一种积极的哲学，即"公民哲学"（Westbrook，1991，p. 36）。杜威本身的专业、达尔文的著作以及关于社会责任的新思想，这多重因素的影响为他探究民主、学校与社会关系理论打下了坚实的基础。尤其是当杜威在1894年离开密歇根大学到芝加哥大学（University of Chicago）任教时，这些思想对他的工作产生了重大影响。他第一次在市区生活，在那里他不仅亲身目睹了工业化带来的影响，而且接触了该市的一些社会活动家，其中包括简·亚当斯（Jane Addams）。

杜威的兴趣促使他着手研究教育并写了许多关于教育的文章。在进入研究生院之前，杜威在高中任教3年。在那段时间里，他在课堂管理方面举步维艰，这可能是导致他决定改变专业课程并攻读博士学位的原因之一。此外，杜威和他的妻子对他们的孩子在芝加哥公立学校接受的教育越来越失望。不过，并非只有他们感到失望。芝加哥地区的许多知名人士对学校改革很感兴趣，弗朗西斯·帕克上校（Colonel Frances Parker）就是其中之一。帕克开办了一所倡导新理念的学校。杜威不仅支持帕克，而且把自己的孩子送到帕克的学校。此后不久，杜威提议与芝加哥大学联合创建一所学校，作为他教育理论的实践基地。芝加哥大学同意了他的提议，并于1896年创建了"杜威学校"（Dewey School），由爱丽丝·杜威担任校长（Westbrook，1991）。

杜威实验学校成立时有16个孩子和2名教师。到1903年，学校有140名学生、23名教师和10名研究生（Westbrook，1991）。这所学校的教育理念正如本章所指出的,在当时是具有进步性的。不过,必须强调的是,学校的课程是以社会为中心,而不是以儿童为中心。一些教育基础教科书将其简单地概括为以儿童为中心,这是对杜威著作的常见误解。在工业时期有一场教育运动,将儿童理想化,并任由他们随着自己的兴趣发展,但杜威创办的学校仍然坚持围绕社会意义和相关社会经验组织教学,并将儿童作为更大的社区的成员分享这些经验。虽然学校的发展对杜威来说很关键,但他在寻求学校发展的同时考虑到社会和个人因素。学校教育的目的是让儿童成为有价值的公民,共同努力让他们的集体生活变得更好。

杜威学校开设的课程根据职业的特点来设计。这些职业课程包含一系列的活动,反映了某一时期的社会和(或)文化生活。有时候儿童参与的课程是体验过去时代的某些职业。例如,让儿童在花园和纺织实验室工作,他们牧羊、梳理和纺织羊毛,并将羊毛染色制成毯子和其他物品,就好像他们生活在一个前工业时代的农业社会一样。其他时候,儿童从事的职业更现代。例如,每个不同年龄的小组分别学习他们在芝加哥及其周边所经历的与交通相关的不同方面的知识(Mayhew & Edwards, 1936)。

杜威的这项工作受到了他在芝加哥最优秀的学生之一艾拉·弗拉格·杨(Ella Flagg Young)的影响。杨是芝加哥公立学校的第一位女督学。她在50岁时参加了杜威开设的研讨班,据一位学生说,这门课基本上是杜威和杨之间的双向对话,其他学生只是旁观者(Condliffe Lagemann, 1996)。杜威直接参与学校教育并开始和杨一起工作的那段时间,正是美国发生巨大变化的时期。越来越多的儿童在小学之后还留在学校,随着人数的增加,管理变得越来越重要。杨意识到了这一问题,并认为可以利用自己的教学经验帮助杜威实验学校解决这些问题。于是,她便与杜威夫妇一起对学校进行了行政改革,包括增加部门结构。新的结构促进了更好的合作和反思(Mayhew & Edwards, 1936)。

1904年,杜威离开芝加哥大学,因为他和校长威廉·雷尼·哈珀(William Rainey Harper)之间发生了冲突,其中大部分原因与学校和爱丽丝的校长角色有关。杜威在哥伦比亚大学任教25年,虽然在芝加哥的那段时间是他学术生涯中唯一直接参与学校工作的时期,但这段时间对他后来的职业生涯产生了重要影响。杜威在劳工问题和国际动荡问题上的影响力持续扩大,特别是在"二战"(即第二次世界大战）前、"二战"期间和"二战"后那段时期；即便如此，他依然坚持写关于教育的文章并就教育制度向国际社会征求意见。至今，距离他离开芝加哥大学已经有一个多世纪了，教育工作者仍然深深感受到了他的影响力。他不仅影响了学校教育的目的，还影响了反映社会目的的课程和教学法。他研究的核心在于两个关键理念，即经验和发展。对杜威来说，学校的课程设置应该基于共享的经验，学校教育的目的应该是促进持续的成长。

杜威（1938a）认为，共同学习的理念是课程经验中不可或缺的。他经常提出关于学习者（学生和教师）在成长和发展方面的作用，以及这种成长和发展与自由本身的关系的问题。他经常质疑教科书是否挑战或扼杀了儿童的发展。如果教科书与没有意义的经历相联系，学习者和教师就会认为它很无聊。误用或过度使用教科书，可能会对批判性思维和全面学习产生反作用。相反，杜威所重视的体验式教育与认知联系以及通过互动而获得的学习有着错综复杂的联系。杜威以一种进步的、人文主义的理想挑战了传统的教育过程，他认为这种理想与民主是一致的。

学习经验应该能够增强学习者的好奇心，激发他们的学习动力，推动他们勤于思考和主动学习（Dewey, 1938b）。进步的人文教育的核心是培养学生在充满关爱的环境中探索学习的深度和激情，这是至关重要或具有"教育性的"。有效的教育是在教师关注幼儿发展的环境中发现的，反思幼儿是如何思考的，如何在行为上表现他们对生活的认知和情感体验，包括选择追求他们的兴趣，同时拓展他们的思维边界和发展语言技能。理想情况下，学习者与包括教师在内的多元合作学习者群体之间的互动丰富了环境。教学是通过深入调查的过程和民主管理的课程来进行的。

二、教育经验的构成

研究人员发现，特定课程，特别是关注儿童发展的课程，会对儿童在社交—情感技能、自我调节、数学、语言和识字能力方面造成影响（Bierman et al., 2008；Clements & Sarama, 2008；Fantuzzo, Gadsden, & McDermott, 2011；Preschool Curriculum Evaluation Research Consortium, 2008）。为此，课程被视为儿童的生活

第十一章　幼儿教育中的经验：杜威的学说

经验，并成为杜威教育框架的基础。就像杜威关于课程和学校教育的观点一样，下面的框架和使用评估准则是用于评估教育经验的关键要素，并且这些框架和准则关注的是学生的经验以及这些经验如何带来更大的发展。

在提出框架和规则之前，关注教师为促进儿童的教育生活经验而创造的条件十分必要。正如杜威（1916）所指出的："我们从不直接教育，而是通过环境间接教育。"（p.19）在儿童的早期教育环境中，这一点尤其重要，因为环境本身为儿童学习什么和如何学习提供了很大的动力。孩子们根据他们所处环境中的物体以及他们在探索这些物体时所得到的支持程度来建立联系。然而，仅仅拥有可够得着的物品并不能保证学习。积木、纸质图书和沙盘，虽然表面上是具体的物品，但并不因为它们的存在而保证儿童能够成长和发展。杜威对此做出了这样一个重要的区分：

> 如果在教数字、地理或其他任何知识时使用的具体物品并没有能够让学生超越物品本身对物品有所认识，那么这样的教学就等同于只给出现成定义和规则的抽象教学，因为它仅仅是把注意力从观念转移到物品刺激上。
>
> （Dewey，1933，p.140）

儿童的生活经验与促进这些经验的空间之间存在着现象学联系（Seamon，2000）。因此，幼儿教育工作者在为课内的学习创造条件时，必须牢记儿童的"自然资源"。杜威（1976a）指出，教育者在做教学计划时及在教学中必须考虑儿童的四个关键动力或资源。

（1）儿童是社会性的。杜威认为语言是最简单的社交表达方式，因此也是一种非常重要的教育资源。他指出："儿童总是有想要说的话，有需要说出来的话；儿童总有思想要表达，而思想除非是自己的，否则就不能算是思想。"（Dewey，1976a，p.56）杜威批评了传统的教育环境，他说在这种环境下，儿童大多数时候都保持沉默，只有极少数的时刻，如在被要求回忆一个预先确定的问题的答案时，才会开口说话。在杜威（1916）的心目中，教室是一个微型社区，没有交流，社区是不可能形成的。因此，教师应该意识到儿童交际需求的天性并将其发挥出来。儿童需要有交流的理由,交流的本质应该是被引导而不仅仅是被灌输。我们应当让儿童在社会关系中成长,增加对儿童世界的理解以及确定他在世界中的角色。例如,芝加哥杜威实验室学校的儿童学习一门外语时,会在实际的社交场合中使用它。当他们坐在一起吃午饭时,会使用与食物有关的法语单词来表达(DePencier,1967)。

(2)儿童喜欢建构活动。杜威认为儿童是通过游戏、运动、想象来构建与他人的交流。他们通过搭建具体的东西促成与他人的交流,这些经常可以在儿童的游戏中看到。杜威(1910/1991)认为,儿童通过在游戏中使用具体的物品来扩大他们对世界的理解和与世界的联系。正如杜威所言:"他们从属于现实存在和理想所指之间。"(p. 161)他认为童心其实是对物品和经验的一种态度,比游戏本身更为重要。好奇心和童心代表着儿童的思维品质,它们是儿童探索可能性的起点。他还主张,游戏的主题应该与儿童的经验紧密相连。考虑到这一点,杜威实验学校开展了与家有关的游戏和活动,包括制作家具、照料花园、建造一个配有厨房及厨房用具的游戏室,等等。之后,扩大儿童的活动范围,让他们了解社区和社区内不同形式的交通工具。从幼儿园进入小学早期阶段时,他们会扩展这些经验。例如,他们建立了一个城市模型,其中包括对城市分区和发展模式的深入理解(DePencier,1967)。

(3)儿童喜欢调查。杜威(1976a)指出,儿童是活跃且充满好奇的。他认为教师有责任引导儿童与生俱来的动力以达到教育目的。教师必须在教室里创造空间,引导可能性,而不是预先确定。此外,他们必须抵制将注意力集中在已经在自己头脑中解决的问题上,无论这涉及特定的学科类别(例如这只是一堂数学课)还是特定的答案。杜威认为,如果一开始就从成人的观点出发,会扼杀儿童的调查能力,并且会使调查结果大打折扣。

在杜威的实验学校里,儿童会探索原始武器(例如箭头)的本质。在这些初步的探索中,儿童会测试不同的材料,以确定它们的硬度和柔韧性。在讨论了铁器时代之后,他们开始探索不同的金属和其他材料。根据这些经验,儿童学习了燃烧原理,以便确定建造熔炉的最佳方法。他们最初的设计没有成功,不得不回去研究气流和不同燃料的影响以改进设计。对于这样的调查方式,杜威(1976a)指出:"这些操作指南不是现成的,而是第一次需要用到的,并且需要通过实验来获取。"(p.53)儿童随后使用铜等材料尝试锻造各种工具。他们用不同的金属(如铁)锻造了同样的工具,然后设想在某些材料有限的情况下,可能会对不同地理区域造成什么影响。接着,他们进一步探索了农业社区、军事优势等所需的地质条件。经过深入的讨论,他们制作出了不同社区的沙盘。这样,即便非常小的儿童,也能接受如此显著的教育经验指导,以便理解和建立地质学、物理学、地理学、人类学和历史学之间的联系。这种类型的教学工作如何在幼儿教育的教室里开展呢?杜威指出,儿童在整整1年的时间里,每周都要花5小时来完成这项工作。

(4)儿童喜欢通过艺术的形式来表达自己。杜威(1976a)认为,生活的规律可以通过艺术的形式表现,而教育者们必须意识到艺术和生活之间的动态关系,这样才能创造出空间,让儿童在这些规律中找到自己的位置。杜威(2005)说:

> 在诗歌、绘画、建筑设计和音乐出现之前,自然界就有了规律。如果不是这样,规律作为一种基本的属性形式只会附属于物质,而不是物质影响自身行为的巅峰体验。
>
> (Dewey, 2005, p.153)

他进一步声明,儿童不只是这种规律的旁观者,他们是规律的一部分,也是通过时间和地域将自己与他人联系起来的一部分。因此,幼儿教育工作者需要为儿童提供在这种规律下表达自己的机会。

在杜威的实验学校,他们把纺织实验室作为实现这一目标的一种手段,同时在这一过程中整合了多个学科。孩子们得到亚麻、棉花和羊毛来检验和比较。然后他们对材料进行加工,同时了解这些原料起初是如何加工的。他们比较了每种材料的纤维以及这些纤维是如何共同作用产生不同质地和功能的织物。他们参与了从生产原料到布料生产(梳理、纺纱、织布)的整个过程。杜威(1976a)指出:"然后,孩子们以历史的顺序初次尝试创造和制作,通过不断地试验将其制作出来。这样,他们就可以看到其中的必要性,且这种必要性基于社会生活模式……"(p.21)孩子们在给羊毛染色时还研究了羊毛的化学性质。此外,他们还会研究美洲土著人的毯子图案，以设计自己的图案和编织自己的毯子。他们将生产的规律和美的事物相联系，这是需要经过几个世纪练习的过程，孩子可以表达一些美的东西，这具有历史和社会意义。

为儿童创造成长和发展的条件至关重要。为此，教师有责任改变课堂环境，以确保儿童的经验更具教育意义。换句话说，教师应当将自己的发展需求与儿童的成长同步。要做到这一点，教师需要养成经常思考的习惯："我怎样才能让儿童的经验更具有教育意义？"然后系统地反思自己的课程要素和教学环境，从而实现这一目标。然而，在没有一些方法或帮助的情况下进行这种程度的探究，对教师而言可能是一种挑战：一个平台或框架，有助于形成满足幼儿教育课堂各种要素所需的支架，以便教师在这一背景下做出正确的判断。为帮助教师实现这一目标，我们制定了一套幼儿教育经验评估准则，并将在下一节中介绍。

三、幼儿教育经验评估准则

评估准则的研制给幼儿教育工作者提供了一个实用的工具，以在特定背景下判断教育的质量（见表11-1）。该评估准则以杜威提出的三个维度为基础，构成了幼儿的教育经验，即主动学习（active learning）、民主学习（democratic learning）和探究式学习（inquiry-based learning）。下面详细解释每个维度。

（一）主动学习

谈及主动学习，我们发现在幼儿教育环境中，幼儿通过从事有意义的工作获得相应的经验，从而体验到工作的满足感。杜威（1938a）认为智力是通过这些生活经验发展起来的。幼儿的思想仍然与行动密切相关，因此，主动学习在幼儿教育课堂中至关重要。在探索和发现的过程中，幼儿的行为越活跃，表明他们的智力水平越高。研究表明，在使用主动学习的课堂上，幼儿的自我调节能力得到了改善，适应行为也得到了提高，这涉及幼儿智力的许多方面（Cunningham，2009）。主动学习不仅有助于促进幼儿的认知发展，而且有助于促进幼儿作为主动学习者角色的转变。

表11-1　幼儿教育经验评估准则

我提倡的课堂	教育经验要素				实施后观察到的变化
	时间	空间	关系或互动	教师角色	
主动学习	每天提供足够的时间探索概念和材料；确保有时间对活动进行反思；确保儿童能够体会到他们的经验与现实生活相联系；有机会进行持续几周或几个月的深入探究。	让空间尽可能真实；确保资源是可获取的和合适的；有足够的活动空间并设立专门的学习空间（如艺术区、建构区、图书馆）。	培养和维持互相信任和尊重的关系；提出明确的期望；提升自信，留存教师教学和儿童学习的证据。	有效管理资源；提供有意义的经验；不打扰儿童的活动；提供个人和小组活动，认可和激发儿童的兴趣；尊重儿童的培养环境，让他们可以安全地探索。	运动发展水平的提高；符号表示的增多；参与技能的提升；语言技能的自信心提升。
民主学习	提供互动的时间，提供更多相联系的时间；提供复杂的语言，来让儿童相互理解和了解对方的观点，给儿童时间表达想法和做出选择。	为交流创造最佳空间（交流和工作可同时进行）；提出期望，使其成为负责任的公民，创建接纳家庭和社区成员参与的空间；提供解决儿童冲突的空间。	促进相互信任和尊重，让儿童有机会与他人协商，帮助儿童理解其他人的观点，促进国际化视野。	鼓励提问，让儿童掌控选择，经常提供转变儿童的偏见，为儿童提供支架，协商允许儿童犯错。	更有效成且更积极的关系的建立；亲社会行为的增加；文化敏感性增强，冲突得到更有效的解决。

（续表）

我提倡的课堂	教育经验要素				实施后观察到的变化
	时间	空间	关系或互动	教师角色	
探究式学习	给予时间去了解、做假设，产生好奇心；提供足够的时间验证假设和仔细考虑更大的范畴；提供时间了解课程与世界联系；提供时间发现现在的经验和过去的经验之间的联系；给予时间思考和犯错。	给儿童提供一个安全的提问空间；为儿童提供独处和思考的空间，给儿童提供更广阔的空间让他们可以尽情地思考；为儿童提供没有预设目标的探索空间；提供合适的工具或材料让儿童安全地探索和实验。	促进相互信任和尊重；提供如何提问的支架，支持儿童的兴趣，并将这些兴趣与更大的想法相互联系；有意义地对话，在提问与(或答案)出事实之间保持平衡。	引导提问，并满足儿童提问的需求，对不理解或不知道的事情表示理解，然后努力更好地理解它；避免死板教条的评论，防止课堂受到过多的干扰。	好奇心增强，更多的假设得以检验，提出了更多经过深思熟虑的问题；儿童发现关联时发出"啊哈"的时刻增多；教师与儿童之间、儿童与儿童之间的对话更有趣。

第十一章 幼儿教育中的经验：杜威的学说

教师如何认识到他们是否在教学中给幼儿提供了主动学习体验呢？

主动学习的四个特征可用于判断幼儿是否参与了主动学习体验。

（1）如何开展活动，才能让它既能立即发挥作用，又能与未来的工作或在其他情况下与其潜在作用相联系呢？

（2）学习主题和主动学习并不相互排斥。相反，这些活动将幼儿与他们周围的世界连接起来，并加深他们对那个世界的理解。杜威（1976a）指出，幼儿不会从学术范畴（如数学、科学和文学）来思考，而是从更个人、更主动的角度来思考学习问题，就像幼儿会经常提起他们在学校做了什么，而不是他们在学校里学了什么。同时，主动学习在很大程度上与幼儿的社交相联系。在特定的教育环境中，当主动学习能在给予他们尊重的不成熟的社群中发生时，会更有效（Dewey, 1976a）。让幼儿有机会分享他们的经验、与同伴比较想法，可以促进他们的学习。

（3）虽然杜威认为课程应该考虑幼儿及其经验，但幼儿教育课程不应该放纵幼儿的心血来潮和特殊兴趣，而是应该将他们与生俱来的兴趣引向共同的经验（Dewey, 1976b）。

（4）尤为重要的是，主动学习应当促进幼儿的发展，而这必须考虑到幼儿的持续发展。主动学习对幼儿来说十分重要，因为它是认知重组的催化剂，能促进幼儿的发展。对幼儿而言，不仅要让他们认同当前的经验，而且要让他们做好准备，以富有意义的方式面对未来的经验（Dewey, 1938/1988）。

（二）民主学习

本节探讨幼儿教育课堂如何帮助幼儿将自己视为社会的重要组成部分。让幼儿想象他们希望生活在什么样的社会，并把自己看作创造这些理想社会的积极推动者。民主空间相信人性的能力，并认识到每个人，无论是个人还是集体中的一员，都是一项正在进行的工作里的成员。在这项工作中，只有通过成员的共同努力和不断进步才能使世界更美好。杜威（1916）指出："民主是一种生活方式，由对人性的可能性的工作信念控制。"（p. 226）艾尔斯（Ayers, 2014）将其描述为我们改变世界的辩证推动力并在这个过程中发生改变。他指出，这个人性化的过程需要与社会联系。在民主环境中学习的幼儿可以看到他们的成长对社群所做出的贡献，而这些社群并不局限于一个中心范围。他们将自己视为家庭以及家人、生活和工作的更大社群中的积极分子（Noddings，2013）。

教师们如何认识到他们正在提倡民主课堂？教师们需要顾及时间和空间的合理利用。他们是否为幼儿提供了足够的互动时间？他们是否提供了足够的时间让幼儿开启超越描述性的对话，开始以更复杂的方式谈论他们正在经历的事情？他们是否为幼儿提供了足够的时间来帮助他们以不同的方式看待事物？当幼儿在教室或活动区里学习时，他们是否有时间和机会互相谈论他们正在学习的东西？同时，教师应该顾及自己和幼儿之间的关系以及幼儿和社会之间的关系。教师也需要顾及幼儿看待他们对彼此负责的方式和程度。家长和社群的成员多久能在课堂上与幼儿接触一次？教师是否为幼儿解决冲突提供支持？幼儿用什么方法来理解彼此的观点？如果教师发现幼儿不能宽容别人，该如何改变幼儿的这种态度？幼儿可以犯错吗？他们是否被鼓励去思考这些错误并从中学习？

（三）探究式学习

通过探究式学习，教师致力于探究创设怎样的学习环境才能实现幼儿游戏式地探索的设想，激发他们的想象力，并对无限的可能性保持敬畏？在以探究为基础的幼儿教育中，教师和幼儿拒绝"一成不变的成人逻辑"（Dewey，1933，p. 60），拥抱对生命和彼此的尊重（Rud & Garrison，2012），共享一种"理想的不可见力量"（Dewey，1934/1991，p. 36）。当幼儿发挥他们的想象力时，不应当只把它用于处理虚构的事物。例如，想象力的使用不应该被贬为幻想和虚构，而应该将他们的想象力与周围的世界联系起来。此外，在以探究为基础的学习环境中，一个关键的因素是有共同的需求。当幼儿有共同的需求时，他们能够暂缓判断，共同解决问题。最后，在幼儿教育课堂中，尊重和鼓励幼儿的好奇心是至关重要的。正如谢弗勒（Scheffler，1985）发出的警告：

> 一旦儿童的好奇心受到一定程度的压制，这种好奇心就可能变得迟钝而无法清醒。反复受挫的质疑冲动最终可能会消失。探索小说所需的灵活思维、冒险精神和自信是珍贵而脆弱的学习工具，一旦被滥用或废

弃，它们就会失去优势。

(Scheffler，1985，pp. 12-13)

教师如何知道他们是否在促进探究式学习？他们是否激发了幼儿的好奇心，给他们提供了实验的时间和机会？教室里的幼儿多久能看到他们所做的事情和其他不同的、更大的想法之间的联系？幼儿多久会问一次有关他们经验的问题？教师是否给幼儿提供了思考的时间和空间？他们是否帮助幼儿就他们的经验提出更好、更深思熟虑的问题？教师是否引导幼儿的好奇心去获得更深入的理解？如果教师们感到或者曾经感到他们的课程繁多且大多停留在浅层的学习，他们是否能够调整课程，使其侧重于花更多的时间在更深层次的学习上？教师是否为幼儿树立了探究过程的榜样？他们是否会承认自己不懂某件事，然后向幼儿展示他们是如何系统地学习他们所不知道的事情？这些都是教师在开展探究式教学时应当思考的问题。

四、如何使用这种方法？

在某种层面上，一位教师或一组教师可以使用这种方法在课堂上进行一般性的反思，这会有助于这种方法的引进，但以这种方法进行反思也存在一定的局限性。根据自己的感知来回忆逸事不一定能够反映课堂上实际发生的事情。虽然它是准确的，但是缺乏特殊性，无法解决选择和行为的频率问题。这就是为什么收集关于每位教师课堂生活经验的数据十分重要。收集数据可以让这一方法发挥其潜力，从而促进教师的专业成长。因此，需要教学文字资料（Dahlberg，Moss，& Pence，1999）系统地记录教师在课堂中做了什么以及他们在课堂中创造的条件。

行为观察是收集幼儿在课堂上的经验的数据最有效和最高效的方法之一（Kawulich，2005）。教师被鼓励邀请一个主任或同事去其教室参与观察三次，参与观察期间会出现三种不同的共同经历。例如，观察者可以在圆圈时间、区域活动时间和结构化课程期间到达。观察者可以对他看到的内容做详细的记录，包括引用教师和学生的话、描述房间里的活动、记录使用的材料，等等。然后，教师和观察者一起回顾观察笔记,以确保他理解观察者记录的内容。接下来,教师可以将自己的笔记添加到观察文档中,以填补空白或提供观察内容的背景。最后,教师可以将这些记录下来的内容与幼儿教育经验评估准则做比较。

收集数据的另一种有效方法是整合需要回顾的手工制品。这些手工制品代表幼儿课堂经验的性质,并且教师最好能在这些手工制品制作之前对其进行描述。手工制品可能包括学生作品、区域操作、整个房间使用的材料清单、家长和社区志愿者的签到表以及其他物品。对于每一件物品,教师可以做些描述,将这些物品与课堂生活经验联系起来。然后,教师可以将这些描述与幼儿教育经验评估准则联系起来。

教师还可以使用的一种方法是图片启发法(photo elicitation)。与瑞吉欧·艾米莉亚的"记录儿童学习"(Edwards, Gandini, & Forman, 1998)方法类似,以图片启发形式的视觉文档可以记录教师提供给幼儿的经验。哈帕(Harper, 2002)指出,图片启发有助于参与研究的人唤起情感、记忆和信息,否则这些信息可能会被忽视。教师可以在一段时间(比如一周的时间)内在教室里拍照,也可以让其他人拍照。然后,每位教师挑选出10~20张似乎捕捉到幼儿在课堂上获取经验的图片,并为每一张图片写一篇反思或反馈。然后,教师可以将写好的反思贴在图片上,并根据幼儿教育经验评估准则进行分析。

虽然在教室里还有其他收集数据的方法,但这三种方法是在不打断教学过程的情况下收集数据的有效方法。无论是单独使用还是一起使用这些方法,都给教师提供了丰富的信息,教师可以从中研究其促进儿童的教育经验的程度。应当指出的是,评估准则并不对每一个要素做出是或否的反应,而是回应"达到什么程度",以便教师确定采取何种与要素相关的促进幼儿成长的方式。为此,要鼓励教师思考他们对时间、空间、关系和角色相关因素的支持程度,最终判断他们在课堂上为儿童提供的经验是高教育性、中等教育性、最低教育性还是没有教育性。通过对这些要素进行分级审查以及对其课堂的全面评估,教师可以更好地探索教学的复杂性,并确定他们能够主动地开展工作的领域,从而使课堂更具教育性。

五、结论

在过去的几年里,政策制定者和公众更加关注学前教育。2013年,奥巴马总统发表国情咨文[1]呼吁国会,为每一个美国儿童接受高质量学前教育增加机会(Office of the Press Secretary,2013)。之后,国会的两党团体提出了法案草案——"美国儿童的强力起始计划"(Strong Start for America's Children),几位州长也提出了在州内扩大学前教育计划的建议。

研究高质量学前教育的潜在影响的结果是明显的。研究表明,社区内的贫富差距反映了学校里儿童的成就差距,特别是贫困儿童,他们在早期认知能力测试中的得分明显低于来自高收入家庭的儿童(Duncan & Magnuson,2011;Reardon,2011)。此外,缺乏优质学前教育经历的贫困儿童更难以集中注意力,并会表现出更多的问题行为。相比之下,参加高质量学前教育项目的学生可以在数学素养和阅读能力两个方面获得6个月到1年的学习效益(Camilli,Vargas,Ryan,& Barnett,2010;Wong,Cook,Barnett,& Jung,2008)。

由于国会和州政府的努力,公立学前教育的覆盖面有望扩大,但质量问题仍然存在。研究表明,只有极少数的公立学前教育项目能够达到总统所要求的优秀水平,大部分的项目表现出了较差的保育和教育质量(Cunningham,2009)。超过50万儿童(占全国入学人数的40%)在被认定为低质量的幼儿园里接受教育(Barnett et al.,2015)。领先教育计划也在此次的改革呼吁之列。研究表明,这项计划没有达到预期的平均质量标准(Mashburn et al.,2008;Moiduddin,Aikens,Tarullo,West,& Xue,2012)。

对质量标准进行定义及随后的质量评估非常具有挑战性。国家幼儿教育研究所(N.I.E.E.R.;Barnett et al.,2015)确定了10项质量基准,其中包括教师资格证书、在职培训、学生与教师比率等标准。虽然这些措施给每个州的幼儿教育质量评估提供了一种方法,但这些方法没有太大的意义,因为这些方法没办法让保育

---

[1] 国情咨文(State of the Union Address),指美国总统就政府业绩和规划在国会所做的年度讲话。——译者注

中心或幼儿园判断他们是否给所照顾的儿童提供了高质量体验以及他们的体验程度（Kearney & Harris, 2014）。科尔尼和哈里斯（Kearney & Harris, 2014）指出："虽然大体上这些特征可能与高质量的课程呈正相关，但它们并不一定是高质量课堂体验的因果途径。"（p. 25）换言之，国家教育研究所和其他机构提供了有关课程质量的大致思路，但它们并没有涉及这些经验即幼儿教育课程本身。

在政策制定者和社区领导人努力增加接受公共学前教育的机会之际，领导人必须在实际发展过程中努力保持高质量。这些挑战与杜威和杨在芝加哥合作期间，中小学教育发展面临的挑战相似。有许多委员会和机构谈到幼儿园质量的本质。我们认为，我们需要一个同样强有力的声音，解决课程质量的本质问题。比如：幼儿园需要有安全的、吸引人的空间；教师需要有合格证书；教室的大小很重要。此外，幼儿在这些安全而吸引人的空间里与这些高素质的教师在一起，他们的经验需要具有高度的教育意义。为了实现这一点，教师和幼儿园管理者需要用一种方法来衡量幼儿所经历的主动性、探究性和植根于民主原则的程度。更重要的是，幼儿园管理者、幼儿园工作人员和其他利益相关者需要通过明确和具体的措施来谈论他们所做的工作，以便在资源配备和专业发展需求方面做出重要决策。

可以说，幼儿教育课程的两个重点就是杜威在芝加哥创办的杜威实验学校所强调的，即经验和成长。正如杜威在他的教育著作中所写的那样，教育者需要为儿童规划有高度教育性的经验，以促进个人的成长和社会的发展。正如他在芝加哥的实验学校所示范的那样，当教师们以某种程度的结构来制订他们的计划并讨论计划的结果时，他们就可以做到这一点。拟议的规则可以以非常实际和有意义的方式发挥作用。不过，正如在杜威的传记中提到的，他的作品涉猎广泛、内容庞杂。所以，大多数幼儿教育工作者不太可能有机会（或渴望）对他所著的关于学习、探究和民主方面的著作进行研究。人们也认识到，许多资料试图总结杜威的研究，但他们的总结往往不到位甚至歪曲了他的想法。这里提供了一些背景，希望幼儿教育工作者将使用评估准则作为一种手段，评估他们为学生提供的经验，并探索使这些经验更具教育性的途径。

参 考 文 献

Ayers, W. (2014). Education for a changing world. In D.A. Breault and R. Breault (Eds.), *Experiencing Dewey: Insights for today's classrooms*. New York: Routledge.

Barnett, W.S., Carolan, M.E., Squires, J.H., Clarke Brown, K., & Horowitz, M. (2015). *The state of 2014: State preschool yearbook*. New Brunswick, NJ: National Institute for Early Education Research.

Bierman, K.L., Domitrovich, C.E., Nix, R.L., Gest, S.D., Welsh, J.A., Greenberg, M.T., & Gill, S. (2008). Promoting academic and social-emotional school readiness: The Head Start REDI program. *Child Development*, *179*, 1802–1817.

Camilli, G., Vargas, S., Ryan, S., & Barnett, W.S. (2010). Meta-analysis of the effects of early education interventions on cognitive and social development. *Teachers College Record*, *112*, 579–620.

Clements, D.H. & Sarama, J. (2008). Experimental evaluation of the effects of a research-based preschool mathematics curriculum. *American Educational Research Journal*, *45*(2), 443–494.

Condliffe Lagemann, E. (1996). Experimenting with education: John Dewey and Ella Flagg Young at the University of Chicago. *American Journal of Education*, *104*(3), 171–185.

Cunningham, D.D. (2009). Second grade students investigate instructional approaches and behavior through action research. *The Constructivist*, *19*(1).

Cunningham, D.D. (2010). Relating preschool quality to children's literacy development. *Early Childhood Education Journal*, *37*, 501–507.

Dahlberg, G., Moss, P. & Pence, A. (1999). *Beyond quality in early childhood education and care: Postmodern perspectives*. London: Falmer.

DePencier, I.B. (1967). *The history of the laboratory schools: The University of Chicago 1896–1965*. Chicago: Quadrangle Books.

Dewey, J. (1910). *The influence of Darwin on philosophy: And other essays*. New York: H.Holt.

Dewey, J. (1916). *Democracy and education*. New York: Macmillan.

Dewey, J. (1933). *How we think*. Boston: D.C. Heath. (Original work published in 1910).

Dewey, J. (1938a). *Experience and education*. New York: Macmillan.

Dewey, J. (1938b). *Logic: The theory of inquiry*. New York: Henry Holt and Company.

Dewey, J. (1976a). The school and society. In J.A. Boydston (Ed.), *John Dewey: The middle works, 1899–1924: Vol. 1. 1899–1901* (pp. 5–112). Carbondale: Southern Illinois University Press. (Original work published in 1899).

Dewey, J. (1976b). The child and the curriculum. In J.A. Boydston (Ed.), *John Dewey: The middle works, 1899–1924: Vol. 2. 1902–1903*. (pp. 271–292). Carbondale: Southern Illinois University Press.

Dewey, J. (1988). Experience and education. In J.A. Boydston (Ed.), *John Dewey: The later works, 1925–1953: Vol. 13. 1938–1939* (pp. 1–62). Carbondale: Southern Illinois University

Press. (Original work published in 1938).

Dewey, J. (1991). *A common faith*. New Haven, CT: Yale University Press. (Originally published in 1934).

Dewey, J. (2005). *Art as experience*. New York: Penguin. (Original work published in 1934).

Duncan, G., & Magnuson, K. (2011). The nature and impact of early achievement skills, attention skills, and behavior problems. In G.J. Duncan & R.J. Murnane (Eds.), *Whither opportunity? Rising inequality, schools, and children's life chances* (pp. 47-69). New York: Russell Sage Foundation and Spencer Foundation.

Edwards, C., Gandini, L., & Forman, G. (1998). *Hundred languages of children: The Reggio Emilia approach to early childhood education*. Westport, CT: Ablex.

Fantuzzo, J.W., Gadsden, V.L., & McDermott, P.A. (2011). An integrated curriculum to improve mathematics, language, and literacy for Head Start children. *American Educational Research Journal, 48*, 763-793.

Harper, D. (2002). Talking about a picture: A case for photo elicitation. *Visual Studies, 17*(1), 13-26.

Kawulich, B. (2005). Participant observation as a data collection method. *Forum Qualitative Sozialforschung/Forum: Qualitative Social Research, 6*(2).

Kearney, M.S., & Harris, B.H. (2014). *The Hamilton Project: Policies to address poverty in America*. Washington, DC: Brookings Institution.

Mashburn, A.J., Pinata, R.C., Hamre, B.K., Downer, J.T., Barbarin, O.A., Bryant, D., & Howes, C. (2008). Measures of classroom quality in prekindergarten and children's development of academic, language, and social skills. *Child Development, 79*, 732-749.

Mayhew, K.C., & Edwards, A.C. (1936). *The laboratory school*. New York: Appleton-Century.

Moiduddin, E., Aikens, N., Tarullo, L., West, J., & Xue, Y. (2012). *Child outcomes and classroom quality in FACES 2009 OPRE Report 2012-37a*. Washington, DC: Office of Planning, Research, and Evaluation, Administration for Children and Families.

New York Times (June 2, 1952). Dr. John Dewey dead at 92: Philosopher a noted liberal.

N.I.E.E.R.: National Institute for Early Education Research.

Noddings, N. (2013). *Education and democracy in the 21st century*. New York: Teachers College Press.

Office of the Press Secretary (2013). State of the Union Address. The White House.

Preschool Curriculum Evaluation Research Consortium (2008). *Effects of preschool curriculum programs on school readiness* (N.C.E.R. 2008-2009). U.S. Department of Education, National Center for Education Research. Washington, DC: U.S. Government Printing Office.

Reardon, S. (2011). The widening academic-achievement gap between the rich and the poor: new evidence and possible explanations. In G.J. Duncan & R.J. Murnane (Eds.), *Whither opportunity? Rising inequality, schools, and children's life chances* (pp. 91-116). New York: Russell Sage Foundation and Spencer Foundation.

Rud, A.G., & Garrison, J. (2012). *Teaching with reverence: Reviving an ancient virtue for today's schools*. New York: Palgrave Macmillan.

Scheffler, I. (1985). *On human potential: An essay in the philosophy of education.* Boston: Routledge & Kegan Paul.

Seamon, D. (2000). Phenomenology, place, environment, and architecture: A review of literature. *Phenomenology Online, 36.*

Westbrook, R.B. (1991). *John Dewey and American democracy*. Ithaca, NY: Cornell University Press.

Wong, V.C., Cook, T.D., Barnett, W.S., & Jung, K. (2008). An effectiveness-based evaluation of five state prekindergarten programs. *Journal of Policy Analysis and Management, 27*, 122–154.

第十二章

全世界共同歌唱：保罗·弗莱雷的影响

伊丽莎白·P. 金泰罗

我来自一个精神充实的地方
在那里，文化就是一切
全世界共同歌唱

（Martinez，personal communication，2009）

一位师范生在她的诗歌作业《我来自哪里》（*Where I'm from*）中写下了以上这一节，以此来描述弗莱雷关于家庭历史和文化重要性的原则。

一、保罗·弗莱雷

保罗·弗莱雷（Paulo Freire，1921—1997）是谁？他的工作与教育幼儿有什么关系？他的作品与"全世界共同歌唱"有什么关系？许多教师在多语言社区的幼儿园和小学工作，这是多种语言和历史的大合唱，他们经常与生活在贫困地区和有其他问题的人们一起生活。保罗·弗莱雷的工作与他们的工作有着显著的联系。弗莱雷最著名的作品是《受压迫者的教育学》（*Pedagogy of the Oppressed*，1970）。随着《教育政治学》（*The Politics of Education*，1985）的出版，他的才智、哲学和教育学思想被越来越多的读者所接受。最初，弗莱雷的思想在美国被用于成人扫盲和成人语言教育。渐渐地，社区活动家们开始在各种环境中运用弗莱雷的思想和方法。在20世纪90年代初的美国，甚至有一些幼儿教育研究与弗莱雷的哲学、理论和应用产生了共鸣，这些研究涉及我们对儿童、家庭和与儿童有关的成人的研究。

弗莱雷在巴西和世界各地的研究影响了我们在幼儿教育项目方面的工作，特别是那些与多语言儿童和具有不同历史背景的家庭合作的项目。虽然弗莱雷主要与成人合作，但他的思想、理论影响和实践的生成性方法，为儿童及其家庭在美国和全世界的早期照护和教育领域带来了多种语言、多种历史和多样化的生活体验。本章正是通过一个特定的、多样化的师范生群体与儿童之间合作的例子，以及让师范生参与关键的复杂教育的具体例子说明弗莱雷的一些教学实例。

当我把弗莱雷的作品介绍给师范生时，他们对弗莱雷提出的关于儿童的崇高的、知性的和积极的想法的可能性产生怀疑。有了信息的提供和支持，师范生在与儿童共事的过程中不仅着手于调查研究，还将许多弗莱雷的观念付诸实践。他们彼此合作，也与儿童合作，使弗莱雷的理论具体化。实习教师和幼儿根据他们的实际情况，以自己的方式参与变革行动。弗莱雷的理论立场表明，每个儿童个人经验的重要性源于他们从经验、关系和学习中创造意义。通过与同龄人和成人实习教师的互动，个人体验变成了共同的、协作式的学习。儿童之间、成人之间、儿童与成人实习教师之间的协作、互动学习都是意义生成的一个重要方面。例如，一个幼儿用母语和英语给自己和朋友的一幅画贴上标签，这就是弗莱雷理论立场的一个例子。一位实习教师与一位最近被安置在一个新地方的难民家长和她的孩子共事时，他要求孩子在写学校的信息时用母语书写。这两个例子就是弗莱雷对批判理论的诠释，两者都是批判性变革行动的形式。

在过去的几十年里，从维果茨基、布朗芬布伦纳和露西·斯普拉格·米切尔（Lucy Sprague Mitchell）到瑞吉欧启发下的马拉古兹（Malaguzzi）教义，表明幼儿教育研究显然站在了许多伟大学者和激进教育家的肩上。在过去的几十年里，许多教育工作者作为学习者在复杂的世界中工作，他们具有学习多种语言的能力、拥有多种优势、了解多种历史和具备应对多种需求的能力，他们致力于为儿童和家庭教学增加更传统的方法，即批判性理论和批判性教学法（Freire，1985；Kincheloe，2000；Kincheloe，McLaren & Steinberg，2012）。

本文首先回顾弗莱雷的个人经历，然后简要介绍他作品的主要概念。最后，将弗莱雷丰富的个人和社会政治经历及一些简要的定义与幼儿在儿童早期的动态世界相联系——通过一些发生在幼儿和他们的实习教师之间的小故事和小插曲来呈现。值得一提的是,这些实习教师大多数刚从事幼儿教育工作。

(一) 早年经历

1921年,保罗·弗莱雷出生于巴西累西腓。他是四个孩子中最小的一个。他的父亲是一名军官,母亲是一名裁缝。他们被认为是受过良好教育的中产阶级家庭。保罗的母亲对他的智力充满信心,他的父亲会哼着歌哄他入睡,还会给他讲故事(Smidt, 2014)。"保罗在他出生地的院子里的树荫下,和父母一起学习阅读。"(Gadotti, 1994, p. 2)当保罗·弗莱雷进入他的第一所学校(一所小型的私立学校)时,他已经认识了字母表,并且能够很好地书写和抄写单词。虽然他在那所学校里只待了1年多,但他永远不会忘记老师教他的"造句"(Gadotti, 1994, p. 2)。教师让孩子们写两三个单词,然后让他们用这些单词说一些话。她对孩子们通过写作表达个人意义的重要性有一种非常明确的直觉(Gadotti, 1994)。

在弗莱雷10岁的时候,他们一家从累西腓搬到了雅博阿唐。弗雷雷一直坚称自己的童年很快乐,但正如20世纪30年代初巴西东北部的大多数儿童一样,他也经历过贫穷和饥饿。住在雅博阿唐的弗莱雷与来自贫穷农村家庭的孩子以及住在山上或运河附近的工人的孩子一起在街上踢足球、玩游戏。在他的晚年,他对自己十几岁时的生活评论道:

> 和他们相处的经历帮助我开始习惯于不同的思维方式和表达方式。这是平民百姓的语法、平民百姓的语言,作为平民百姓的教育者,如今我致力于对这种语言的准确理解。
>
> (Gadotti, 1994, p. 3)

在弗莱雷12岁时,他的父亲去世了。他不得不中断学习。这导致他到16岁时才开始上高中,而其他大多数学生都是在12岁或13岁时开始上高中(Gadotti, 1994)。

（二）早期职业生涯及以后的生活

弗莱雷高中毕业后进入大学学习。在他早期的教师生涯中，一些活跃的知识分子对他的工作产生了影响。一位是反对奴隶制的积极分子，律师和哲学家巴博萨（R. Barbosa）；另一位是内科医生里贝罗（C. Ribeiro），他写了一本以社会语言学为框架的书，研究了政治、历史、社会学和教育对葡萄牙语发展的影响（Smidt，2014）。弗莱雷早期的职业生涯是在中学教葡萄牙语。1944—1945年，他娶了艾尔莎·玛丽亚·奥利维拉（Elza Maria Oliveira），并育有5个孩子。艾尔莎一直鼓励弗莱雷专心学习。1959年，弗莱雷完成了关于成人识字的博士论文（Smidt，2014）。后来，弗莱雷成为累西腓大学（University of Recife）的历史和教育哲学教授，并在累西腓大学任教直到1964年。

在20世纪60年代，弗莱雷与许多没有接受过正规教育、没有文化的成人一起工作。1963—1964年，巴西所有州都开设了协调员课程，并制订了建立2000个文化圈的计划。弗莱雷的"文化圈"是学习者用自己的说话方式来表达他们对自己的世界是如何形成的，以及如何在未来通过变革行动改变世界的共同理解。这项工作惠及200万人（Freire & Macedo，1987）。然而，1964年巴西政变后，弗莱雷因其教学中的"颠覆性"因素被监禁70天。他曾流亡多年，生活在玻利维亚、智利、日内瓦（瑞士）和美国。1979年，他回到巴西，领导工人党在圣保罗开展了六年的扫盲项目。1988年，弗莱雷被任命为圣保罗教育部部长（Smidt，2014）。在弗莱雷的哲学和方法发生戏剧性变化的40年里，他的妻子艾尔莎一直是他富有创造力的合作者。可悲的是，1986年，"作为弗莱雷40年爱人"的艾尔莎去世了，弗莱雷悲痛欲绝。保罗的朋友和同事担心这场悲剧会改变他，让他失去对工作和生活的热情。几年后，弗莱雷与安娜·玛丽亚·阿劳乔（Ana Maria Araújo）相识，并娶了她。几年后，他向他的朋友多纳尔多·马塞多（Donaldo Macedo）解释道：

> 妮塔[1]（Nita）不仅教会了我重新去爱的可能性，而且她给了我一种全

---

[1] 妮塔，即弗莱雷的第二任妻子安娜·玛丽亚·阿劳乔。——译者注

新的、重燃智慧的能量。我感觉自己又恢复了理智。……她还使我深刻认识到我应当修改我以前的想法的重要性以便重新创造它们。

(Macedo, 2001, p. 4)

保罗·弗莱雷继续他批判性的知识分子和活动家的工作，直到1997年去世。他最后的出版物之一是一本批判性对话汇编，这本对话汇编是他与一些受到其作品影响的学者和实践者共同创作的。这些学者代表了不同的批判观点、种族背景、教学方法和生活经历，他们都得到弗莱雷的指导。《导师指导》（*Mentoring the Mentor*）（Freire, 1997b）这本书以弗莱雷对撰写该书的意图的解释结束：

我在此回答的目的不是穷尽所有可能提出的问题……而是举例说明我是如何回答这些问题的。读者面临的挑战是，在自己的生活中，在自己具体的历史背景下，重复书中的问题来回答我没有回答的问题……我们再次本着对对话和革新的理解的精神。这是为了让读者重新创造，并使它活在历史之中。

(Freire, 1997b, p. 329)

二、主要概念

保罗·弗莱雷以对教学、人权和社会正义以及课堂内外变革行动的理念而闻名。他的思想被认为是批判社会理论（通常被称为批判理论）和相关教育学（称为批判教育学）的核心。本章将简要地定义他提出的几个概念，然后在本章的下一节将呈现一些幼儿园实习教师与幼儿之间发生的小插曲，这些小插曲有助于说明这些概念对幼儿教育工作的意义。

（一）实践：反思与行动

弗莱雷（1970）因他的实践理论而闻名，而实践包括反思和行动。在《受压迫者的教育学》一书中，弗莱雷将实践定义为"为了改变世界而对世界的反思和行动……（通过）实践，被压迫人民能够对自己的处境有批判性的认识，并与他们的盟友一起为解放而斗争"（p. 36）。这种反思和行动针对的是需要改变的政策和结构。通过实践，人们可以对自己的处境有批判性的认识，并与他们的盟友一起努力改变他们想要改变的处境。这种斗争的理论和方法由几个相关的部分组成，通常被认为是批判社会理论（McLaren & Giroux，1994）。

（二）意识

学习是一个关键的过程，它依赖于发现真正的问题和实际的需要。弗莱雷为这项工作创造了一种方法，他称之为意识，包括通过反思、质疑、对话和行动，培养对社会现实的批判意识。行动是根本的，因为它是改变现实的过程（Freire，1985）。意识有时被解释为产生更多学习的递归实践（recursive praxis）。

（三）编纂

编纂是一种收集信息的方式，目的是在特定环境中围绕真实情况和真实的人构建一幅图画（编纂）。"这就像一个摄影师把照片放在某个焦点上"（Freire，1983，p. 6）。编纂使行为或对象分类形式明确且纯粹。"去编纂化"是一个过程，在这个过程中，一个群体的人开始认同他们所处的情况的各个方面，能够批判性地反思，从而获得理解。因此，"去编纂化"将现实语境中的一种生活方式转变为客观的理论语境，会让对话中的参与者反思并讨论"这里到底发生了什么？"。

（四）对话

弗莱雷的对话意义指的是，在一定的对话情境下与他人或合作者交谈，并假定所有的参与者都是平等的。参与者之间必须相互信任、相互尊重、相互关心，共同承担责任。每个人都必须质疑他所知道的，并意识到通过对话，现有的思想将改变，新的知识将被创造（Freire，1973）。

（五）主题的生成

20世纪50年代，在累西腓的大众文化运动中，弗莱雷建立了"文化圈"，以小组的形式讨论主题，由小组决定其作品中应发展的主题。弗莱雷希望鼓励这些团体，超越大众知识和大众智慧，在理解构成特定参与者群体知识的主题方面获得更多的相互支持。换言之，弗莱雷"发现学习的形式，即学习行为的过程，是与学习内容相关的决定性因素"（Gadotti，1994，p. 18）。当有关这些问题的资料被带到课堂上时，弗莱雷成了一个问题的提问者。他用他和学生所掌握的关于生成性主题的知识来构造问题。这些被他提出的问题旨在教导人们，没有任何课程或知识是超越考试的。他坚信，所有的知识都是由语境和产生信息的个人塑造的（Kincheloe，McLaren，& Steinberg，2012，p. 16）。

（六）灌输式的知识观

被弗莱雷批评为"灌输式"的教育概念，从过去到现在仍在很多地方实行。这是那些自认为有知识的人向那些他们认为无知的人传授知识的实践。弗莱雷将其形象地比喻为："教育变成了一种灌输行为（就像在银行）；'知识'只是知者对一无所知者的一种捐赠。"（Gadotti，1994，p. 52）"灌输式教育"（banking education）使不平等的教育状况长期存在，维持了压迫者和被压迫者之间的分歧。正如弗莱雷所阐明的那样，这种教育实践被认为站在"提问式教育"（problem-posing education）和批判社会理论的对立面。如上所述，弗莱雷主张在教育工作者和学生之间建立一种对话关系，在这种关系中学习是多向的。弗莱雷（1970）坚持认为，教师的主要作用是促进学习者个体和学习者群体学习的教育变革。

三、实践理论的示例说明

弗莱雷的教学也被定义为实践。他认为，人们仅仅通过对话来了解社会现实是不够的。他们必须聚在一起对话并批判性地反思他们的现实，然后共同行动来改变环境，促进自身需要的满足和愿望的实现（Freire，1973）。

在我们的项目中，作为幼儿园实习教师的大学生，在弗莱雷的框架下学习教学，他们通过自身的专业学习和对幼儿学习的规划方面来举例说明实践。他们探索实践理论框架支撑综合课程的方式，从而引导幼儿进行有意义的学习

(Quintero, 2015)。我们使用的提问方式包括倾听、对话和行动。在使用这种方法的大学课堂上,师范生通过反思性写作和分享参与者的故事来倾听自己的过去,并以小型讲座、专家报告和学术研究的形式收集有关教学的新信息。

在倾听部分,教师利用故事、文学和艺术的平台反思和建构他们自己的学习经历,以此来构建互助的方式规划他们与学生间的合作。

然后,在倾听活动中,他们以小组的形式进行对话,分享自己的个人信息,并与大学课堂上呈现的信息相联系。在这些讨论中,他们探讨了塑造他们身份的权力问题,并描述了当前家庭、学校和社区的环境。而后,无论是以小组或班级为整体的讨论,他们都必须将这些讨论与他们正在教授的儿童的情况联系起来,更多地讨论如何规划未来的课程活动,以鼓励和支持儿童、家庭和教育者的行动或改变。

在课堂行动部分,实习教师的实践重点是学会观察和倾听,以便准备和收集关于幼儿的信息,采取明智的行动并促进与幼儿的合作。例如,在实习教师与幼儿合作的初始阶段,他们会参与撰写关于幼儿的活动参与情况、优势、兴趣和幼儿教育课堂环境的描述工作。他们会简要描述幼儿的参与方式和游戏方式,以体现幼儿的兴趣。在幼儿参与活动的过程中,当他们发现幼儿会使用自己的母语(或英语)进行交流时,他们会提出以下几个问题:"孩子们在说什么?""孩子们以怎样的方式展现自己的兴趣?""孩子们在什么时候使用自己的母语?"实习教师的任务还包括观察幼儿的学习细节,如他们的读写能力、学习数学和其他知识的能力,并在观察后回答以下问题:"你认为孩子的强项是什么?""孩子们知道什么?""你怎么知道孩子们知道这个?"

在南加利福尼亚州一个经济困难的地区,一位双语学校的幼儿园实习教师写了一篇关于她和孩子们分享自己的家庭经历后发生的事情的反思。她写道,她想鼓励班上的孩子们将家里发生的故事与学校课程中的课堂作业联系起来。在我们大学的课堂上,曾有过关于分享个人经历的广泛讨论,讨论结果认为个人经历的分享是与学习者建立信任的一种方式。她解释说:

> 在我的小组里,我想把关注点放在家庭故事和图书制作上。一开始我告诉大家,我妈妈在我出生前两个月就来到了加利福尼亚州,但我的

许多堂兄弟姐妹仍然住在墨西哥。我希望通过我的故事分享，能更好地了解学生们。因为当我分享我的故事后，他们也许也会分享他们的故事。当我问他们是否有家庭成员住在或目前居住在与我们不同的地方时，一个学生告诉我，她的父亲在墨西哥。我觉得这很有趣，因为这个孩子有时拒绝说西班牙语，而且似乎对说西班牙语感到羞耻。

另外还有两名学生平时不善于表达，也不太谈及他们的家庭。但为了防止他们感到被冷落，我会用西班牙语问每个人几个具体的问题，以谈论他们的家庭。当我用西班牙语提问时，我确实看到他们变得更加投入。最后，我得到了其中一个学生的回应，她告诉我她的祖父母住在墨西哥。

（Santos，2015）

通过观察、记录、与幼儿的共同参与，实习教师开始与幼儿合作，参与综合性内容的学习——关注幼儿的学习经历，重点在于关注幼儿的兴趣和幼儿家庭的历史与文化（批判性教学法）。重要的是，实习教师要"关注"幼儿和他们的家庭，并利用他们的优势，绝不低估他们的职责，为将来的教育成功提供坚实的学术基础（批判性理论）。

四、意识理论的示例说明

如前所述，大学生开始通过思考自己的家族史来思考早期学习。他们被要求考虑、讨论和记录：在他们与所爱的人和其他人的互动中，什么是有意义的？在他们的家庭里，游戏是什么样的？游戏和故事在哪些方面有交集？理解故事和沟通的开端有哪些例子？这些记忆中的信息明显影响着学习者的学习过程偏好和学习内容的选择（批判性理论）。

我们对自己经历的反思往往是原始的和充满戏剧性的。这种反思给我们提供了设计和实施课程（批判性教学法）的视角。从批判性理论、提问式教育和批判性教学法的意义来看，听别人诉说回忆就是倾听，与同龄人分享就是对话，当记忆的信息与新学习的教育研究知识和其他课程相联系时，这些信息就会转化，作用于幼儿教育课程设计。一位实习教师写下了她的家族史和她学习的动力：

> 我对我母亲教我识字的记忆就是她会一边做家务一边唱歌跳舞。我依稀记得她会拿着扫帚，吹着口哨跳舞。她教会我吹口哨，随着音乐哼唱。我的母亲虽然不读书也不写字（我现在知道了），但她总会坐下来，陪着我们一起写作业。她甚至还会买报纸看，但我根本不知道的是，她看报纸的时候只是看看上面的图片和剪下上面的优惠券而已。现在我明白了小时候发生的事情，变得更加感激我的母亲。
>
> （Quintero，2015，p. 40）

上述那位母亲后来培养了一项家庭传统，即在读书时融入想象和虚构。这是同一位实习教师所述；以下描述的拿着魔法书的小男孩就是上述那位母亲的孙子。

> 我们家有一本"魔法书"，这本魔法书之所以得名，是因为我们家里的每个人在讲这本书里的故事时都会有所不同。我们的家庭成员有不同的教育程度和生活经历，他们会根据自己的阅历和经历来讲这些故事。在我外甥几个星期大的时候，有人给了他这本神奇的书。这是一本无声的故事书，我妹妹每天晚上都给他读这本"神奇的书"。当他长大后，他经常随身携带这本书，并请不同的家庭成员给他读这本无言的书。我们向他解释，每个人都可以发挥自己的想象力，用这本书编造一个新的故事。我们开始这项传统的原因是，孩子们倾向于记住一个故事，当别人以他们所不知道的方式读这个故事时，孩子们就会纠正他们。我的外甥现在6岁了，他有一个1岁的妹妹。他在他的表弟和表妹身上延续着这一传统。家里其他的人也延续着这项传统，但是现在我的外甥喜欢亲自给他们读这本"魔法书"。令我惊讶的是，他从不重复这些故事，他所讲述的故事都是不同的。更有趣的是，他会根据读者的不同而把故事编得因人而异。
>
> （Quintero，2015，p. 40）

就批判性理论而言，母亲（现在的外祖母）、实习教师和她的外甥的家庭故事，都反映了家庭参与学习和教育的生动经验、多种知识的来源（家庭作业、报纸、优惠券、无言故事书、所有读过"魔法书"的人的想象力），通过艺术、讲故事、分享意义和回忆信息的形式来实现变革。这是实习教师的一个关于意识的具体例子。她在反思的过程中注意到，在她的成长过程中，母亲是如何帮助家里的孩子识字的。然后，她将母亲的这些识字帮助策略和意图与母亲为孙辈创作的"魔法书"联系起来。值得注意的是，这个小男孩（这位实习教师的外甥、实习教师母亲的外孙）对他所面对的现实和给他读过这本"魔法书"的家庭成员形成了批判性的认识。他很小就学会了根据听者的社会现实来改编故事。在这一过程中，他其实是在不断地练习思考和行动。这种通过不断复述"魔法书"故事的意识是一种递归实践，由此产生了更多的学习。

五、编纂的示例说明

几年前，在给幼儿教育专业的硕士生上课时，我组织了一次课堂讨论，并向这些国际学生和美国学生介绍弗莱雷的著作。很快我通过对话和提问的方式与学生进行交流；利用学生的实际经验，转至我们的教学实践，即让学生用这样的方法来观察幼儿的行为。学生们在课堂上听得非常认真，并在我们的对话中提出了从怀疑到完全不相信的各种问题。那天晚上上完课后，我给学生布置了一个任务，让他们观察幼儿生活的方方面面（在学校里、商店里、火车上、操场上或任何地方），并记录下可以说明批判性理论的例子，以便我们下周在课堂上进行分析。

班里的一个学生在下课几个小时后给我发了信息，她真诚地向我表达了她的不安，因为她不知道怎样的例子才符合我的要求。她写道：

> 我观察到一个孩子和他的父亲一起乘坐地铁。地铁非常拥挤，拥挤到只能让孩子坐下。因此，父亲只好站在孩子前面，抓住座位上的栏杆让自己站稳。他让孩子坐在座位上，给了他一些纸和一支笔来画画。孩子四处环顾一会儿，便开始在纸上画画。过了一段时间（正值交通高峰

期,从曼哈顿到新泽西的火车要开1个小时),父亲问孩子在画什么。小男孩说他画的是坐在地铁车厢里的父亲。父亲看着那幅画,画上画的是一个坐在地铁车厢里的人。父亲说道:"但我是站着的,不是坐着的。"孩子接着说:"不是在这列地铁上,我的地铁可以让每个人都有座位。"

(Quintero,2009,p. 10)

这是一个孩子编纂和解构编纂的生动例子,它向我们阐明了实践批评理论。对于这个4岁的孩子来说,他和父亲在地铁上的经历以及他的艺术作品,将一列拥挤不堪的火车变成了一列人人都有座位的火车。他正在把这种不舒适的火车环境编纂成一种更好、更舒适的环境。幼儿经常会有一些无法用语言表达的问题和想法,而这些问题和想法通过艺术形式得以传达。通常,这种交流对幼儿来说是变革性的行动。

六、对话理论的示例说明

阅读以及对世界的解读是弗莱雷对识字学习的著名描述之一。这种"对世界的解读"包括他所说的对现有知识提出问题(或质疑)。批判性教育者重新定义了识字概念。田纳西州高地平民学校(the Highlander Folk School in Tennessee)的迈尔斯·霍顿(Myles Horton)认为,保罗·弗莱雷与学生一起读书的方式,其目的是"向学生证明阅读文本的意义"(Horton & Freire,1990,p. 149),以及指出共同阅读行为在信息有效性方面提出的问题。超越现状,接受知识,坚持质疑,将知识与学生当前的现实联系起来,是弗莱雷提问的核心。同样重要的是,如果所提的问题与群体成员的生活经历毫无关联,就必须说出来。这一立场主张所有学校课程,在某种程度上应根据教师和学生所面临的问题来设置(Kincheloe,McLaren & Steinberg,2012)。

例如,大学课堂上鼓励教师教育专业的学生将批判理论、早期教育理论、个人经历、家庭和社区信息与教育研究联系起来。这样,可以为早期教育项目参与者的观察提供背景信息。然后,他们开始以3—8岁的儿童为教学背景,合作规划和实施参与性课程。学生通过参与、利用各种知识来源和变革性行动切身践行批判理论。

一位实习教师莱拉（Leila，本章中所有的名字都是化名）向我们讲述了她的一次教学经历。她的教学经历说明了在幼儿教育课程中融入学生的家族史、当前的生活经历以及弗莱雷所谓的对话的重要性。在莱拉的教学日志反思中，她先是描述了自己的学习经历，然后是她与三四岁的幼儿参与合作对话的经历。首先，从自己的学习情况来看，她一直在学习西班牙语，但还不能进行双语教学。她写下了自己对语言知识缺乏的担忧：

> 上个学期，我担心自己无法教那些和我母语不同的孩子。我向一位教授倾诉了我的担忧。她告诉我，语言不会妨碍我的教学，只要我事先根据孩子的情况安排好教学，语言就不会成为问题，甚至一些教学素材还会让学生创造语言。起初，我没办法理解教授所说的话，或许这是因为我以前见过的教学，都是教师说得多、学生说得少。之后，我才恍然大悟，教授曾经对我说过的那些话的确是真实的。
>
> 这学期我实施的一项最有挑战性的教学计划就是将一张厚厚的纸平铺在墙上，上面写着"家庭墙"三个字，还用蜡笔将西班牙语的"la pared de la familia"（家庭墙）这几个字写在这张纸的顶端。令我感到惊奇和意外的是，学生们看到这张纸后开始互相交流。他们开始与我、其他教师和学生讨论他们的一些琐事。在这三天的时间里，我对一些学生的了解比我给他们上了一学期的课的了解还要多。

（Quintero，2015，p.101）

就儿童的学习和对话而言，有一段摘录描述了儿童对"家庭墙"的反应，并说明对话和其他学习方面的积极影响。以上摘录，她所提到的"家庭墙"，其实只是最初的活动，后来这个活动演变成了一系列的活动，她称之为"邻里地图"（Neighborhood Maps）。这是她的研究日志的另一段摘录，在这段摘录中，她开始为她计划的活动确立理论基础，并提供了一些儿童对此做出反应的细节信息。

通过一系列的活动，学生有机会了解人与人之间的异同，了解自己，了解同龄人。他们通过双语（英语和西班牙语）印刷的文学作品了解了一些概念。他们体验到有关本国社区和全球社区的信息，并有机会用他们觉得最惬意的语言表达自己。

在把北美地图带进教室之前，我给一些家庭寄了一张用两种语言写的便条，请他们告诉孩子他们来自哪里、父母来自哪里、大多数家庭成员仍然住在哪里。一旦收集到这些口头信息或书面信息后，我们在大地图上不同的地点贴上不同学生的名字及其家庭名称的便利贴。在上午的欢迎活动中，我和学生们谈论了收集到的信息，并让他们知道任何对此感兴趣的人都可以通过谈论和添加额外的信息来帮助绘制地图。

然后我们把地图粘在一张大纸上，并把它重新命名为"家庭墙"。我们把它带到教室里，这样孩子们就能看到并谈论它。地图展示了几天之后，我建议孩子们进行一个绘制活动，即绘制一张"邻里地图"。我们添加了另一张比较大的纸，平铺在紧挨着教室的墙上，并在孩子们的视线范围放了一桶马克笔和蜡笔，供他们绘制"邻里地图"。

莱拉继续基于对话理论解释道：

苏拉（Suela）走近我时，一些孩子正在看书，她问我是否可以在"邻里地图"上写字。这张地图那天刚刚铺在墙上，我本来没打算在上面写字。但我回答苏拉说，她可以开始在地图上写字。我注意到她开始在地图上画了起来，她画的形状看起来像一个倒着的"C"。我靠近她，听到她小声地说："A。"我观察了一会儿，发现她刚刚写了一个完美的大写字母"A"。不久，苏拉把同样的字母形状写到了家庭墙上，然后就开始画了起来。我问她画了什么？她说："彩虹。"我用英语说道："嗯，家庭墙上的彩虹。"她用西班牙语回应我："是的，家庭墙上的彩虹。"

(Quintero，2015，p. 103)

七、生成性主题的示例说明

生成性主题由教师教育专业的学生在大学课堂上提出的问题而引发。这些生成性的主题主要涉及双语儿童[1]及双语儿童教学方法的研究。这些主题往往与在学校和社区中使用多语言的家庭的社会和政治现实重叠,这就需要探索哪些知识与其家族史密切相关。为幼儿教育专业学生设计的某一节课是由一名学生朗读阿尔玛·弗洛尔·阿达(Alma Flor Ada)的双语故事书《我爱星期六和多明戈》(*I Love Saturdays & Domingos*, 2004)开始的,这本书讲述了一个女孩与讲英语的祖父母和讲西班牙语的外祖父母一起生活的故事。听完故事后,学生们便开始分组讨论,主要将故事与上一节课讨论的问题和过去一周所做的研究联系起来,这些问题的重点是双语习得问题和目前关于多语种幼儿教育有效实践的研究。

学生们一起读另一本故事书——格洛丽亚·安扎尔杜(Gloria Anzalduúa)写的《来自另一边的朋友》(*Friends From the Other Side: Amigos Del Otro Lado*, 1997)。书中讲述了一个小女孩和一个男孩成为朋友的故事,这个男孩刚和他的母亲从墨西哥搬到美国,但他们没有身份证明。这个故事内容包括友谊、应对欺凌、社区政治局势如何影响儿童以及文化传统如何帮助儿童,其中包括分享食物和自然疗法。读完故事后,学生们再次分成小组进行另一个对话环节,就移民、歧视、欺凌和不同的家族史等棘手的话题进行汇报。然后,一起讨论寻找合适的方法协商解决有争议的问题,并围绕一些问题采取变革性的行动。

经过在课堂上进行的一番激烈的讨论,学生可以通过阅读并分享一些教师研究文章来解决问题提出部分的疑问,这些文章均选自《反思学校在线》(*Rethinking Schools Online*)杂志。然后,学生分组开展活动,即让学生设计合作活动(基于他们对儿童的优势和兴趣的观察),他们可以在活动中引入故事所述的主题。通过使用多元文化的儿童文学和在课堂上开展的提问活动,体现了弗莱雷的意识、编纂、

---

[1] 双语儿童(bilingual children),指能同时使用两种语言作为日常交流工具的儿童。——译者注

解构编纂、生成性主题和实践概念。

八、灌输式知识观的示例说明

简要的幼儿综合课程显示成人会将其灌输式知识观与自己的家庭故事和对儿童的教育联系起来。在面向全班的倾听部分，有一段作家桑德拉·西斯内罗斯（Sandra Cisneros）的视频访谈，在这个访谈中她说自己直到进入研究生阶段的学习时才了解自己的家族史。

她解释道，作为拉丁裔，她从未在芝加哥的学校里受到过关于拉丁历史、拉丁语言和拉丁文化的教育熏陶。她指出，从她开始上学到进入艾奥瓦大学（University of Iowa）读研之前，作家和艺术家们从未写过或描绘过她的房子和邻居。由于那些年的"灌输式"教育和经历使描述"家"的愿景和可能性（对于她和她所处的社会背景）毫无根据。因此，她通过个人叙述，在其作品《芒果街的房子》（The House on Mango Street，1991）中对拉丁美洲有了基本的描述，并赢得了美国图书奖。这本书讲述了一个名叫埃斯佩朗莎（Esperanza）的女孩在芝加哥拉丁裔社区长大的故事。从家庭、朋友和住在社区里的人的角度来看，这个社区是一个无法回避的现实的缩影并有着令人震惊的复杂力量。

在对话部分，学生们需要与他们所选择的伙伴讨论他们曾经在家里认字和在学校里学习时发生的事情。其中学生们讨论得最多的事情之一就是，教师读错了某个学生的名字，或甚至坚持要"改"一个教师很难念和记住的名字。然后，我让学生们讨论他们目前所在的幼儿教育项目中曾经发生的类似经历。

接着，我问学生，他们是否知晓我们县有一大群母语为米斯特克语（Mixtec，来自墨西哥瓦哈卡的原住民语言）、第二语言为西班牙语、第三语言为英语的原住民学习者。

在经过这些讨论之后，一些有关米斯特克人（一个由许多美国农业工人组成的土著社区）的历史、语言和文化的信息得以传递。课堂上分发的研究读物探索了这样一个事实：全球交流合作使得儿童所接受的早期照护和教育中包含着各不相同的家族史和经历，这在加利福尼亚州就是一个个活生生的现实。正如前所述，

第十二章 全世界共同歌唱：保罗·弗莱雷的影响

南加利福尼亚州许多学龄前儿童都是米斯特克文化遗产的后裔。

接下来，在课堂的行动部分，学生们分组思考如何将一些信息融入课程活动中，这些活动是他们与社区里的儿童和他们的朋友（他们可能来自本组家庭或邻居）之间的合作。

大学生与一些米斯特克家长和孩子为期两年的合作可用于说明以上叙述的例子。该合作通过变革行动为我们县的米斯特克儿童提供"灌输式教育"之外的另一种选择。几名从事幼儿教育的实习教师参与了一项应用研究项目，在该项目中，实习教师就家族史、教育目标和对儿童的偏爱等采访了来自米斯特克社区的家长和孩子。接着，学生们创建一些活动将米斯特克的家族史、语言与孩子们选择的活动、民间故事和双语故事书结合起来。如果孩子们想要把这些活动资料和故事书带回家，那么这些资料和书籍就会被送到他们家里，其他的就放在所有的家庭都可以进入的大学图书馆里，以便所有家庭使用。

九、弗莱雷的研究与历史的连接

根据弗莱雷的观点（1997a），那些采用批判理论和教学法的人需要意识到这些方法和理论并不能成为拯救世界的技巧。相反，弗莱雷认为，"进步的教育者应当始终独立前行，在自己特定的文化和历史背景下，不断地突破自我见解，重构民主的概念"（Freire，1997a，p. 308）。换言之，批判性理论框架促进来自不同历史背景、语言群体和生活经历的学习者的合作。

许多参与这项工作的实习教师都是家中的第一代大学生，他们中有很大一部分来自加利福尼亚州农场的工人家庭和社区。他们真正地生活在二元世界里，其很多亲人居住在墨西哥和中美洲。该县许多参与早期照护和教育项目的儿童，也是来自农场工人的家庭。事实上，现在我们了解到的情况是，在美国每4个儿童中就有1个生活在移民家庭，这使得我们所教授的儿童有着深厚、丰富的历史传统和专长（Park & McHugh，2014）。对此，我们关注了在2016年有多少家庭移民到了加利福尼亚州，同时也关注全世界有多少儿童的家庭正在面临过渡危机。

当我们看到全世界的大规模移民，特别是在应对可怕的战争和干旱、地震等严重自然灾害时，我们看到儿童正在经历并从日常的生存状况中学习。毫不奇怪，在我们不断地把自己改造成批判性的教育者（根据弗莱雷的想法）和终身学习者的研究中，我们被迫不断地以同理心和文件的形式，与世界各地过境美国的家庭和儿童建立联系。我们强烈同意移民政策研究所所长的意见，他向决策者和外交小组强调，对于难民家庭他们应该考虑"明天会发生什么？"（Papademetriou，2015）。一旦抵达新的地方，他们就应该去考虑他们的生存需求，其中包括食物、住所和教育。我们希望，通过对自身工作的批判性分析，增加政策专家和教育工作者可能为家庭提供的各种可能性的数据，为这些陷入持续性的、痛苦的局势中的家庭和儿童提供帮助。

追溯到弗莱雷十几岁的时候，他们一家搬到雅博阿唐，他与来自贫穷农村家庭的孩子以及住在山上或运河附近工人的孩子一起在街上踢足球、玩游戏。他从很小的时候就知道，通过与他人的互动交流、对他人的信任，可以帮助他建立与他人的关系，这有助于他更好地理解国内外的所有学者。希望我们都能够为此行动起来。

参 考 文 献

Ada, A.F. (2004). *I love Saturdays y domingos*. New York: Atheneum Books for Young Readers.

Anzaldúa, G. (1997). *Friends from the other side / Amigos del otrolado*. San Francisco: Children's Book Press.

Cisneros, S. (1991). *The house on Mango Street*. New York: Vintage.

Freire, P. (1970). *Pedagogy of the oppressed* (M. Ramos, Trans.). New York: Herder and Herder.

Freire, P. (1973). *Education for critical consciousness*. New York: Seabury Press.

Freire, P. (1983). The importance of the act of reading. *Journal of Education, 165*(1), 5-11.

Freire, P. (1985). *The politics of education*. Granby, MA: Bergin & Garvey.

Freire, P. (1997a). *Pedagogy of hope*. Granby, MA: Bergin & Garvey.

Freire, P. (1997b). *Mentoring the mentor*. New York: Peter Lang.

Freire, P., & Macedo, D. (1987). *Literacy: Reading the word and the world*. South Hadley, MA: Bergin & Garvey.

Gadotti, M. (1994). *Reading Paulo Freire: His life and work*. New York: Peter Lang.

Horton, M., & Freire, P. (1990). *We make the road by walking: Conversations on education and social change*. Philadelphia, PA: Temple University Press.

Kincheloe, J. (2000). Certifying the damage: Mainstream educational psychology and the oppression of children. In L.D. Soto (Ed.), *The politics of early childhood education* (pp. 75-84). New York: Peter Lang.

Kincheloe, J., McLaren, P., & Steinberg, S.R. (2012). Critical pedagogy and qualitative research: Moving to the bricolage. In S.R. Steinberg & G.S. Canella (Eds.), *Critical qualitative research reader* (pp. 14-32). New York: Peter Lang.

Macedo, D. (2001). Introduction. In Freire, Ana Maria A., *Chronicles of love: My life with Paulo Freire* (p. 4). New York: Peter Lang.

McLaren, P., & Giroux, H. (1994). Foreword. In M. Gadotti, *Reading Paulo Freire: His life and work* (pp. xii-xvii). New York: Peter Lang.

Papademetriou, D. (2015). *What happens tomorrow? The day after*. Washington, DC: Migration Policy Institute.

Park, M., & McHugh, M. (2014, June). Immigrant parents and early childhood programs: Addressing barriers of literacy, culture, and systems knowledge. Migration Policy Institute.

Quintero, E.P. (2009). *Critical literacy in early childhood education: Artful story and the integrated curriculum*. New York: Peter Lang.

Quintero, E.P. (2015). *Storying learning in early childhood: When children lead participatory curriculum design, implementation, and assessment*. New York: Peter Lang.

Santos, I. (2015). Unpublished research journal. Camarillo, CA.

Smidt, S. (2014). *Introducing Paulo Freire: A guide for students, teachers, and practitioners*. London: Routledge.

第十三章

德勒兹和伽塔里的理论与幼儿教育研究

盖尔·博尔特

一、导论

法国哲学家费利克斯·伽塔里（Félix Guattari, 1930—1992）和吉勒·德勒兹（Gilles Deleuze, 1925—1995）的理论在幼儿研究中的引用日益增多。他们的作品于1972年开始用法语出版，从1977年开始以英语出版为主，但通过查阅参考文献发现，他们以英语出版的幼儿研究大多是无人知晓的。然而，在过去的7年里，引文却出现了小规模的爆炸式增长。例如，在《幼儿当代教育问题》（*Contemporary Issues in Early Childhood*）杂志上，从2000年创办到2008年，共有9次引用德勒兹和伽塔里的文章。自2009年以来，其被引用的次数多达数十次。一年一度的"重新认识幼儿教育大会"的项目显示，引用德勒兹和伽塔里的论文数量也出现了类似的激增。有人可能会问：引发人们兴趣的原因是什么？德勒兹和伽塔里的理论为幼儿研究者和理论家提供了什么？这些理论对幼儿课堂实践有什么启示呢？

本章将向读者介绍费利克斯·伽塔里和吉勒·德勒兹的一些主要理论，并关注这些理论是如何应用于幼儿教育研究的。首先，我将分析一个正在玩游戏的孩子的例子，这个例子来自我和凯文·利安德（Kevn Leander）的研究（Boldt & Leander）。接下来，我将介绍这两位哲学家的生平，并讨论他们提出的一些与幼儿教育有关的重要理论概念，并将这些理论概念用于分析儿童的游戏情节。最后，我将总结三位研究者，莉安·莫泽尔（Liane Mozere）、谢里·利夫格伦（Sheri Leafgren）和利塞洛特·马里埃特·奥尔森（Liselott Mariett Olsson）是如何运用德勒兹和伽塔里的理论来思考幼儿研究实践的。

二、对一个正在玩游戏的孩子的分析

下面的片段摘自一个很长的游戏片段,即6岁的迈克(Mike)和他的父亲凯文(Kevin)坐在家里的地板上玩乐高。凯文安装了一台摄像机来记录他们在一起游戏的片段,并将此作为他和我一起工作的一部分。他通过使用德勒兹和伽塔里作品中的概念来重新思考孩子们与物体和空间的互动。

游戏刚开始,迈克已经分发好了各种乐高星球大战场景制作里的人物和飞船。也许是为了表现出他的公正态度和宽宏大量的胸怀,否认这场战争的既定结果——他最终会赢,因为他总是能在与父亲的战斗中获胜——迈克开始解释说,他指派给父亲的人物和飞船的火力比他自己的强。他把自己最强的人物描述得"十分敏捷",并且把自己假设成这个人物,在自己的头顶和父亲所持的宇宙飞船周围飞来飞去,以此来证明他的这个伙伴实力强劲。战斗开始了,迈克向他父亲的大船投掷了一些很小的预制导弹碎片。这些碎片太小,无法对凯文的飞船造成任何实际损害。虽然他的父亲最初配合迈克的作战计划,出于对导弹袭击的反应,好心地把他的战舰撞到地毯上,但他现在已经开始宣称他的舰队的优越性。他不再撞毁他的战舰,而是开始向迈克的战斗机前进,迈克于是改变战术。首先,他试图用他宣称的"十分敏捷"的人物,让一架战斗机降落在他父亲的战舰上,并撬开舱门摧毁它的外星人司机。这行不通,他父亲的战舰现在威胁着他唯一的外星人战士。沮丧的迈克把他的战士扔在背后,宣布"重新来!",然后从一堆乐高物品中抓起一只大型起重机,而这些物品以前都不是这个游戏中要用到的材料。当他把一个巨大的基座连接到他的起重机上,大概是准备砸碎他父亲的战舰时,他说:"如果你想的话,你也可以重来。"父亲对此表示疑惑,迈克向他父亲解释道:

迈克:你可以换成……你可以拿另一个人物。嗯,比如,你有这个,而你想要另一个更大的,你就可以用这个更大的,但要把你原来的这个放回你的那一堆东西里。

凯文:好的,我想我明白了。不过我还是有点搞不懂,你这是要换东西吗?

迈克：是的，我要换成这个（指着起重机）。

凯文：哇！那么现在我是要跟这个战斗吗？

我们可以从多角度来看待这个简短的游戏片段。例如，维果茨基的分析可能会更关注游戏功能，探寻迈克玩的游戏是如何帮助他不断提高认知技能和习得语言。如果从文化研究的角度分析，关注点就会集中在乐高公司的营销战略对迈克造成的影响。乐高公司的战略从20世纪90年代中期开始，从生产开放式的建筑玩具转变为生产具有可识别角色的套装（例如星球大战、我的世界、漫威超级英雄）和乐高自创的角色套装（例如乐高忍者、生化战士）。不仅如此，乐高公司还与市场合作，开发更多的主题系列产品。我从后结构主义表演理论的角度提出了第三种分析方法，即分析迈克和他父亲开始扮演或挑战当前主题的情节，如性别、种族和社会阶层。这项分析将考虑文化期望，即：它应该看起来像一个白人中产阶级男孩或男人；一个教授和研究人员或一个6岁的孩子；一对父母或一个正处于父母养育阶段的孩子；或许更多其他可能的身份特征。

根据德勒兹－伽塔里理论对迈克和他父亲的游戏片段进行分析，并没有否定或改写上述（或其他）的观点。相反，他们的理论提供了一种方法，扩展了我们对可能会发生的事情的看法。虽然德勒兹－伽塔里的研究的很多方面可供我用于分析这个游戏实例，但在本章中我将集中于两个要点。首先，德勒兹－伽塔里的视角关注的是欲望和情感的产生。其次，关注处于已知和即兴之间的游戏，换句话说，它的特点是突发的。我将在下一节描述的这些因素使我们能够认识到在幼儿园的课堂上发生的一些事件，这些事件有时被隐含地理解为重要的，但通常没有被明确地命名或思考。尤其是在这样一个时代：游戏、自发性和即兴创作被挤出了幼儿园的课堂，而更多的时间被用于网络作业和狭义的技能习得课程。在课堂上思考源源不断的欲望可能会为意外事件的出现创造一些空间。德勒兹－伽塔里的观点并不排斥技能习得，也没有给予游戏特权，但它确实在提醒我们注意如何在现有活动范围内，让儿童和教师以活跃的方式开展活动。

三、德勒兹和伽塔里的一些主要观点

　　费利克斯·伽塔里（1930—1992）是法国哲学家和心理治疗师，也是一位激进的政治家和社会活动家。他一生中的大部分时间都在一家名为拉博德（La Borde）的精神科诊所工作，在那里，病人、医生、护士和其他员工像一个集体一样生活，共同分担任务、日常生活和管理责任。吉勒·德勒兹（1925—1995）是一位法国哲学家，他写的作品涉及哲学、政治、文化和艺术。他职业生涯的大部分时间都在巴黎第七大学（University of Paris VII）任教，该大学是为应对1968年5月法国内乱而成立的，目的是试验教育改革。德勒兹和伽塔里于1969年开始合作。他们都渴望促成革命性的政治和社会变革。他们最著名的合作作品是双卷本巨著，其中一本是《反俄狄浦斯：资本主义与精神分裂症》（*Anti-Oedipus: Capitalism and Schizophrenia*）（1972年法语版出版，1977年英语版出版），另一本是《一千个高原：资本主义与精神分裂症》（*A Thousand Plateaus: Capitalism and Schizophrenia*）（1980年法语版出版，1988年英语版出版）。

　　德勒兹和伽塔里的首要理论是欲望理论。他们的两部主要作品反映了他们努力将欲望的定义从资本主义的主导理解中解放出来，并通过经典的拉康的精神分析（Lacanian psychoanalysis）理论加以阐述。在他们的构想中，欲望无处不在，贯穿于每一个人和每件事。他们把欲望描述为非个人的，即不是一个人拥有的东西。相反，欲望是无意识的力量和驱动力，因为事物相互联系而导致新事物的产生（Deleuze & Guattari，1972/1977）。欲望通过时空的运动和动量产生。运动不仅是人类的运动，而且是世界的不断运动。因为运动，数量不同的元素、人、实物、事件、历史和思想不断地相互联系。德勒兹和伽塔里称之为临时性的集合（Deleuze & Guattari，1980/1988）。集合是随机的，它们时刻存在。一个给定的集合构成了一个给定的时间和地点。集合缺乏组织性，是开放式的。他们创造了一些以前不存在的东西，从而为下一步可能发生的事情开辟了多种可能性。欲望本身缺乏组织性和开放性。没有内在的欲望，就没有了追求。欲望不属于任何人，因此，欲望既有着无穷无尽的变革潜力，也存在一定的问题。

第十三章　德勒兹和伽塔里的理论与幼儿教育研究

德勒兹和伽塔里（1972/1977）遵循马克思的观点，认为资本主义通过使用两种力量来自我复制：不断地刺激欲望、控制和遏制欲望，使之成为对其有利的形式和表现；不断地再现资本主义的结构、形式和消费。他们将第一种力量重新命名为"解辖域化"（deterritorialization）。在解辖域化中，已知的模式、期望、规范和权威将会崩溃和重组，并产生新的（在资本主义的情况下）可用的欲望。第二种力量，努力限制或引导出现的事物，他们称之为"辖域化"（territorialization）。辖域化的力量是将内在的、无限的欲望的本质限制为特定形式的努力，在资本主义中，限制为不会破坏资本主义本身的欲望的表达。

虽然欲望没有限制，但它不断被引导或定位成某种特定的东西，并把它连接到产生特定东西的网络中，他们称之为欲望机器（Deleuze & Guattari, 1972/1977）。欲望机器不仅由资本家生产，也由革命者和任何致力于组织和引导欲望走向特定结果的人或事物生产。换言之，辖域化和解辖域化并不局限于资本主义，这是社会组织的本质。我们都会不断地参与到辖域化的运动或欲望的组织中，试图产生特定的结果和解辖域化，使新事物产生或出现。

德勒兹和伽塔里（1972/1977，1980/1988）特别关注精神分析的欲望理论，无论是弗洛伊德的还是拉康的欲望理论都有一定的局限性，因为他们都只是站在资本主义角度讲述了一个关于欲望的故事。也就是说，他们认为以精神分析的角度分析欲望，将其简化为克服恋母情结（失去想要的妈妈或爸爸）的持续斗争具有个体化的效果，使之脱离社会背景并将其去政治化。它也驯服了欲望，把它与无意识的重复和缺乏联系在一起。或者换句话说，只是假设欲望总是依附于同一件旧东西上。对于伽塔里和德勒兹来说，更重要的一点是，无意识并非精神分析中理解的个体，而是应理解为不断地生产、结合的欲望流，以产生推动我们前进的新能量（Deleuze & Guattari, 1972/1977）。这种无意识并不包含在个体内部，而更像是无方向的能量流，通过日常生活中所有人类和非人类物质与物体、环境、感觉、力量的瞬间相遇而得以推动。

对于德勒兹和伽塔里来说，所发生的事情的性质是以出现为特征（Deleuze & Guattari, 1972/1977）。下一步会发生什么并不能预先知道，而是从被带入时刻组合的元素中浮现出来。任何给定集合中的元素都在发生变化，都是偶然事件，每一个元素都具有启动德勒兹和伽塔里（1980/1988）所称的"飞行路线"的虚拟潜力，即新事物和意想不到的事物的出现。

带着这些想法，我们现在将回到迈克和凯文的乐高游戏，通过集合、解辖域化和辖域化、出现和欲望等概念来分析它们的作用。

四、对乐高游戏的分析

从德勒兹-伽塔里的角度来衡量迈克和凯文的表现，首先要考量的是他们的欲望是如何表达和组织的。欲望在这里被概念化为通过持续产生情感而产生的动力；在这种情况下，通过建立熟悉感和新鲜感的关系，体验愉悦、挫败和兴奋。或者换句话说，即辖域化和解辖域化。

迈克和凯文一起玩的游戏在一定程度上是通过与预先存在的或已有的、辖域化的角色和程序的关系来组织的。一位父亲和他的儿子对现有的游戏关系都感到满意。他们占据着额外的主体地位：男性、中产阶级、美国人、儿童和成人，这只是其中的一小部分，他们还为自我体验和彼此体验的方式提供了规范和限制。这些材料本身——乐高星球大战玩具——以及他们对科幻或奇幻故事的共同了解，都暗示了相似的故事情节，为辖域划分提供了共享的语言和一套模式。通过时间和空间组织一起游戏的事件，用来关联故事的叙述和材料的使用。然而，他们并没有讲述整个故事，因为仅凭他们本身并不足以维持这种势头。

很明显，所发生的事情的一个重要特征是解辖域化或意想不到的事情发生了，以及迈克的即兴发挥和凯文做出的反应。迈克在游戏的一开始就声称，他已经把最厉害的船只分给了父亲，让父亲在这个游戏中占优势。这已经不是他们第一次玩这个游戏了。迈克以前的胜利情节是基于声称自己占有更具统治性的部分。因为这种情况的结果是已知的，它并没有让迈克产生曾经的兴奋，并且这种已知的结果失去了令人产生满意势头的能力。迈克的即兴发挥给了父亲一个看似有利的条件，以便给比赛带来新的活力。迈克看着他所拥有的物品，并将一项新的技能、十分敏捷的人物和他的微型导弹称为能给他们的大卫（David）和歌利亚（Goliath）的比赛带来刺激的东西。一开始，凯文让迈克轻松地赢得了胜利，故事情节也按照接下来可能发生的事情来发展,但是凯文改变了他的回应方式,增加了新的生命,承认导弹没有伤害,并威胁着迈克的舰队前进。这也是一种即兴创作,利用现有材料的可视性来保持戏剧的激情和势头。

那么,什么是欲望呢?莉安·莫泽尔(Liane Mozère,2014)是一位法国社会学家和女权主义活动家,曾与德勒兹和伽塔里一起工作,她把孩子们的欲望描述为当孩子们能够抢夺某些东西,从而赋予自己"生命的力量"的时刻(p.102)。她将其描述为儿童维持或增加其行为的力量和强度的能力(Boldt, Lewis, & Leander, 2015)。当然,成人的欲望也是如此。在凯文和迈克的动作和反击中,他们都不知道接下来会发生什么。每一条飞行路线都改变了正在发生的事情,带来了新的集合,因此带来了新的虚拟情境。或者换句话说,为即将发生的事情打开了新的大门。这个活动创造了能量、快乐、挫折、兴奋和动力。

游戏规则、乐高公司的历史、材料的供给、身份的象征或主题情境提供的角色,以及所有形式的辖域化,都促成了这一集合,但这些集合并不能保证结果。这些元素仅是集合的参与者,正如凯文和我在其他地方描述的那样(Leander & Boldt,2013),这些活动:

> 不是由过去的设计决定的,也不是由将来的重新设计决定的,而是生活在当下,在符号、物体和身体之间以意想不到的方式形成关系和联系。与对意义和形式的理性控制不同,这种活动是由不断流动的强烈情感创造和滋养的。
>
> (Leander & Boldt,2013,p.36)

布莱恩·马苏米(Brian Massumi,2002)也许是德勒兹和伽塔里在北美最重要的解释者,他写道,因为现实的本质迫在眉睫,而变化是随时都有可能发生的,所以我们需要思考的问题是:我们如何解释同一性的产生?换句话说,考虑到新事物随时可能会发生(而且确实会发生),我们如何解释这样一个事实:在诸多情况下,是什么促使与旧事物相似的新事物产生?这意味着对所有可能的飞行路线的分析中,所走的路线都是熟悉的。这样一个项目的目的不是为了哀叹那些维持现状的势力,而是让我们看到其他事情发生的可能性。

德勒兹和伽塔里(1972/1977)提出了一项分裂分析项目,这个项目同样证明了任何时刻的各种可能性。德勒兹和伽塔里提出了分裂分析的概念,以反驳此类分析,即假定人类主要是由追求和获得对象的需要所驱动的,无论这是我们的欲望和行为与家庭和社会规范的一致性,还是正如弗洛伊德在俄狄浦斯神话中描述的资本主义的欲望驱动消费。他们明白这些叙事手法是强有力的、辖域化的表现,但它们并不是故事的全部。

2010年,比尔(Biehl)和洛克(Locke)在反思德勒兹和伽塔里作品的含义时指出,过去半个世纪,出现了许多从批判的角度看待的社会分析,这些分析都错过了他们所谓的"生活的开放性"以及由此带来的"事物的生命"(Biehl & Locke, 2010, p. 323;又见于:Boldt & Valente, 2014)。与德勒兹一起研究过的女权主义理论家罗西·布赖多蒂(Rosi Braidotti)认为,我们需要的是一种积极的政治,一种关注各种团体、贯穿于各种能量的可为的政治(Braidotti, 2013)。

现在转到本章的最后一节,德勒兹-伽塔里思想在幼儿研究和实践中的一些应用,以了解他们如何关注"事物的生命"。

五、德勒兹-伽塔里理论在幼儿教育中的研究和实践

我们无法恰如其分地对待那些正在使用德勒兹-伽塔里主义理论来重构他们对幼儿教育思考的学者们。我建议感兴趣的读者访问在线期刊《当代幼儿教育问题》(Contemporary Issues in Early Childhood),并搜索"德勒兹"或"伽塔里"来阅读一些相关的文章。接下来将着重介绍这项研究的一些应用,以展示这一理论在幼儿研究和实践中的潜力。

在幼儿教育方面,德勒兹-伽塔里学术研究中最突出的贡献者之一就是上文提到的莉安·莫泽尔。莫泽尔与伽塔里一起工作,是伽塔里研究机构和研究中心的成员,也是拉博德医院的工作人员。同时,作为梅茨大学(University of Metz)的一名教授,莫泽尔对儿童保育和女性保育工作者进行了研究。在2007年的一项研究中,莫泽尔思考了这样一个问题:在法国儿童保育中心工作的大部分未经培

训的、低收入的妇女如何与代表德勒兹所称的"控制社会"方向的"专家"指令相抗衡。莫泽尔指出：

> 很明显，所有这些禁令、命令，对照护儿童及其身体的方式都有具体和实质性的影响，但也会影响成人与他们的互动。换言之，还有什么空间可以满足孩子的欲望呢？比如，在孩子的语言是口头的、非语言的、有形的、敏感的或感性的情况下，如何满足他们的欲望？
>
> （Mozère, 2007, p. 295）

但她认为，在逃避权威承诺的过程中，留下了这样一个空间：

> 幼儿园的工作人员使孩子们能够体验到……实际的规则，每一次当他们以自己的或正常的角度看待事物时，他们的方式都会受到重新审视、质疑。因此，正常化系统在一定程度上被迫让位于欲望的解放力量。
>
> （Mozère, 2007, p. 295）

幼儿园的工作人员能够"拥有干劲和主观意志抵制这些心理学家的禁令"（Mozère, 2007, p. 297），从而支持幼儿有趣的、自发性的发明。莫泽尔认为，其中最重要的原因是工作人员能够支持幼儿语言或非语言的主动性，并意识到促使这种"生动的、幸福的和神奇的时刻能够在幼儿的欲望出现时发生，他们感受到的就如同他们所说的'有事发生了'"（Mozère, 2007, p. 297）。

在莫泽尔去世前的最后一篇文章中，她（2014）加入了对她与费利克斯·伽塔里和吉尔·德勒兹长期友谊的反思，以及对课堂教学的思考。她认为，真正的学习始终是为了满足儿童的欲望，这意味着它增加了儿童的权力感和对生活的热情。她通过对学习游泳的描述来描述学习。游泳者在进入水中时已经掌握了辖域化知识。只有当游泳者能够以特定的动作使自己沉浸在水中时，他才能增加动作的力量。在教室里，这种学习每时每刻都在进行，它可能与正式课程有关，也可能与正式课程无关。也就是说，课程只是教室集合中的一个元素，教师所面临的问题是：课程是否能成为让儿童（和教师）表达欲望的一部分材料？课程是否干扰了儿童的欲望？或者与儿童的欲望根本不相关（Boldt，Lewis，& Leander，2015）。

莫泽尔对幼儿教育课堂关于欲望的兴趣得到了美国教师谢莉·利夫格伦（Sheri Leafgren，2009）的回应。利夫格伦的书《鲁本的秋天》（*Reuben's Fall*）研究了"好学生"和"好教师"的话语共存，以及每天在幼儿园课堂上出现的话语偏离。作为一项关于幼儿在幼儿园里的不服从行为的研究，利夫格伦期望帮助教师找到思考和回应幼儿行为的多种方式。作为受到伽塔里和德勒兹研究启发的一个例子，她明白集合性和突发性事件发生的本质，需要进行非线性和非因果决定的分析。她关注的是：意义和权力关系如何在某个偶然事件的特定时刻出现并变得有组织或无组织。她对课堂细节的描述让我们意识到了感官世界的活力和事物的生命。利夫格伦认识到遵守规则和不遵守规则是相互关联的，她描绘了儿童和教师同时占据辖域化、同质化空间和异质性涌现空间的能力。利夫格伦为教师们提供了一种思考的方式，让他们明白在任何一个行为中，各种事件都有可能会发生。她呼吁我们对课堂的回应饱含宽容、好奇、善良，让欲望得到变革潜力的尊重。

斯德哥尔摩大学（Stockholm University）的莉泽洛特·玛丽埃塔·奥尔森（Liselott Mariett Olsson）教授在2009年出版了《幼儿学习中的运动和实验：早期教育中的德勒兹和伽塔里》（*Movement and experiment in Young Children's Learning: Deleuze and Guattari in Early Childhood Education*）一书。正如书名所示，奥尔森的项目是将对运动和实验含义的理解融入她所看到的对幼儿生活的大量过度监管之中。奥尔森对"控制社会"和学科规训（Foucault，1975）的关注让莫泽尔和利夫格伦产生了共鸣，他利用德勒兹和伽塔里的观点，通过"规训、准备、监督和评估学习"（Olsson，2009，p. xiii）对幼儿教育的组织方式所产生的影响进行了批判性的检验。这样的检验方式使得正常化和边缘化的话语和实践产生。通过唤起人们对运动和实验的关注，奥尔森致力于证实幼儿教育课堂的不可预测性和崭露头角的力量。欲望在她的作品中得以体现，她关注的不只是课堂上的学习，还包括如何将教室组合成一个空间，让孩子们的愿望得以实现和强化，从而产生能够更广泛地改变他们生活的回响。

六、结论

关于德勒兹和伽塔里的研究如何影响我们对幼儿教育实践研究的思考，还有许多可以谈及的地方，但本章关注的是：他们的一些关键概念如何通过人、素材、思想、历史以及偶发事件，在幼儿教育课堂上提供对欲望的关注。这样的方式在一定程度上帮助我们把长期以来的教育和幼儿生活的核心问题放在中心位置。一只鸟撞上了幼儿园教室的窗户，它撞击的砰砰声吸引了所有人的注意力。教师正在给孩子们读一本书，并试图把他们的注意力转移到书上，但有几个孩子的注意力已经完全被那只鸟吸引，他们盯着窗户继续看，脸上的表情反映着痛苦、困惑或兴奋。教师在那一刻必须决定是放下书本，和孩子们一起观察教室外的那只鸟的生命迹象，还是试着把孩子们拉回到她计划的活动中。无论做出哪种选择，课堂都会在那一刻偏离之前预设的轨迹。因为鸟儿戏剧性地进入课堂生活，不仅打断了课堂活动，而且以明显而微妙的方式在一天的话题中重现。

正如莫泽尔、利夫格伦和奥尔森进一步证明的那样，德勒兹和伽塔里的研究给我们提供了一个关键因素，使我们明白，作为专业人员，我们是如何被儿童、他们的家庭以及他们的照顾者主宰。虽然这个问题是研究人员使用其他批判性和后结构理论追求的问题，但德勒兹和伽塔里在这一点上增加了对情感和欲望的关注，不是将其作为个人属性或经验，而是将我们与其他人、物体、事件联系在一起，并且在不断变化的集合中展开联系。从德勒兹－伽塔里的角度来想象幼儿园课堂上发生的事情，我们不需要对原因和事件进行线性追踪，而是要绘制出一幅汇集众多联系的地图，在这幅地图里任何一个空间/活动、时间、人物/物品都能够自由地参与和退出。他们的研究还表明对于儿童、他们的教师和照顾者来说，什么政治主张是可行的。

参考文献

Biehl, J., & Locke, P. (2010). Deleuze and the anthropology of becoming. *Current Anthropology, 51*(3), 317–351.

Boldt, G., Lewis, C., & Leander, K. (2015). Moving, feeling, desiring, teaching. *Research in the Teaching of English, 49*(4), 430–441.

Boldt, G., & Leander, K. (In review). Becoming through the "break": A post-human account of children's play. *Journal of Early Childhood Literacy*.

Boldt, G., & Valente, J. (2014). Bring back the asylum: Reimagining inclusion in the presence of others. In M. Bloch, B. Swadener, & G. Canella (Eds.), *Reconceptualizing early childhood care and education: Critical questions, new imaginaries and social activism* (pp. 201–213). New York: Peter Lang.

Braidotti, R. (2013). *The posthuman*. New York: Wiley.

Deleuze, G., & Guattari, F. (1972/1977). *Anti-Oedipus: Capitalism and schizophrenia*. New York: Viking Press.

Deleuze, G., & Guattari, F. (1980/1987). *A thousand plateaus: Capitalism and schizophrenia* (B. Massumi, Trans.). Minneapolis: University of Minnesota Press.

Foucault, M. (1975). *Discipline and punish: The birth of the prison* (A. Sheridan, Trans.). New York: Vintage.

Leafgren, S. (2009). *Reuben's fall: A rhizomatic analysis of disobedience in kindergarten*. Walnut Creek, CA: Left Coast Press.

Leander, K.M., & Boldt, G. (2013). Rereading "A pedagogy of multiliteracies": Texts, identities, and futures. *Journal of Literacy Research, 45*, 22–46.

Massumi, B. (2002). *Parables for the virtual: Movement, affect, sensation*. Durham, NC: Duke University Press.

Mozère, L. (2007). In early childhood: What's language about? *Educational Philosophy and Theory, 39*(3), 291–299.

Mozère, L. (2014). What about learning? In M. Bloch, B. Swadener, & G. Canella (Eds.), *Reconceptualizing early childhood care and education: Critical questions, new imaginaries and social activism* (pp. 99–105). New York: Peter Lang.

Olsson, L.M. (2009). *Movement and experimentation in young children's learning: Deleuze and Guattari in early childhood education*. London: Routledge.